U0743042

大学体育

▶ 主编 单保海 林 然 姜亚秀

西安交通大学出版社
XI'AN JIAOTONG UNIVERSITY PRESS

图书在版编目(CIP)数据

大学体育 / 单保海,林然,姜亚秀主编. — 西安 :
西安交通大学出版社,2022.8(2025.7 重印)
ISBN 978-7-5693-2665-9

Ⅰ.①大… Ⅱ.①单… ②林… ③姜… Ⅲ.①体育-
高等学校-教材 Ⅳ.①G807.4

中国版本图书馆 CIP 数据核字(2022)第 113891 号

书　　名	大学体育	
主　　编	单保海　林然　姜亚秀	
策划编辑	王斌会	
责任编辑	张　娟	
责任校对	侯君英	
封面设计	任加盟	

出版发行　西安交通大学出版社
　　　　　(西安市兴庆南路 1 号　邮政编码 710048)
网　　址　http://www.xjtupress.com
电　　话　(029)82668357 82667874(市场营销中心)
　　　　　(029)82668315 (总编办)
传　　真　(029)82668280
印　　刷　陕西奇彩印务有限责任公司

开　　本　720mm×1000mm　1/16　印张　19.5　字数　356 千字
版次印次　2022 年 8 月第 1 版　　2025 年 7 月第 4 次印刷
书　　号　ISBN 978-7-5693-2665-9
定　　价　49.00 元

如发现印装质量问题,请与本社市场营销中心联系调换。
订购热线:(029)82665248　(029)82667874
投稿热线:(029)82668525

版权所有　侵权必究

《大学体育》编委会

主　　审：李征宇

主　　编：单保海　林　然　姜亚秀

副 主 编：安金龙　郑延峰　成福民

参编人员：单雨涵　江兴军　刘　涛

　　　　　朱　岩　赵玉珩　孙　哲

　　　　　崔洪亮　张克峰　安金龙

　　　　　罗　茜　韩　雪　付　雷

　　　　　刘　洋

目 录 >>>

理论篇

实践篇

理 论 篇

第一章 高校体育概述

党的十八届三中全会通过的《中共中央关于全面深化改革若干重大问题的决定》，对学校体育工作提出明确要求："强化体育课和课外锻炼，促进青少年身心健康、体魄强健。"

体育课与我们相伴多年，那么，我们从大学体育中能得到什么呢？总体来说，大学体育的目的是培养学生的体育意识，提高学生的体育能力，使学生养成自觉锻炼身体的习惯，增强体质，具备良好的道德品质，成为体魄强健的社会主义建设者和接班人。

学生进入大学后，首先，应该了解学校有哪些体育设施，因为它们是大学期间体育学习和锻炼的基础设施；其次，要认真上好体育理论课，通过理论学习，了解大学体育的教学目的与任务、开设的课程和学习要求等；最后，明确自己体育学习的目标，提高体育认知水平，提高体能素质，完成大学期间的体育学习任务。运动者强，怠惰者弱。大学生要不断为身体充电，坚持运动，让自己拥有强健体魄。

第一节 大学体育课程的性质及学习目标

一、大学体育课程的性质

大学体育课程是以身体练习为主要手段，通过合理的体育教育和科学的体育锻炼，达到增强大学生体质、增进大学生健康和提高大学生体育素养这些教学目标的公共必修课程。大学体育课程通常在本科院校的一、二年级为必修课，三年级以上为选修课，是高等教育的重要组成部分，是促进学生身心和谐发展，加强思想品德教育，使科学化教育、生活和体育技能教育与身体活动有机结合，实施素质教育和培养全面发展的人才的重要途径。

二、大学体育课程的学习目标

(一)培养参与体育活动的意识

(1)积极参与体育活动:经常进行体育锻炼,有说服和带动他人参与体育活动的能力。

(2)用科学的方法参与体育活动:知道如何为自己和他人制订科学合理的健身计划。

(二)掌握与体育相关的各种知识

(1)安全地进行体育活动:掌握常见运动的基本技术;掌握常见运动创伤的紧急处理方法,具有处理安全问题的一般能力。

(2)学习和应用运动技能:提高一至两项运动项目的技术、战术水平,学习一两种新兴的运动项目,具有参与和组织小型体育比赛的能力。

(3)获得野外活动的基本技能:了解野外生存的知识和方法,具有独立制订野外活动计划和参与具有挑战性的野外活动的能力。

(4)获得运动基础知识:了解重大体育赛事,并对国家以及国际的重大体育赛事有所了解。

(三)促进身体健康

(1)形成正确的身体姿势:能够在正确的身体姿势下学习、运动和生活,具有指导他人学习、运动和生活的一般能力。

(2)发展体能:采用多种练习方式发展肌肉力量和耐力。

(3)具有关注身体和健康的意识:认识到体育活动是防治现代文明病的积极手段和方法。

(4)了解营养、环境和日常行为对身体健康的影响:形成良好的健康生活方式,了解营养、环境和日常行为对健康的影响,以及运动对环境卫生的要求。

(四)保持心理健康

(1)了解体育活动对心理健康的影响,认识身心发展的关系:自觉通过体育活动改善心理状态;自觉运用所学知识技能促进身心协调发展。

（2）正确理解体育活动与自尊、自信的关系：理解体育活动对形成积极生活态度的作用，表现出积极进取的生活态度。

（3）学会通过参与体育活动等方法调控情绪：选择参与适合自己的体育活动以调控情绪。

（4）形成克服困难的坚强意志品质：在体育活动、学习和生活中自觉展现勇敢顽强的意志品质。

（五）提高社会适应能力

建立和谐的人际关系：具有良好的合作精神和体育道德，关心社会中的体育和健康问题，获取现代体育与健康知识，提高社会适应力。

第二节　大学体育工作

大学体育工作包括体育课教学、课外体育活动、课余体育训练和体育竞赛。它们均是大学体育工作的组织形式，构成了大学体育工作的整体，为实现大学体育课程的教学目的而服务。

一、体育课

依据教育部 2002 年印发的《全国普通高等学校体育课程教学指导纲要》精神，普通高等学校的一、二年级必须开设体育课程（四个学期共计 144 学时）。修满规定学分、达到基本要求是学生毕业、获得学位的必要条件之一。普通高等学校对三年级以上学生（包括研究生）开设体育选修课。

《普通高等学校学生管理规定》第十一条规定："公共体育课为必修课，不及格者应重修。"第三十六条还规定："公共体育课不及格者，不准毕业，作结业处理，发给结业证书。"这些规定充分表明体育课程的重要地位。

围绕实现体育课程学习目的这一目标，体育课程通常由以下几种教学组织形式（课型）构成。

（一）基础体育课

基础体育课的目的是使学生正确认识体育的重要意义，树立正确的体育观，掌握体育的基础理论知识、技术、技能,加强身体全面训练,提高学生身体素质和运动能力,改善他们的身体形态、机能,增进其身心健康。

(二)选项体育课

选项体育课是在完成全面身体训练的基础上,根据学生的喜好和特长,以某一类(组)身体练习项目来组织教学的课程。它可以使学生掌握相关项目科学锻炼的基本知识和技术、技能,培养学生锻炼的兴趣和习惯,提高学生对体质和健康的自我评价能力。

(三)选修体育课

选修体育课是相对必修课而言的,其目的是进一步提高学生的体育理论知识储备和体育实践能力。

(四)保健体育课

保健体育课是针对特殊群体(如伤、残、病)所开设的康复课程,有时也作为高年级的选修课,其内容、特征与选修课类似。

二、课外体育活动

课外体育活动是体育课的延续和补充。有组织的课外体育活动作为一种辅助形式,使课堂教育与课外活动互补,形成课内、课外有机组合的课程结构,是大学体育工作的重要内容。

《学校体育工作条例》规定,普通高校除安排有体育课、劳动课的当天外,每天应当组织学生开展各种课外体育活动。中共中央、国务院发出的《关于加强青少年体育增强青少年体质的意见》中,再次强调要确保学生每天锻炼一小时。高等学校要加强体育课程管理,把课外体育活动纳入学校日常教学计划,使每个学生每周至少参加三次课外体育锻炼。课外体育活动主要有以下几种形式。

(一)晨练

晨练又称早操,是部分高校作息制度的重要组成部分,也是构建科学、文明、健康的生活方式的有效手段。大学生坚持晨练,是坚持合理的生活作息制度、养成良好生活习惯的有效措施。科学证明,合理晨练能使人以良好的身心状态进入一天的学习和生活,有利于提高学习效率。开展晨练,对形成良好的校风、学风、班风,加强个人的组织纪律性,促进校园精神文明建设具有重要意义。

(二)课间体育活动

课间体育活动是指利用课间所进行的体育活动。它的主要目的在于活动躯体,消除脑力劳动和久坐产生的疲劳,使精力更充沛。

(三)体育协会和体育俱乐部组织的活动

高等院校的体育协会和体育俱乐部,是大学生根据自己的兴趣、爱好,自主选择、自愿参加的群众性课余体育组织。它们是贯彻实施《全民健身计划纲要》的重要组织形式,其宗旨是宣传、发动、组织、指导所属成员参加体育锻炼,开展群众性体育活动,组织单项运动训练和竞赛,提高参与者的运动技术水平和健身技能。

三、课余体育训练

课余体育训练是利用课余时间,对部分身体素质较好并有体育特长的大学生进行系统训练的一种专门教育。它既是体育课程的组成部分,也是实现高校体育教学目标的重要组织形式。

《学校体育工作条例》第十二条规定:"学校应当在体育课教学和课外体育活动的基础上,开展各种形式的课余体育训练,提高学生的运动技术水平。"并强调:"普通高等学校经国家教育委员会批准,可以开展培养优秀体育后备人才的训练。"

普通高校开展课余体育训练是执行《学校体育工作条例》,推进高校体育工作的重要环节,它一方面可以将有体育天赋的学生组织起来,在实施全面训练及单项训练的基础上提高其运动技术水平,为国家培养体育后备人才;另一方面,可以培养体育骨干,推动大学生群体活动的开展。此外,课余体育训练还可以丰富学生的课余文化生活,促进校园精神文明建设。

四、体育竞赛

体育竞赛是高校体育工作的组成部分,是实现高校体育教学目标的重要组织形式。《学校体育工作条例》第十四条规定:"学校体育竞赛贯彻小型多样,单项分散,基层为主,勤俭节约的原则。学校每学年至少举行一次以田径项目为主的全校性运动会。"大学体育竞赛按层次可分为世界性竞赛、洲际性竞赛、国家级竞赛、省市级竞赛、校际间竞赛和校内体育竞赛等。按内容(项目)划分,可分为若干单项体育竞赛。

高校开展体育竞赛,对于检验体育课教学效果和训练质量,交流经验,互相学习,促进教学与训练以及学生运动技术水平的提高,对于广泛吸引大学生参加体育活动,推动高校群众性体育活动的开展,丰富校园文化生活,加强精神文明建设等都具有重要作用。

第三节　应用型院校体育教学的特点

应用型教育是我国高等教育体系的重要组成部分,它是相对于理论型教育和实用技术型教育而言的。应用型院校以适应社会需要为基准,为学生提供学术和职业储备,培养应用科学和现代技术领域的高级技术人才和管理人才。应用型人才是掌握应用型知识,具有较强适应能力、实践能力、创新创业精神,适应区域经济社会发展需要的面向一线的人才。应用型院校体育教育是高等教育课程体系的重要组成部分,它主要围绕应用型院校教育的特点,围绕应用型院校的人才培养模式,体现鲜明的职业特性,培养多元化应用型创新人才。

长期以来,应用型院校体育教学的模式一直沿用理论型教育的体系,强调体育学科体系,注意对体育运动技术的传授。近几年,随着体育事业的进一步发展,高校体育教学也逐步从注重竞技技术教学向强调身体愉悦发展的方向转变。应用型院校体育教育有以下特点。

一、增强学生体质,提高健康水平

体育最基本的特征是身体活动,缺少运动会对肌肉和全身组织器官产生不利影响,并导致身体无力和精神疲乏,给学习工作带来不利影响。应用型院校体育教育的重要任务是通过运动排除生理上和心理上的各种障碍,强健体魄、增强体质、发展体能、缓解压力,促进学生身心健康。

二、体现职业特点

应用型院校学生以后要从事的工作一般需要脑力劳动和体力劳动相结合。

应用型院校体育课程的设置应充分考虑社会需求和受教育者生存发展需要。体育课程应该从实用角度出发,必须与学生未来的职业和工作性质、工作条件紧密联系,利用体育教学的手段和载体,着重提高学生从业和胜任工作岗位所需的身体素质,以增强学生就业竞争力,使学生尽早适应工作环境。"因需施教"是根据学生今后从事的职业的体能素质需求,为学生量身定制适合其专业特点的体育课程,使学生在全面提高身体素质的基础上突出发展各专业需要的特殊素质。在提高学生身体素质的同时,课程应根据目前学生所学专业的特点向他们传授与其未来第一职业相关的特殊体育知识、技能。

三、立足应用型院校,积极发展新型体育项目

应用型院校要依据各院校的结构、特点、人才培养目标,同时兼顾学生的兴趣爱好等实际情况去选择、开发适合学生发展需要的新型体育项目。

第二章 《国家学生体质健康标准》与学生增强体质的锻炼方法

第一节 《国家学生体质健康标准》概述

一、说明

（1）《国家学生体质健康标准》（以下简称《标准》）是国家学校教育工作的基础性指导文件和教育质量的基本标准，是评价学生综合素质、评估学校工作和衡量各地教育发展水平的重要依据，是《国家体育锻炼标准》在学校的具体实施，适用于全日制普通小学、初中、普通高中、中等职业学校、普通高等学校的学生。

（2）本标准坚持健康第一，落实《国家中长期教育改革和发展规划纲要（2010—2020年）》《国务院办公厅转发教育部等部门关于进一步加强学校体育工作若干意见的通知》（国办发〔2012〕53号）和《教育部关于印发〈学生体质健康监测评价办法〉等三个文件的通知》（教体艺〔2014〕3号）有关要求，着重提高《标准》应用的信度、效度和区分度，着重强化其教育激励、反馈调整和引导锻炼的功能，着重提高其教育监测和绩效评价的支撑能力。

（3）本标准从身体形态、身体机能和身体素质等方面综合评定学生的体质健康水平，是促进学生体质健康发展、激励学生积极进行身体锻炼的教育手段，是我国学生发展核心素养体系和学业质量标准的重要组成部分，是学生体质健康的个体评价标准。

（4）本标准将适用对象划分为以下组别：小学、初中、高中按每个年级为一组，其中小学为六组、初中为三组、高中为三组。大学一、二年级为一组，三、四年级为一组。

（5）小学、初中、高中、大学各组别的测试指标均为必测指标。其中，身体形态类中的身高、体重，身体机能类中的肺活量，以及身体素质类中的50米跑、坐位体前屈为各年级学生共性指标。

（6）本标准的学年总分由标准分与附加分之和构成,满分为120分。标准分由各单项指标得分与权重乘积之和组成,满分为100分。附加分根据实测成绩确定,即对成绩超过100分的加分指标进行加分,满分为20分;小学的加分指标为1分钟跳绳,加分幅度为20分;初中、高中和大学的加分指标为男生引体向上和1 000米跑,女生1分钟仰卧起坐和800米跑,各指标加分幅度均为10分。

（7）根据学生学年总分评定等级:90.0分及以上为优秀,80.0～89.9分为良好,60.0～79.9分为及格,59.9分及以下为不及格。

（8）每个学生每学年评定一次,记入《〈国家学生体质健康标准〉登记卡》。特殊学制的学校,在填写登记卡时可以按规定和需求相应地增减栏目。学生毕业时的成绩和等级,按毕业当年学年总分的50%与其他学年总分平均得分的50%之和进行评定。

（9）学生测试成绩评定达到良好及以上者,方可参加评优与评奖;成绩达到优秀者,方可获体育奖学分。测试成绩评定不及格者,在本学年度准予补测一次,补测仍不及格,则学年成绩评定为不及格。普通高中、中等职业学校和普通高等学校学生毕业时,按照《标准》测试的成绩达不到50分者按结业或肄业处理。

（10）学生因病或残疾可向学校提交暂缓或免予执行《标准》的申请,经医疗单位证明,体育教学部门核准,可暂缓或免予执行《标准》,并填写"免予执行《国家学生体质健康标准》申请表",存入学生档案。确实丧失运动能力、被免予执行《标准》的残疾学生,仍可参加评优与评奖,毕业时《标准》成绩应注明免测。

（11）各学校每学年开展覆盖本校各年级学生的《标准》测试工作,《标准》测试数据经当地教育行政部门按要求审核后,通过国家学生体质健康网上传至国家学生体质健康标准数据管理系统。测试和数据上传时间由教育行政部门确定。

（12）本标准由教育部负责解释。

二、大学生体质健康标准评价指标与权重

《标准》中大学生体质健康的评价指标与权重见表2-1。

表2-1　大学生体质健康评价指标与权重

评价指标（测试项目）	权重（%）
体重指数（BMI）	15
肺活量	15
50米跑	20
坐位体前屈	10

续表

评价指标(测试项目)	权重(%)
立定跳远	10
引体向上(男)/1 分钟仰卧起坐(女)	10
1 000 米跑(男)/800 米跑(女)	20

注:体重指数(BMI) = 体重(千克)/身高^2(米^2)。

《国家学生体质健康标准》(2014 年修订版)中均使用单位的中文名称或符号,本书亦参照使用。

三、评分表

(一)单项指标评分表

大学一年级至四年级男生和女生体重指数(BMI)单项评分见表 2-2,肺活量单项评分见表 2-3,50 米跑单项评分见表 2-4,坐位体前屈单项评分见表 2-5,立定跳远单项评分见表 2-6;大学男生引体向上和 1 000 米跑评分见表 2-7,大学女生仰卧起坐和 800 米跑评分见表 2-8。

表 2-2　大学生体重指数(BMI)单项评分表　　　　　(单位:千克/米^2)

等级	单项得分	男生	女生
正常	100	17.9 ~ 23.9	17.2 ~ 23.9
低体重	80	≤17.8	≤17.1
超重		24.0 ~ 27.9	24.0 ~ 27.9
肥胖	60	≥28.0	≥28.0

表 2-3　大学生肺活量单项评分表　　　　　(单位:毫升)

等级	单项得分	男生		女生	
		大一 大二	大三 大四	大一 大二	大三 大四
优秀	100	5 040	5 140	3 400	3 450
	95	4 920	5 020	3 350	3 400
	90	4 800	4 900	3 300	3 350

等级	单项得分	男生		女生	
		大一 大二	大三 大四	大一 大二	大三 大四
良好	85	4 550	4 650	3 150	3 200
	80	4 300	4 400	3 000	3 050
及格	78	4 180	4 280	2 900	2 950
	76	4 060	4 160	2 800	2 850
	74	3 940	4 040	2 700	2 750
	72	3 820	3 920	2 600	2 650
	70	3 700	3 800	2 500	2 550
	68	3 580	3 680	2 400	2 450
	66	3 460	3 560	2 300	2 350
	64	3 340	3 440	2 200	2 250
	62	3 220	3 320	2 100	2 150
	60	3 100	3 200	2 000	2 050
不及格	50	2 940	3 030	1 960	2 010
	40	2 780	2 860	1 920	1 970
	30	2 620	2 690	1 880	1 930
	20	2 460	2 520	1 840	1 890
	10	2 300	2 350	1 800	1 850

表2-4 大学生50米跑单项评分表 （单位:秒）

等级	单项得分	男生		女生	
		大一 大二	大三 大四	大一 大二	大三 大四
优秀	100	6.7	6.6	7.5	7.4
	95	6.8	6.7	7.6	7.5
	90	6.9	6.8	7.7	7.6

续表

等级	单项得分	男生		女生	
		大一 大二	大三 大四	大一 大二	大三 大四
良好	85	7.0	6.9	8.0	7.9
	80	7.1	7.0	8.3	8.2
及格	78	7.3	7.2	8.5	8.4
	76	7.5	7.4	8.7	8.6
	74	7.7	7.6	8.9	8.8
	72	7.9	7.8	9.1	9.0
	70	8.1	8.0	9.3	9.2
	68	8.3	8.2	9.5	9.4
	66	8.5	8.4	9.7	9.6
	64	8.7	8.6	9.9	9.8
	62	8.9	8.8	10.1	10.0
	60	9.1	9.0	10.3	10.2
不及格	50	9.3	9.2	10.5	10.4
	40	9.5	9.4	10.7	10.6
	30	9.7	9.6	10.9	10.8
	20	9.9	9.8	11.1	11.0
	10	10.1	10.0	11.3	11.2

表2-5 大学生坐位体前屈单项评分表 (单位:厘米)

等级	单项得分	男生		女生	
		大一 大二	大三 大四	大一 大二	大三 大四
优秀	100	24.9	25.1	25.8	26.3
	95	23.1	23.3	24.0	24.4
	90	21.3	21.5	22.2	22.4

等级	单项得分	男生		女生	
		大一 大二	大三 大四	大一 大二	大三 大四
良好	85	19.5	19.9	20.6	21.0
	80	17.7	18.2	19.0	19.5
及格	78	16.3	16.8	17.7	18.2
	76	14.9	15.4	16.4	16.9
	74	13.5	14.0	15.1	15.6
	72	12.1	12.6	13.8	14.3
	70	10.7	11.2	12.5	13.0
	68	9.3	9.8	11.2	11.7
	66	7.9	8.4	9.9	10.4
	64	6.5	7.0	8.6	9.1
	62	5.1	5.6	7.3	7.8
	60	3.7	4.2	6.0	6.5
不及格	50	2.7	3.2	5.2	5.7
	40	1.7	2.2	4.4	4.9
	30	0.7	1.2	3.6	4.1
	20	-0.3	0.2	2.8	3.3
	10	-1.3	-0.8	2.0	2.5

表2-6　大学生立定跳远单项评分表　　　　（单位:厘米）

等级	单项得分	男生		女生	
		大一 大二	大三 大四	大一 大二	大三 大四
优秀	100	273	275	207	208
	95	268	270	201	202
	90	263	265	195	196

续表

等级	单项得分	男生		女生	
		大一 大二	大三 大四	大一 大二	大三 大四
良好	85	256	258	188	189
	80	248	250	181	182
及格	78	244	246	178	179
	76	240	242	175	176
	74	236	238	172	173
	72	232	234	169	170
	70	228	230	166	167
	68	224	226	163	164
	66	220	222	160	161
	64	216	218	157	158
	62	212	214	154	155
	60	208	210	151	152
不及格	50	203	205	146	147
	40	198	200	141	142
	30	193	195	136	137
	20	188	190	131	132
	10	183	185	126	127

表2-7 大学男生引体向上和1 000米跑评分表

等级	单项得分	1分钟引体向上（单位：次）		1 000米跑（单位：分·秒）	
		大一 大二	大三 大四	大一 大二	大三 大四
优秀	100	19	20	3′17″	3′15″
	95	18	19	3′22″	3′20″
	90	17	18	3′27″	3′25″
良好	85	16	17	3′34″	3′32″
	80	15	16	3′42″	3′40″

等级	单项得分	1分钟引体向上(单位:次)		1 000 米跑(单位:分·秒)	
		大一 大二	大三 大四	大一 大二	大三 大四
及格	78			3'47"	3'45"
	76	14	15	3'52"	3'50"
	74			3'57"	3'55"
	72	13	14	4'02"	4'00"
	70			4'07"	4'05"
	68	12	13	4'12"	4'10"
	66			4'17"	4'15"
	64	11	12	4'22"	4'20"
	62			4'27"	4'25"
	60	10	11	4'32"	4'30"
不及格	50	9	10	4'52"	4'50"
	40	8	9	5'12"	5'10"
	30	7	8	5'32"	5'30"
	20	6	7	5'52"	5'50"
	10	5	6	6'12"	6'10"

表 2-8　大学女生仰卧起坐和 800 米跑评分表

等级	单项得分	1分钟仰卧起坐(单位:次)		800 米跑(单位:分·秒)	
		大一 大二	大三 大四	大一 大二	大三 大四
优秀	100	56	57	3'18"	3'16"
	95	54	55	3'24"	3'22"
	90	52	53	3'30"	3'28"
良好	85	49	50	3'37"	3'35"
	80	46	47	3'44"	3'42"

等级	单项得分	1分钟仰卧起坐（单位：次）		800 米跑（单位：分·秒）	
		大一 大二	大三 大四	大一 大二	大三 大四
及格	78	44	45	3′49″	3′47″
	76	42	43	3′54″	3′52″
	74	40	41	3′59″	3′57″
	72	38	39	4′04″	4′02″
	70	36	37	4′09″	4′07″
	68	34	35	4′14″	4′12″
	66	32	33	4′19″	4′17″
	64	30	31	4′24″	4′22″
	62	28	29	4′29″	4′27″
	60	26	27	4′34″	4′32″
不及格	50	24	25	4′44″	4′42″
	40	22	23	4′54″	4′52″
	30	20	21	5′04″	5′02″
	20	18	19	5′14″	5′12″
	10	16	17	5′24″	5′22″

（二）加分指标评分表

大学生加分指标评分标准见表 2-9。

表 2-9 大学生加分指标评分表

加分	男生1分钟引体向上 （单位：次）		女生1分钟仰卧起坐 （单位：次）		男生1 000 米跑 （单位：分·秒）		女生800 米跑 （单位：分·秒）	
	大一 大二	大三 大四	大一 大二	大三 大四	大一 大二	大三 大四	大一 大二	大三 大四
10	10	10	13	13	-35″	-35″	-50″	-50″
9	9	9	12	12	-32″	-32″	-45″	-45″
8	8	8	11	11	-29″	-29″	-40″	-40″

加分	男生1分钟引体向上 （单位:次）		女生1分钟仰卧起坐 （单位:次）		男生1000米跑 （单位:分·秒）		女生800米跑 （单位:分·秒）	
	大一 大二	大三 大四	大一 大二	大三 大四	大一 大二	大三 大四	大一 大二	大三 大四
7	7	7	10	10	-26″	-26″	-35″	-35″
6	6	6	9	9	-23″	-23″	-30″	-30″
5	5	5	8	8	-20″	-20″	-25″	-25″
4	4	4	7	7	-16″	-16″	-20″	-20″
3	3	3	6	6	-12″	-12″	-15″	-15″
2	2	2	4	4	-8″	-8″	-10″	-10″
1	1	1	2	2	-4″	-4″	-5″	-5″

注:引体向上、1分钟仰卧起坐均为高优指标,学生成绩超过单项评分100分后,以超过的次数所对应的分数进行加分。1000米、800米跑均为低优指标,学生成绩低于单项评分100分后,以减少的秒数所对应的分数进行加分。

第二节 学生体质健康标准测试

一、身高、体重

测试目的:评价学生的身体匀称度,评价学生生长发育的水平及营养状况。

器材:身高体重测量仪。

测试方法:受试者赤足,立正姿势站在身高体重测量仪的底板上(上肢自然下垂,足跟并拢,足尖分开成60°角)。足跟、骶骨部及两肩胛间与立柱相接触,躯干自然挺直,头部正直,两眼平视前方,耳屏上缘与眼眶下缘最低点呈水平位。测试人员站在受试者右侧,将水平压板轻轻沿立柱下滑,轻压于受试者头顶。测试人员读数时双眼应与压板水平面等高,记录员复述后进行记录。读数以厘米为单位,精确到小数点后一位。测试误差不得超过0.5厘米。体重会在身高体重测量仪上直接显示,读数以千克为单位,精确到小数点后一位。

注意事项:①身高体重测量仪应选择平坦靠墙的地方放置,立柱的刻度尺应面向光源。②严格掌握"三点靠立柱""两点呈水平"的测量姿势要求,读数时保持身体稳定。③水平压板与头部接触时,松紧要适度,头发蓬松者要将头发压实,头顶的发辫、发结要放开,饰物要取下。④测量身高和体重前,受试者应避免进行剧烈体育活动和体力劳动。

二、肺活量

测试目的:测试学生的肺通气功能。

器材:电子肺活量仪。

测试方法:房间通风良好;使用干燥的一次性吹嘴(非一次性吹嘴,则每换测试对象都要消毒一次,每测一人后将吹嘴向下倒出唾液,并注意消毒后必须使其干燥)。肺活量仪主机放置于平稳桌面上,检查电源线及接口是否牢固,按工作键液晶屏显示"0"即表示机器进入工作状态,预热5分钟后测试为佳。

首先告知受试者不必紧张,并且要尽全力,以中等速度和力度吹气效果最好。令被测试者面对仪器站立,手持吹嘴,面对肺活量仪站立试吹1至2次。首先看仪表有无反应,还要试仪器是否漏气,调整吹嘴和鼻夹(或自己捏鼻孔);学会深吸气(避免耸肩提气,应该像闻花一样慢吸气)。受试者进行一两次较平日深一些的呼吸动作后,更深地吸一口气,屏住气向吹嘴处慢慢呼出至不能再呼为止。为防止此时从吹嘴处吸气,测试中不得中途2次吸气。吹气完毕后,液晶屏上最终显示的数字即为肺活量毫升值。每位受试者测3次,每次间隔15秒,记录3次数值,选取最大值作为测试结果。以毫升为单位,不保留小数。

注意事项:①电子肺活量仪的通畅和干燥是仪器准确的关键。②及时清理和擦干气筒内部。严禁用水、酒精等任何液体冲洗气筒内部。③导气管存放时不能弯折。④定期校对仪器。

三、50米跑

测试目的:测试学生速度、灵敏素质及神经系统灵活性的发展水平。

场地器材:50米直线跑道若干条,地面平坦,地质不限,跑道线要清楚。发令旗一面,口哨一个,秒表若干块(一道一表)。秒表使用前,应用标准秒表校正,每分钟误差不得超过0.2秒。

测试方法:受试者至少两人一组测试。站立起跑,受试者听到"跑"的口令后开始起跑。发令员在发出口令的同时要挥动发令旗。计时员视旗动开始计时,受试者胸部到达终点线的垂直面时停表。以秒为单位记录测试成绩,精确到小数点后一位,小数点后第二位数按非零进1原则进位,如10.11秒读成10.2秒记录之。

注意事项:①受试者应穿运动鞋或平底布鞋,赤足亦可,但不得穿钉鞋、皮鞋、凉鞋。②发现有抢跑者,要当即召回重跑。③有风时一律顺风跑。

四、800米跑、1 000米跑

测试目的:测试学生的耐力素质,测试心血管、呼吸系统的机能及肌肉耐力。

场地器材:测试应安排在400米田径跑道进行,地面要平坦,跑道线要清楚,地质不限。发令旗一面,口哨一个,秒表若干块(一道一表)。秒表使用前,应用标准秒表校正,每分钟误差不得超过0.2秒。

测试方法:①受试者采用站立式起跑,当听到起跑信号后,立即全力跑向终点线。②计时员位于终点线的侧面,发令旗挥动的同时,开始计时。当受试者跑完全程,胸部到达终点线的垂直面时停表。

注意事项:①测试前受试者须做充分的准备活动。②受试者应穿运动鞋或平底布鞋,不能穿钉鞋、皮鞋、凉鞋。③分秒进行换算时要细心,防止出现差错。

五、引体向上

测试目的:测试学生上肢肌肉力量和耐力。

场地器材:引体向上采用高单杠或高横杠进行测试,杠的粗细以受试者手能握住为准。

测试方法:受试者面向单杠,自然站立,然后跃起正手握杠,双手分开与肩同宽,身体呈直臂悬垂姿势,待身体停止晃动后,两臂同时用力,向上引体。引体时,身体不得有任何附加动作。当下颌超过横杠上缘时还原,呈直臂悬垂姿势为完成一次。

测试人员记录受试者完成次数,以次为单位。

注意事项:①测试前,受试者须做充分的准备活动。②受试者向上引体时,两次引体向上的间隔时间超过10秒即终止测试。③若受试者身高较矮,不能自己跳起握杠时,测试人员可以提供帮助。④测试时,应有相应的保护措施。

六、仰卧起坐

测试目的:测试学生的腹肌耐力。

场地器材:垫子若干块(或代用品),铺放地面平坦。

测试方法:受试者仰卧于垫上,两腿稍分开,屈膝成90°左右的角,双手手指交叉贴于脑后。一名学生压住受试者踝关节,以固定其下肢。受试者坐起时两肘触及或超过双膝为完成一次。仰卧时两肩胛必须触垫。测试人员发出"开始"口令时开始计时,记录1分钟内完成次数。1分钟到时,受试者虽已坐起但肘关节未达到双膝时该次不计数,精确到个位。

注意事项:①如发现受试者借用肘部撑垫或臀部起落的力量起坐时,该次不计数。②测试过程中,观测人员应向受试者报数。③受试者双脚必须放于垫上。

七、坐位体前屈

测试目的:测量学生在静止状态下躯干、腰、髋等关节可能达到的活动幅度,主要反映这些部位的关节、韧带和肌肉的伸展能力及学生身体柔韧素质的发展水平。

场地器材:坐位体前屈测试仪,放置地面应平坦。

测试方法:受试者两腿伸直,两脚平蹬测试板纵坐在平地上,两脚分开10~15厘米,上体前屈,两臂伸直向前,用双手中指指尖逐渐向前推动游标,直到不能前推为止。记录以厘米为单位,保留一位小数。测试两次,取最好成绩。

注意事项:①身体前屈,两臂向前推游标时两腿不能弯曲。②受试者应匀速向前推动游标,不得突然发力。

八、立定跳远

测试目的:测试学生下肢肌肉力量及身体协调能力的发展水平。

场地器材:在沙坑(沙面与地面平齐)或土质松软的平地上进行。起跳地面要平坦,不得有坑凹。准备相应测量工具。

测试方法:受试者两脚自然分开站立;站在起跳线后;脚尖不得踩线(最好用线绳做起跳线);两脚原地同时起跳;不得有垫步或连跳动作。每人试跳三次,记录其中成绩最好的一次。以厘米为单位,不计小数。

注意事项:①发现犯规时,此次成绩无效。三次试跳均无成绩者,再跳至取得成绩为止。②受试者应穿运动鞋或平底布鞋,赤足亦可,但不得穿钉鞋、皮鞋、塑料凉鞋。

第三节 学生增强体质的锻炼方法

学生体质健康测试通过对具体考核指标的评价来反映学生的体态发育、身体素质等健康状况。身体素质是指人体在运动、工作和生活中所表现出来的力量、速度、耐力、柔韧和灵敏等基本能力,是人的体能状态的反映。因此,要增强体质就要从加强身体锻炼入手。以下介绍几种可以提高身体素质的锻炼方法。

一、有利于达到标准身高体重的锻炼方法

(1)手持轻器械练习法。手持哑铃、木棒、实心球等轻器械进行锻炼。这种方法有不同的锻炼内容与运动方式,可锻炼身体任何一个部位,能有效地影响身体形态,消耗多余热量。

(2)舞蹈练习法。舞蹈动作是经过提炼、组织加工的人体动作,对体态的形成有重要意义,并在骨骺线未闭合前有利于身高增长。

二、有利于 800 米跑、1 000 米跑达标的锻炼方法

(1)匀速跑 800~1 500 米:全程都以均匀的速度跑。

(2)中速跑 500~1 000 米:要跑得轻松自然、动作协调,放开步子跑。

(3)重复跑:反复跑几个段落(如 200 米、400 米或 800 米等),中间休息时间较长。跑的距离、重复次数、快慢强度都可根据自己的情况而定,发展速度、耐力。

(4)加速跑 40~60 米:反复跑,中间有较短时间的间歇。

(5)变速跑 1 500~2 500 米:要求快跑与慢跑相结合,如采用 100 米慢跑、100 米快跑或 100 米慢跑、200 米快跑交替进行等方法,发展速度耐力。

(6)越野跑:利用自然地形条件练习,如在公路、田野或山坡(上下坡跑)练习。

(7)跑台阶、跑楼梯练习。

三、提高肺活量的锻炼方法

长跑、游泳、健美操、跳绳、上下台阶、长距离竞走、篮球和足球等运动项目都有利于提高人体的肺活量。

四、有利于 50 米跑达标的锻炼方法

(1)小步跑:体会前脚掌快速扒地的动作和上下肢的放松协调配合。

高抬腿跑:提高大腿高抬的幅度,增强腿部力量。

后蹬腿:体会、纠正后蹬用力不充分和"坐着跑"等缺点,增强腿部力量。

(2)小步跑转入加速跑,50～60 米。

高抬腿跑转入快速跑,50～60 米。

后蹬腿跑转入快速跑,50～60 米。

(3)顶风跑、顺风跑、上坡跑、下坡跑。

(4)30 米、50 米计时跑。

(5)重复跑 60～80 米:以中等速度反复练习。

另外,还可采用负重练习,以增强腿部力量。方法参照下文立定跳远项目的锻炼方法。

五、有利于立定跳远达标的锻炼方法

各种跳跃练习以及负重练习能够有效地发展腿部肌肉力量和速度,提高弹跳能力。

(1)深蹲跳:全蹲下去,双脚同时用力向上跳起,连续做。

(2)单脚跳:用左脚连续向上或向前跳一定的次数,再换右脚做连续跳。

(3)多级跨步跳:连续以最少的步数跨出最远的距离。

(4)多级蛙跳:屈膝半蹲,上体稍前倾,双脚同时用力蹬地,充分伸直髋、膝、踝三关节,同时两臂迅速上摆,身体向前跃出,双腿屈膝落地缓冲后再接着向前跳。

(5)跳台阶:原地双脚起跳,跃上台阶或其他物体,然后再跳下,反复进行。

(6)跳绳:各种方式、方法的跳绳练习。

(7)身体负重(肩负杠铃或沙包、腰和腿绑沙袋、身穿沙衣等)做各种跳跃练习。

六、有利于坐位体前屈达标的锻炼方法

(1)正压腿:一腿直立,另一腿举起放于高度适当的高物上,身体正对高腿,上体向前尽量用胸部贴腿,双膝不得弯曲,复原后连续再做。

（2）侧压腿：一腿直立，另一腿举起放于高度适当的高物上，身体侧对高腿，上体尽量侧屈，用头的一侧贴腿，不要前倾或后仰，复原后连续再做。

（3）正踢腿：直立，两臂平举，左脚向前迈出一小步，右脚绷脚面伸直，急速有力地向上踢腿，落下时要有所控制。两腿交替练习。

（4）并腿体前屈：两腿并立，上体前屈，两手触地，上体与腿尽量贴近，复原后连续再做。

（5）两腿左右开立（大于肩宽），上体前屈，臀部自然后移，双膝伸直，两手先向左腿外侧摸地面，复原后再向右腿外侧摸地面，连续做。

（6）双腿伸直坐于垫上或床上，上体前屈，两臂向前伸，尽力用双手触脚尖，膝关节不得弯曲，复原后连续再做。

七、有利于引体向上达标的锻炼方法

（1）垂直方法：跳起以正手双手握住单杠，双脚离地，直至支撑不住。这个简单的训练，可以增强手握力和前臂的力量，每次做 4 组，每组 4 至 6 次，每次 15 至 20 秒。

（2）身体划船：利用高度约在腰部的单杠，脚跟着地，挺胸收腹，收紧肩胛骨拉起上身，每次做 4 组，每组 10 ~ 15 下。

（3）屈臂悬挂：提高自己至下巴与单杠平行的位置，维持这个姿势直至无法支撑，每次做 4 组，每组 4 至 6 次，每次维持 10 ~ 15 秒。

（4）下降练习：起始动作为屈臂悬挂，然后身体慢慢向下，直至回到垂直悬挂，整个下降动作保持稳定，用背肌对抗地心引力，每次做 4 组，每组 5 ~ 8 下。

（5）负重前臂屈伸：两脚自然分开，两臂下垂反握或正握钢拉杆，做前臂屈伸。也可以用哑铃、拉力器等器械进行练习。

（6）负重腕屈伸：前臂放在桌子上或者腿上，两手正握（反握）杠铃杆或持小哑铃等重物，做腕关节的向上、向下屈伸动作。也可以单手持哑铃做练习。

（7）手抓放铅球：单手持铅球（或其他重物），手心朝下，手指松开铅球后又马上合拢并抓住铅球（重物不落地），如此反复进行。

（8）引体向上练习：双手正握或反握单杠做反复向上引体练习。还可以做压臂悬垂。

（9）爬杆或爬绳练习。

八、有利于仰卧起坐达标的锻炼方法

（1）垫上练习。

直腿仰卧起坐：仰卧于垫上，双腿并拢伸直，两臂上举。上腹用力，使上体坐起，两臂前伸用手触脚。复原后再连续做。

仰卧团身：两手上举仰卧于垫上，双腿并拢屈膝（大小腿成90°角）。收腹起上身，同时双膝往上提，臀部随之离地，两臂抱腿，头尽量碰膝，仅腰部贴地。复原后再连续做。

仰卧举腿：直体仰卧于垫上，双手抓住垫子，连续做向上直腿举腿动作。

（2）垫上负重和其他器械练习。

斜板仰卧起坐：两臂上举，仰卧在稍有高度的斜板上，脚在高处，头在低处，将双脚固定。当上身起坐时，两手尽量往脚尖伸去。复原后再连续做。

支撑举腿：两臂伸直，支撑在双杠或其他物体上，身体保持正直，双腿并拢后，快速收腹举腿，使大腿与上体成90°角，保持几秒钟，复原后再连续做。

悬垂举腿：双手正握单杠或肋木（背向肋木）呈悬垂状，双腿伸直最大限度向上举起。复原后再连续做。

仰卧双腿举重物：仰卧于垫上，双手抓住固定物体。双脚夹重物或踝关节绑沙袋向上举起后放下。连续做数次或数十次。

负重仰卧起坐：仰卧于垫上，双腿伸直，双手在头后持重物，腹肌迅速收缩，使上体坐起并前屈，然后再慢慢躺倒还原。反复练习。

第三章　体育与健康

第一节　健康概述

随着社会的发展、生产力水平的提高以及物质生活的日益丰富，人们的生活方式发生了很大的变化，人类的健康面临着新的考验，"现代文明病"——心脑血管疾病、糖尿病等的出现及其年轻化趋势，给现代人敲响了健康的警钟，如今人类对健康的追求比以往任何一个时期都迫切和强烈！

一、健康的概念

人是一种既具有生物属性又具有社会属性的高度文明和社会化的高级动物。人从诞生开始，就意识到何谓生，何谓死，并在生病、康复的反反复复中生活和成长，深知健康的重要性。因此，健康可以说是人类最基本的需求。何谓健康？从古至今人们对它的解释各不相同。1948年世界卫生组织（WHO）对健康的定义是，健康不仅仅是没有疾病和衰弱的状态，而且是一种在身体上、精神上和社会上的完好状态。后来，世界卫生组织对健康作出新的定义，认为健康不仅仅是没有疾病，而且应包括躯体健康、心理健康、社会适应良好和道德健康。这就是说健康的人至少应具备强健的体魄和健全的心理精神状态。人们对健康的认识更加深入、完善、全面、系统。

总体来讲，人的健康包括躯体健康、心理健康、社会适应良好和道德健康四大内涵。

阅读材料

健康的标准

躯体健康

具有强壮的体力和体魄,主要包括生理状态良好,没有疾病,并能抵御各种疾病的侵袭,体重标准,能适应自然环境的变化。

心理健康

在心理上能够控制自己,能够正确地对待外界的客观影响,并使心理处于平衡状态。

社会适应良好

良好的社会适应能力是指能够建立良好的人际关系,有调节各种复杂关系的能力。常表现为尊重自己和尊重他人,言行举止符合大学生的年龄特征,能够适应社会。

道德健康

能够做到不损人利己,接受社会公认的社会准则,并以此来约束自己的言行;具有为他人的健康和幸福而作出自己的贡献的思想与行为;具有辨别善恶、美丑、荣辱、是非的能力。

十条健康准则

(1)精力充沛,能从容不迫地完成日常工作而不感到紧张与疲劳。

(2)积极乐观,乐于承担任务而不挑剔。

(3)睡眠良好。

(4)应变能力强,能适应外界环境的各种变化。

(5)对一般感冒和传染病有一定抵抗力。

(6)体重标准,体形匀称,站立时头、臂、臀比例协调。

(7)眼睛有神,反应敏捷,眼睑不发炎。

(8)牙齿清洁,无缺损和龋齿,不疼痛。牙龈无出血,颜色正常。

(9)头发有光泽,无头屑。

(10)肌肉饱满,皮肤有弹性,走路轻松。

二、亚健康

20世纪80年代,有学者发现在人的一生中,身体除健康状态、疾病状态外,还存在一种介于两者之间的非健康非疾病的状态,即"亚健康"状态,也称为灰色状态、病前状态、亚临床期等。亚健康状态既可以向健康状态转化,也可以向疾病状态转化。亚健康状态向健康状态转化,取决于自我保健得当和自身免疫能力的提高,而向疾病状态转化是亚健康状态的自发过程。因此,人们通过体育锻炼,提高自身的免疫力,并改善身体机能,是摆脱亚健康状态的有效方法之一。

亚健康状态与遗传基因、环境状况、生活节奏、心理状态、生活习惯、患病经历等因素有关。像饮食不合理,摄入热量过多或营养贫乏,休息不充足,特别是睡眠不足,起居无规律,作息不正常,运动不足,脑力透支,长久的不良情绪等都可导致亚健康。

改正不良生活习惯,调整个人心理状态,提高应变能力,加强体育锻炼等可有效改善亚健康状态。

三、健康生活方式的"四大基石"

健康的生活方式是指人们为满足自身需要而科学合理地消费生活资料的各种消费形式的总和,以及科学合理地支配闲暇时间的方式。合理膳食、适量运动、戒烟限酒、心理健康是健康生活方式的"四大基石"。

(一)合理膳食

合理膳食即营养要全面均衡。每餐以八分饱为宜,主食细粮、粗粮搭配,减少动物性脂肪和甜食的摄入,多吃蔬菜、水果、豆制品和奶制品,限制食盐和烹调油的用量。

(二)适量运动

运动贵在坚持,重在适度。项目可因人而异,每周可做轻、中度运动5次,每次半小时左右。中青年可打球、游泳、长跑,老年人可快步行走、慢跑、骑自行车、爬山、跳健身舞等,此外也可打太极拳或散步等。

(三)戒烟限酒

吸烟酗酒是健康的大敌。吸烟是导致高血压、冠心病、支气管炎、肺气肿、肺癌等多种疾病的重要危险因素。任何年龄的人戒烟都有益于健康,如戒烟一时有困难,每天吸烟应限量,并逐步减少直至彻底戒烟。酒应少饮,不喝高度烈性酒,经常或过量饮酒会影响健康。

(四)心理健康

保持心理健康要做到以下几点:

（1）三个快乐——助人为乐、知足常乐、自得其乐。

（2）三个正确——正确对待自己、正确对待他人、正确对待社会。

（3）三个既要——既要尽心尽力奉献社会，又要尽情品味美好人生；既要在事业上有进取心，又要在生活中保持平常心；既要对本职工作精益求精，又要有多姿多彩的业余生活。

四、大学生健康状况

2021年第八次全国学生体质健康调查结果显示：我国学生体质健康达标优良率逐渐上升，学生身高、体重、胸围等形态发育指标持续向好，学生肺活量水平全面上升，中小学生柔韧、力量、速度、耐力等素质出现好转，学生营养不良持续改善，体育教学质量不断优化和提升。可以看出我国学生的体质健康状况整体向好，但学生近视率仍然偏高、超重肥胖率上升等情况还有待改善。

为提高大学生身体素质，高校应突出落实五方面工作：

（1）高校体育教育要树立"健康第一"的指导思想。

（2）构建科学的体育课程体系。

（3）推动学生课外体育锻炼的开展。

（4）提高体育师资队伍的素质和水平。

（5）完善学校运动训练和竞赛体系。

第二节　体育锻炼与健康

人类健康受多种因素的影响，包括遗传、营养、体育锻炼、生活环境、教育状况和卫生条件等多个方面。体育锻炼虽不是实现健康目的的唯一途径，但对健康有着极为重要的促进作用。

一、体育锻炼与躯体健康

体育锻炼对躯体健康的促进作用表现在对人体形态和机能的影响，具体表现在以下几个方面：有利于骨骼、肌肉的生长发育，提高人体抗病能力；增强心肺功能，改善血液循环系统、呼吸系统、消化系统的机能状况，增强机体的适应能力；降低儿童在成年后患上心脏病、高血压、糖尿病等疾病的概率；改善神经系统的调节功能,提高神经系统对人体活动时各种错综复杂变化的判断能力,并及时作出协调、准确、迅速反应,使人体适应内外环境的变化,正常进行各种活动。

二、体育锻炼与心理健康

体育锻炼可以调节紧张情绪,改善人们的生理和心理状态;体育锻炼可以使心境平和,有助于安眠及消除各种压力;体育锻炼可以陶冶情操,有利于个体保持健康的心态,充分发挥积极性、创造性和主动性,从而提高自信心,在融洽的氛围中获得健康、和谐的发展。

三、体育锻炼与社会适应能力

体育运动是劳动的产物,人们通过体育运动可以增进了解,有助于自身融入社会。另外,集体运动使体育更加趋向于团队协作,有助于增加人与人的凝聚力。个体在体育活动中可以是集体的一分子,也能够独领风骚,自身在群体中位置的改变,有利于个体的社会化。

四、体育锻炼与道德健康

体育锻炼可以从以下方面提升学生的道德健康:通过教学和训练培养学生的组织纪律性,增强其道德意识;体育运动具有一定的对抗性,需要面对很强的运动负荷和训练强度,有利于培养学生顽强的意志品质和刻苦拼搏的精神;团体项目需要相互协作、帮助、理解和尊重,有利于规范学生言行,渗透思想品德教育。

第三节　运动处方

体育运动是保持健康的妙方。那么,如何进行体育运动呢? 可以利用运动处方对症下药。

一、运动处方的定义

运动处方是由专业人员根据受众医学检查和必要的运动能力的测试结果,按其健康、体力以及心血管功能状况,结合生活环境和运动爱好等个体特点,用处方的形式为受众规定适当的运动种类、次数、强度及时间,并指出运动中的注意事项,以便使受众有计划地进行经常性的锻炼,达到健身或治病的目的。在充分了解运动处方的制定规则后,个人亦可根据需要灵活制定运动处方。那么,个人如何根据自身的情况、锻炼目的制定切实可行而有效的运动处方呢?

首先要掌握运动处方的构成,一个完整的运动处方一般包括以下七个基本要素:运动目的、运动种类、运动强度、运动时间、运动时间带、运动频率及注意事项。

其一,运动目的。运动目的是指个体根据自身身体情况设定的运动目标。个体由于性别、年龄、身体状况不同,运动目的也不同。主要的运动目的包括以下几类:

(1)促进人体生长发育;

(2)保持健康,延缓衰老;

(3)增强体质,提高工作效率;

(4)调节心理状态;

(5)掌握运动技能,提高竞技水平。

其二,运动种类。根据不同的运动目的,运动者可选择有针对性的运动项目。为了健身、保持体重、改善心脏功能和代谢、预防疾病,宜选择以有氧代谢为主的耐力性运动项目,如慢跑、游泳、骑自行车、划船等。为了增强肌肉力量、提高肢体活动能力,宜选择力量性运动项目,如杠铃运动、哑铃运动等。为了缓解压力和疲劳、预防高血压、神经衰弱,可选择太极拳、五禽戏、瑜伽、放松体操等伸展性运动项目。但无论选择哪一种运动项目,为了达到全面锻炼身体的最佳效果,健身运动处方的运动内容应包括以下三种主要运动类型:

(1)有氧耐力性运动。有氧耐力性运动可以改善和提高人体的有氧工作能力及机体的耐受力。如多种形式的步行,漫步、散步、竞走、快走等,各种形式的跑步、慢跑、健身跑、走跑交替,以及骑自行车、跳舞、多种球类运动等。

(2)力量性运动。力量性运动是以增强力量、改变体形为主要目的的运动。如多种形式的健身器械运动,利用哑铃、壶铃、杠铃、弹簧、拉力带、橡皮筋等进行的负重力量练习。

(3)伸展性运动。伸展性运动可以增强身体柔韧性。如前文提到的太极拳、五禽戏、瑜伽等。

其三,运动强度。运动强度是指人体在运动中完成某一练习时的用力程度。适宜的运动强度可以用靶心率来控制,靶心率的简易算法为(220－年龄)×(60%～85%)。60%～85%的范围亦与年龄有关,一般青年阶段的上限为(220－年龄)

×85%,中年阶段的上限为(220 - 年龄) ×70%,老年阶段的上限为(220 - 年龄) ×60%,具体计算时应根据身体状况灵活把握。

其四,运动时间。运动时间是每次运动所持续的时间,即到达运动处方所要求的运动负荷的时间。

其五,运动时间带。运动时间带指一天中应在什么时间锻炼。应根据人的生物周期及日节律来合理安排运动的时间带。

其六,运动频率。运动频率是指每周锻炼的次数。锻炼间隔时间过长或过短,都会影响运动处方的效果。一般的日常锻炼以隔日锻炼一次效果较好,这样可以给机体充分的休息调整时间,使其做到"超量恢复",从而使处方效果显著。

其七,注意事项。为了保证安全,要根据运动者的具体情况,提出锻炼时的注意事项。

阅读材料

大学生运动处方示例:健身和减肥的运动处方

姓名:A;性别:女;年龄:20 岁;职业:学生;体育爱好:羽毛球。

健康状况:良好;身高:1.55 米;体重:60 千克;病史:无。

体能测定:力量——仰卧起坐25 个/分钟,耐力——800 米跑4 分5 秒。

体质评定:健康状况良好,体重过重,心肺功能稍差。

运动目的:健身和减肥。

运动项目:羽毛球、健身跑、健美操、篮球等。

运动强度:由小逐渐加大,心率在靶心率范围(120 ~ 170 次/分钟)。

运动时间:12 周(减少体重3 ~ 5 千克),每次30 ~ 60 分钟。

运动频率:4 ~ 5 次/周。

注意事项:适当控制饮食,减少糖类、油脂的摄入,可吃适量的蔬菜、水果。身体不适,如发热,应停止运动。

自我监测:心率。

二、制定运动处方的基本原则

(一)运动处方要个性化

由于每个人的身体条件千差万别,不可能预先准备好一个可以适应各种情况的处方,况且个人的身体或客观条件也在经常变化,严格来说,今天的处方明天都不一定合适。所以,必须根据每个人的具体情况,因人制宜,个别对待。

(二)运动处方要及时修订调整

书上所介绍的运动处方,有的人适应,有的人不一定适应。因此,对于初定的处方在实施过程中要进行一次或多次的微调整,使之成为符合自身条件的运动处方。须知,一个安全、有效的运动处方,通常不是别人给予的,而是自己制定的。

(三)以全身耐力为基础

在制定运动处方时,体力的差别比性别的差别更为重要。因此,要在根据性别、年龄的基础上,以体力(全身耐力)情况为基础来制定运动处方。

(四)保持安全界限和有效界限

为了提高全身耐力水平,必须达到一定的运动强度,但运动强度要在安全范围(即靶心率范围)内。如果运动超过靶心率范围上限,就可能有危险,这个运动强度或运动量界限,称为安全界限。达到靶心率范围的下限,则称为有效界限。安全界限和有效界限之间,就是运动处方可以参照的安全而有效的运动强度范围。身体条件差的人(年老、体弱、患病者),运动受限制较多,制定处方时必须严格规定运动内容。

第四章 体育锻炼与卫生保健

第一节 体育锻炼与运动卫生

一、体育锻炼的卫生要求

(一)做好准备活动和整理活动

体育运动中人体会有静态—动态—静态的变化过程。锻炼时只有遵循人体生理变化的规律,符合运动卫生的要求,才能有效增强体质,防止运动损伤和疾病的发生。

1. 运动前做好准备活动

准备活动是体育锻炼前进行的有目的的身体练习,它能有效地提高中枢神经系统的兴奋性,使神经系统和各个运动器官建立紧密联系,使机体从静止、抑制状态逐步过渡到兴奋、紧张状态,克服人体各器官的惰性,提高全身代谢水平,从而使人体为锻炼做好准备。

准备活动按内容可划分为一般性准备活动和专门性准备活动。一般性准备活动以慢跑、伸展性练习和各种徒手练习为主。专门性准备活动一般安排在准备活动的后期。准备活动运动量不要太大,时间在 10~15 分钟,一般以达到身体发热、微微出汗,主要关节活动灵活,兴奋性提高为宜。

2. 运动结束时做好整理活动

整理活动是练习者在完成运动锻炼后进行的中小强度运动,运动者通过放松、缓慢的整理活动,使身体由运动状态过渡到相对安静的状态,以达到调节机能、减轻肌肉酸痛、消除疲劳的目的,同时可以有效地恢复体力。

整理活动侧重于全身性放松,一般采用调整呼吸和自然放松地走、慢跑,或简单的舞蹈组合等。整理活动后,一定注意保暖,防止着凉。

(二)夏季体育锻炼卫生常识

夏季昼长夜短,气温较高,所以应该选择在清晨和傍晚运动,一般不主张在强烈阳光下进行体育锻炼,更不能在正午阳光最强烈时运动。运动的强度不宜过大,每次锻炼时间以半小时为宜。

1.切忌锻炼后立即洗冷水澡

锻炼后立即洗冷水澡对身体有害无益,因为经过运动后,全身新陈代谢十分旺盛,体内热量增加,皮肤体表毛孔张开,毛细血管扩张,血液循环加快,若此时洗冷水澡,皮肤受冷刺激,使毛细血管骤然收缩,毛孔骤然关闭,机体来不及适应,可导致多种疾病。合理的方法是洗温水澡或用温水擦洗全身。

2.切忌运动后大量饮用冷饮

运动后全身血液进行了重新分配,大量血液涌向肌肉和体表供应运动之需,而消化器官则供血量相对较少。若此时大量饮用冰冻饮料,则会强烈刺激暂时处于贫血状态的胃,损伤其生理功能,轻则出现食欲减退,重则导致急性胃炎,并可能引起慢性胃炎、胃溃疡等疾病。其实,夏季运动后喝温热饮料最适宜。实验证明,温度在25℃~30℃的饮料,能较快地渗透到黏膜组织,被胃吸收,消暑解渴。

3.切忌运动后暴饮

运动过后,各个器官处于调整、休息阶段,大量摄入水分无疑会增加消化系统、血液循环系统的负担。适宜的补充体液丢失的方法是少量多饮,即多次少量喝水。若出汗确实较多时,可适当饮些淡盐水,不主张喝大量的凉开水。

(三)冬季体育锻炼卫生常识

俗话说"冬天动一动,少闹一场病;冬天懒一懒,多喝药一碗"。大家一定要多运动,爱运动。冬季锻炼好处多,但要适量。

1.准备活动要充足

无论室内运动还是户外运动,都要做好充分的准备活动。而且,冬季人体的肌肉、关节组织灵活性降低,具有一定惰性,因此锻炼时更要做好充分准备活动,循序渐进。一般来讲,当感到开始出汗时,应该说热身已做足了。热身可以利用一些室内的运动器械进行,也可以在户外热身,如小步慢跑等。

2.增减衣物要渐进

许多人认为户外锻炼只穿运动服即可,理由是运动起来不会冷。但人体在锻炼中产生较多热量的时间仅为中段,一前一后十分容易受外界温度的影响。因此休息以及锻炼结束时,应及时添加衣物。很多锻炼者有一个误区,习惯在锻炼之前换上轻便的衣服,但是,体育界倡导应该在运动中增减衣物,而不是运动前后一下子增减。正确做法应该是在锻炼的过程中,随着感觉边练边脱。

3.运动前后及时补充水分

冬季户外锻炼所需的水分同夏季一样多。在寒冷的天气,许多人会想喝一杯热咖啡再出去锻炼,这是不科学的做法,因为咖啡中含有咖啡因,会导致人体失水。

二、运动场地、器材、服装的选择

为保证体育锻炼者在锻炼时的安全,必须严格检查运动场地、器材、服装是否达到相关要求。

(一)运动场地的选择

运动场地的位置要选在交通便利,无污染,有利于开展体育活动的地方。运动场周围要合理栽种花草树木,这样能有效改善运动场周围的空气环境。室外场馆要求无碎石、浮土,不滑,最好是三合土地面。足球场最好有草皮,球场周围无障碍物。室内场馆要求地面应平整结实不滑,无浮土,光线应充足。室内应保持清洁卫生,通风,空气清新。

(二)运动器材的选择

运动器材不仅关系到锻炼者的安全,同时也对锻炼者的心理产生很大影响。例如篮球、排球和足球应保持圆度,表面光滑和有弹性。总之,为了保证运动者的健康安全,防止事故发生,在锻炼前必须仔细检查器材。

(三)运动服装的选择

运动者穿着合适的服装不仅有利于运动目的的实现,增加舒服度,而且可以减少事故的发生。锻炼者应选择衣料透气,易于散热,便于吸收汗液和有利于汗液蒸发的运动装。

第二节 常见的运动性生理反应

体育运动会使人体生理活动的有序性受到暂时性破坏,从而常常出现某种特殊的生理反应。

一、延迟性肌肉酸痛

(一)成因与症状

延迟性肌肉酸痛是由于运动时肌肉活动量大而导致的局部肌纤维及结缔组织的细微损伤,以及部分肌纤维痉挛所致。这种一般在锻炼结束 24 小时后出现的肌肉酸痛在运动医学上称为"延迟性肌肉酸痛症"。锻炼后 24 ~ 72 小时酸痛达到顶点,5 ~ 7 天后疼痛基本消失。

延迟性肌肉酸痛除肌肉酸痛外,还伴有肌肉僵硬,轻者仅有压疼,重者肌肉肿胀,妨碍活动。任何骨骼肌在激烈运动后均可发生延迟性肌肉酸痛,尤其长距离跑后更易出现。

(二)预防与处置

1. 预防

(1)做好锻炼时的准备活动和整理活动。准备活动做得充分和整理运动做得合理有助于防止或减轻肌肉酸痛。

(2)锻炼安排要合理。同样的运动量,原先会出现延迟性肌肉酸痛,经过一段时间的锻炼后,就较少出现了,因此要合理安排运动量。

2. 处置

(1)局部泡洗和涂擦药物。锻炼后用温热水泡洗可减轻肌肉酸痛。局部遵医嘱涂擦有效的油剂、糊剂也可减轻疼痛。

(2)牵伸肌肉的运动可减轻酸疼。牵伸肌肉可加速肌肉的放松,有助于紧张肌肉的恢复。肌肉牵伸练习也可预防锻炼时的拉伤。

二、运动性腹痛

(一)成因与症状

运动性腹痛常出现在长跑和剧烈运动时。准备活动不充分,或运动前吃得过饱、饮水过多,运动量过大,或腹部着凉都会引起运动性腹痛。

(二)预防与处置

1. 预防

出现运动性腹痛时,一般采用减慢运动速度、进行腹式呼吸,或停止运动等方法缓解,短时间内疼痛即可减轻,并很快消失。

2. 处置

运动前应避免进食或饮水过多,并做好准备活动,坚持循序渐进原则,注意呼吸节奏,夏季运动时要适当补充盐分。

三、运动性晕厥

(一)成因与症状

在运动中或运动后由于短暂性脑缺血或血液中化学物质的变化引起突发性、短暂性的意识丧失、肌张力消失并伴跌倒的现象,称为运动性晕厥。

导致运动性晕厥的原因,主要是长时间运动导致大量血液聚集在下肢,回心血量减少,心脏血输出量也相应减少,引发脑部缺氧。

(二)预防与处置

运动性晕厥出现后,应立即让患者平卧,松解衣领,抬高下肢,并由小腿向大腿再向心脏方向按摩,同时用手指点压人中、合谷等穴位。

四、"极点"和"第二次呼吸"

(一)成因与症状

人体在剧烈运动时,由于运动开始阶段内脏器官的活动能力不能满足运动的需要,往往产生一种非常难受的感觉,感到呼吸困难、肌肉酸痛、动作迟缓,甚至产生停止运动的念头,这种状态叫作"极点"。

"极点"出现后,继续坚持运动,随着机能的调节及内脏器官机能的改善,氧供应增加,极点症状就会逐渐消失,呼吸逐渐均匀,动作重新变得轻松有力。这种现象在运动生理学上称为"第二次呼吸"。

(二)预防与处置

"极点"与"第二次呼吸"是长跑运动中常见的生理现象,"极点"何时出现,与个人的体质、训练水平等有直接的关系。运动爱好者平时应加强锻炼,不断提高机体对运动的适应能力,这可延缓极点出现的时间,并减轻症状。当"极点"出现后,应适当减小运动负荷,加深呼吸,"极点"症状即可逐渐缓解或消失。随后,运动又重新变得轻松、协调,运动能力也会有所提高。

第三节　常见的运动损伤

运动损伤是指运动过程中发生的各种损伤。

一、运动损伤产生的原因

(1)思想方面对运动损伤的认识理解不足:不够重视,或在运动中逞能、恐惧、急于求成、急躁。

(2)准备活动不足不当:不做准备活动或准备活动不充分、不正确、过量、时间不合理等。

(3)运动量、运动负荷(尤其是局部负担量)过大:运动负荷超过了锻炼者可以承受的范围,尤其是局部负担过大,从而引起损伤或因微细损伤的积累而发生劳损。

(4)身体状况和心理状态不良:睡眠不足或休息不充分、患病受伤或伤病初愈阶段,更可能发生损伤。

(5)组织方法不当:在训练中,不遵守循序渐进、系统性和个别对待的原则,没有正确的示范和耐心细致的教导,缺乏保护意识。

(6)场地或运动防护装备不合规范:跑道太硬或太滑,器械维护不良或年久失修、表面不光滑或有裂缝,器械安装不牢固或安放位置不妥当等都会增加运动损伤发生的概率。

二、常见运动损伤的预防与处置

(一)扭伤

1.预防

准备活动充分,了解设备使用方法,循序渐进,让教练或自己速度放慢。

2.处置

(1)24小时内为急性期。处置方法:停止运动,冷敷(见图4－1)、包扎(见图4

-2),抬高受伤部位。

(2)24 小时后为恢复期。处置方法:配合按摩、康复或恢复性锻炼。

图 4-1 冷敷

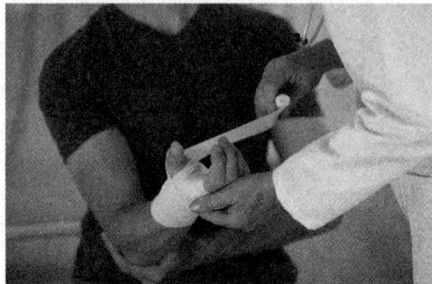

图 4-2 包扎

(二)肌肉、韧带拉伤

1. 预防

选择适宜的场地及运动装备,在正常天气情况下锻炼,准备活动充分,循序渐进。

2. 处置

(1)24 小时内为急性期。处置方法:停止运动,冷敷、包扎,抬高受伤部位。

(2)24 小时后为恢复期。处置方法:配合按摩、康复或恢复性锻炼。

(三)肩关节脱臼

1. 预防

(1)在摔倒时,上臂内收,同时向前伸展,先用身体的远端触地,进行缓冲。

(2)加强上肢力量练习,特别是肩关节的力量和灵活性练习。

2. 处置

取三角巾两条,分别折成宽带,一条悬挂在前臂,另一条绕过伤肢上臂,在健侧腋下打结。固定后及时就医。

(四)骨折

1. 预防

(1)经常参加体育锻炼,可以有效地增加骨密度,减少骨折的发生。

(2)跌倒时不要慌张,要用正确的姿势接触地面,可以有效地缓冲向下的冲力。

2. 处置

骨折后应及时就医,遵医嘱配合康复治疗。

第四节　营养与保健

一、营养和营养素

(一)营养

人体的生长发育,各种生理活动及体力活动的进行,都有赖于体内的物质代谢过程。人体进行的物质代谢必须不断地从外界摄取一定数量的新物质,而营养则是机体从外界吸收需要的物质来维持生长发育、代谢等生命活动的生物学过程。运动参加者必须根据自己的运动项目、运动量大小及运动的季节等合理安排自己的膳食,使摄入量和消耗量相适应,使各种营养素比例适宜。

(二)营养素

营养素是指食物中具有营养的物质,它能被人体消化吸收,构成机体组织,调节生理机能,为人体进行正常物质代谢而服务。人体所需要的营养素包括糖类、蛋白质、脂类、维生素、无机盐、水等类别。

二、平衡膳食

平衡膳食又称合理膳食或健康膳食,是指选择多种食物,经过适当搭配做出的膳食,这种膳食能满足人们对能量及各种营养素的需求。

(一)食物的分类

按照食物的来源,食物可分为两类,一类是动物性食物,包括肉、鱼、禽、蛋、奶及奶制品等;另一类是植物性食物,包括谷类、薯类、蔬菜、水果、豆类及豆制品、菌藻类等。不同种类食物包含的营养素不同:动物性食物、豆类含优质蛋白质;蔬菜、水果富含维生素、矿物盐及微量元素;谷类、薯类富含碳水化合物;食用油含脂肪;肝、奶、蛋含维生素 A;肝、瘦肉和动物血含铁。

(二)平衡膳食的要求

食物构成要多样化;多吃蔬菜、水果和薯类;常吃奶类、豆类或其制品;经常吃适量鱼、禽、蛋、瘦肉,少吃肥肉和荤油;膳食要清淡,吃清洁卫生、不变质的食物。

(三)中国居民平衡膳食宝塔

为了使平衡膳食的概念更具体,中国营养学会根据我国国情及国人饮食习惯,细化了每日食物摄入量,设计了中国居民平衡膳食宝塔,如图4-3所示。

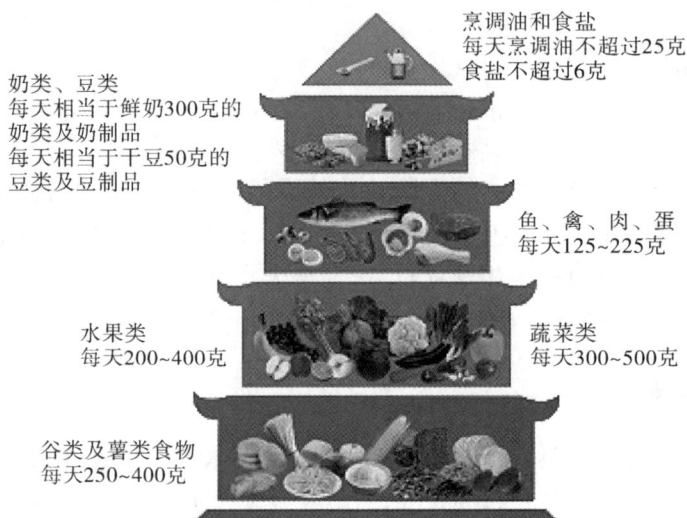

烹调油和食盐
每天烹调油不超过25克
食盐不超过6克

奶类、豆类
每天相当于鲜奶300克的
奶类及奶制品
每天相当于干豆50克的
豆类及豆制品

鱼、禽、肉、蛋
每天125~225克

水果类
每天200~400克

蔬菜类
每天300~500克

谷类及薯类食物
每天250~400克

图4-3 中国居民平衡膳食宝塔

平衡膳食宝塔共分五层,包含我们每天应吃的主要食物种类。宝塔各层位置和面积不同,这在一定程度上反映出各类食物在膳食中的地位和应占的比重。谷类及薯类食物位居底层,每人每天应吃250～400克;蔬菜和水果占据第二层,每天分别应吃300～500克和200～400克;鱼、禽、肉、蛋类食物位于第三层,每天应吃125～225克(鱼虾类50～100克,畜、禽肉50～125克,蛋类25～50克);奶类和豆类食物位于第四层,每天应吃相当于鲜奶300克的奶类及奶制品和相当于干豆50克的豆类及豆制品。第五层塔尖是烹调油和食盐,烹调油每人每天不超过25克,食盐不超过6克。

三、体重控制之饮食与运动

(一)饮食控制法

通过饮食来控制体重,不是单纯地节食或禁食,而是采取调整饮食结构、限制热量摄入、改善饮食方式及控制食量等科学、综合的饮食计划来达到降低体重、优化体脂率的目的。

1. 食用低热量高营养的食物

在饮食方面，导致体重过高和肥胖的主要原因之一是饮食的脂肪含量过多，热量过高。首先减少食用碳水化合物与脂肪含量较高的食物，选择一些低糖、高蛋白食物，多补充维生素、矿物质和微量元素，多吃蔬菜、水果。做到既减体重，又不失营养平衡，保证机体正常的需要。

2. 适当控制食量

控制食量不是单纯地节食或禁食，而是在合理调整饮食结构的基础上，适当控制进食总量。控制饮食要循序渐进，逐量递减，一般来说降至正常需要量的60%~70%即可。

（二）运动控制法

经常进行有氧运动，维持机体能量摄取与消耗负平衡状态，可逐步消除多余的脂肪，达到降低体重、优化体脂率的目的。

运动强度以中等负荷强度为宜，即最大耗氧量50%左右的运动强度。强度过大，最大耗氧量80%以上，反而会消耗肌肉。而运动强度较小，机体热能消耗不多，达不到能量摄入负平衡，起不到减肥作用。

总之，有效控制体重、保持理想的体脂比例，是一个长期的过程，其关键在于要有乐观向上的人生态度，持之以恒地参加运动锻炼，保持良好的饮食习惯及科学的生活方式。

实践篇

第五章　肌肉力量训练

第一节　肌肉力量训练概述

一、肌肉力量训练基础知识

人的运动系统是由骨、关节和肌肉三部分组成。骨和关节是人体的支架,起支撑作用,肌肉收缩时则起杠杆作用。一般情况下,肌肉占人体重量的40%左右,绝大多数附着在躯干和四肢骨骼上,称为骨骼肌,简称肌肉。肌肉具有一定的伸展性、弹性和黏滞性:在外力作用下能立即被拉长,即肌肉的伸展性;当外力撤离后,肌肉又能恢复到原来的长度,即肌肉的弹性;肌肉收缩时肌纤维之间及肌纤维内部胶体物质之间摩擦产生的阻力,即肌肉的黏滞性。温度降低,肌肉的黏滞性增大;温度升高,肌肉的黏滞性降低。因此,进行肌肉力量锻炼前,必须充分做好准备活动,使体温升高,减少肌肉黏滞性产生的阻力,以加快肌肉舒张、收缩速度,提高肌肉工作能力,预防肌肉拉伤。人体主要肌肉群分为胸部、背部、腹部、臂部、腿部等部分。

肌肉力量训练是通过徒手或利用各种器械,运用行之有效的锻炼方法,进行科学的和经常的力量训练,以使肌肉发达,增加力量,改善体形、体态,提高体能,树立自信心。肌肉力量训练时物质代谢旺盛,毛细血管扩张,肌肉的氧供应改善,肌肉内能量供应充沛,有利于增强肌肉力量,使肌肉中和肌肉之间结缔组织增厚;肌肉训练能消耗大量热能,使肌肉内脂肪和皮下脂肪减少;肌肉力量训练可促进肌肉体积增大,使肌肉在体重中的比重增加。

肌肉力量锻炼需要持之以恒、科学训练才能达到增加力量、提高体能的目的。

肌肉力量训练的呼吸方法(以杠铃训练为例):一般边向上用力推边呼气,下落时吸气;或是将杠铃推起之后再呼气,边落杠铃边吸气。

正确的握杠方法有利于力量发挥,避免在训练中受伤。常用握杠方法有两种。

① 普通握法:先用食指、中指、无名指及小指握住横杠,再将拇指压在食指与中指上。② 锁握法:先用拇指握住横杠,再用食指、中指、无名指及小指握在拇指与横杠上,以免杠从手中脱出。

如图 5 - 1 所示,握距是指两手同时握住横杠时,两手之间的距离。握距不同,所锻炼到的肌肉部位就不同。体会不同握距,有助于掌握训练动作,以最大限度地提高肌肉力量。

（a）窄握式　　　　　（b）中握式　　　　　（c）宽握式

图 5 - 1　肌肉训练中的握距

二、肌肉力量训练前的准备活动

为提高肌肉力量训练效果,防止肌肉拉伤,训练前要充分做好准备活动(图 5 - 2 至图 5 - 11)。

（a）向前低头　　（b）向后仰头　　（c）向左环绕　　（d）向右环绕

图 5 - 2　头部运动

（a）指尖触肩关节　　（b）屈臂向前环绕　　（c）手屈臂向后环绕

图5-3　肩关节环绕

（a）左手向里拉右臂　　（b）右手向里拉左臂　　（c）颈后拉直臂　　（d）颈后抓腕拉臂

图5-4　肩部肌肉拉伸

（a）右臂斜上举　　（b）身体向左侧屈　　（c）左臂斜上举　　（d）身体向右侧屈

图5-5　体侧运动

（a）双手叉腰　　　（b）向左环绕　　　（c）向右环绕　　　（d）还原直立

图 5 - 6　腰部运动

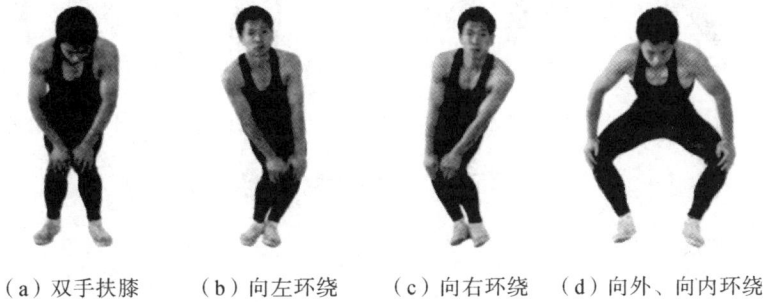

（a）双手扶膝　　　（b）向左环绕　　　（c）向右环绕　　（d）向外、向内环绕

图 5 - 7　膝关节环绕

（a）向右转体（b）向左转体　　　　（a）双手拉伸左腿（b）双手拉伸右腿

图 5 - 8　前俯腰转体　　　　　　图 5 - 9　股四头肌拉伸

（a）两腿左右分开向前屈　　　（b）身体向左侧屈　　　（c）身体向右侧屈

图 5-10　大腿内侧、后侧肌肉拉伸

（a）右腿向内环绕　　（b）右腿向外环绕　　（c）左腿向内环绕　　（d）左腿向外环绕

图 5-11　踝、腕关节环绕

第二节　肌肉力量训练方法

一、胸部肌肉力量训练方法

运用杠铃、哑铃、拉力器等器械或徒手发展胸部肌肉力量的方法见图 5-12 至图 5-20。

（a）胸前正握杠铃　　（b）向胸上方推举　　（c）两臂推直　　（d）屈臂回落至胸前

图 5-12　仰卧推举

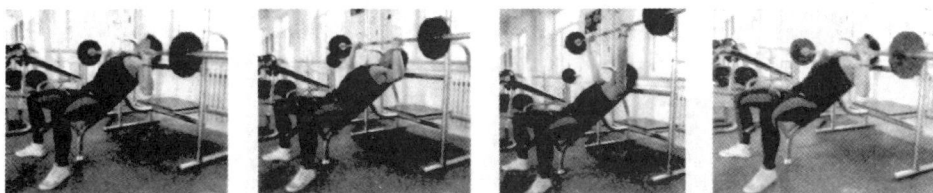

（a）胸上方握杠　　　（b）向胸上方推起　　　（c）两臂推直　　　（d）屈臂回落至胸前

图 5 - 13　上斜板推举

（a）两臂握杠于胸下　（b）向胸上方推起　　　（c）向上推直　　　（d）屈臂回落至胸前

图 5 - 14　仰卧飞鸟

（a）持铃向上方举起　　（b）两臂落至最低　　　（c）向胸上方拉起　　　（d）手臂伸直

图 5 - 15　坐姿器械夹胸

（a）两臂靠住拉臂　　　（b）向内侧拉　　　（c）两臂靠近　　　（d）两臂向侧展开

图 5 - 16　坐姿器械平推

（a）双手握把手　　　（b）两臂向前推　　　（c）两臂推直　　　（d）两臂慢收回

图 5 - 17　拉力器夹胸

（a）双手握把手　　　（b）两臂下拉　　　（c）拉至腹前　　　（d）放松至与肩平

图 5 - 18　拉力器夹胸

（a）两臂伸直持哑铃　　　（b）直臂上拉哑铃　　　（c）拉举至胸上方

图 5 - 19　仰卧直臂哑铃拉起

（a）两臂伸直撑地　　　（b）两臂弯曲，身体靠近地面　　　（c）两臂用力撑起

图 5 - 20　俯卧撑

二、背部肌肉力量训练方法

运用拉力器、杠铃等器械发展背部肌肉力量的方法见图5－21至图5－27。

（a）直臂半蹲握把手（b）屈臂上拉　（c）拉至腹前

图5－21　半蹲拉力器上拉

（a）直臂悬垂（b）屈臂引体（c）拉至最高

5－22　引体向上

（a）俯身屈腿握杠　　　（b）背肌发力上拉　　　（c）挺胸直立　　　（d）还原放松

图5－23　硬拉

（a）头上握拉力器　　（b）拉至胸前

图5－24　拉力器胸前下拉

（a）双手握拉力器　　（b）拉向头后　　（c）拉至颈后

图5－25　拉力器颈后下拉

（a）俯身屈腿握杠铃　　（b）向身体拉近　　　（c）停顿一会儿　　　（d）放松还原

图 5 - 26　俯身杠铃划船

（a）伸臂握把手　　　（b）屈臂向后拉　　　（c）拉至胸腹部　　　（d）两臂放松还原

图 5 - 27　坐姿拉力器划船

三、腹部肌肉力量训练方法

发展腹部肌肉力量的方法见图 5 - 28 至图 5 - 34。

（a）跪姿双手　　　（b）双手贴在　　　（c）腹肌用力　　　（d）身体下弯
　　握拉力器　　　　　头后　　　　　　下拉　　　　　　　至极限

图 5 - 28　跪姿拉力器下拉

（a）两脚钩住斜板套带，　　（b）从头部开始卷起　　（c）肩、背、腰　　（d）至肘关节触膝
　　双手抱头　　　　　　　　　　　　　　　　　　　　一次卷起

图 5 - 29　下斜板仰卧起坐

（a）仰卧斜板，手握把手　　　　（b）双腿并拢上举　　　　（c）将腿举至垂直

图 5 - 30　上斜板仰卧举腿

（a）仰卧斜板，手握把手　　　　（b）屈膝、收腿　　　　（c）收至胸前，腰抬起

图 5 - 31　上斜板仰卧收腿

（a）仰卧垫上，两臂伸直　　　　（b）臂与腿同时离开垫子　　　　（c）两手触脚

图 5 - 32　垫上两头起

（a）双手握杠悬垂 （b）屈腿上提

图5-33　悬垂提腿

（a）肩负杠铃，双手扶持　（b）向左转体　（c）向右转体

图5-34　负重转体

四、大腿肌肉力量训练方法

发展大腿肌肉力量的方法见图5-35至图5-39。

（a）肩负杠铃，脚跟垫起（b）挺胸、收腰慢下蹲　（c）挺胸、伸膝　　（d）两腿充分伸直

图5-35　负杠铃蹲起

（a）肩负杠铃，半蹲　（b）两腿蹬地　　（c）向上跳起　　（d）落地屈膝

图5-36　负杠铃浅蹲跳

（a）负重弓步站立　　　（b）屈腿向前迈步　　　（c）落地成弓箭步

图 5-37　负杠铃弓箭步走

（a）握住把手，脚放踏板上　　（b）两腿用力蹬直　　　（c）缓慢屈收两腿

图 5-38　坐姿蹬腿

（a）身体俯卧　　（b）脚跟钩横臂，屈小腿　（c）脚跟钩横臂至极限　（d）慢慢下放还原

图 5-39　俯卧屈小腿

五、小腿肌肉力量训练方法

发展小腿肌肉力量的方法见图 5-40 和图 5-41。

（a）手握杠铃放膝关节处　　（b）小腿发力，腿跟上提至极限　　（c）脚跟下落还原

图 5 - 40　坐姿杠铃压膝提踵

（a）负杠铃　　　（b）两脚跟上提　　（c）脚跟上提至极限　　（d）慢慢下落还原

图 5 - 41　杠铃负重提踵

六、三角肌力量训练方法

发展三角肌力量的方法见图 5 - 42 至图 5 - 47。

（a）坐姿，双手颈后持杠铃　　（b）两臂向上推举杠铃　　（c）举至两臂充分伸直

图 5 - 42　坐姿杠铃颈后推举

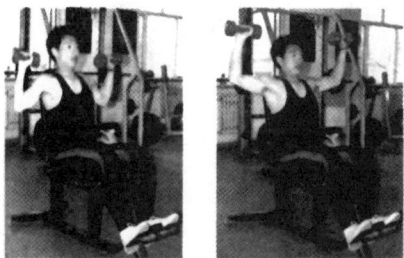

（a）双手屈臂持哑铃　（b）两臂向上举哑铃

图 5-43　坐姿哑铃推举

（a）持铃　　（b）直臂上拉　（c）举至同肩高

图 5-44　哑铃直臂前平举

（a）体侧持铃　　（b）由体侧向上拉起　　（c）举至两臂同肩高　　（d）经侧还原

图 5-45　哑铃侧平举

（a）手心相对持哑铃　　（b）屈臂向两侧拉开　　（c）两臂至最高点　　（d）两臂慢落还原

图 5-46　俯身飞鸟

（a）掌心向前持铃　　　（b）两臂内夹　　　（c）至两臂靠拢　　　（d）两臂向侧拉

图 5-47　持哑铃夹胸

七、肱二头肌力量训练方法

运用斜板、哑铃发展肱二头肌力量的方法见图 5-48 和图 5-49。

（a）双手反握杠铃　　　（b）屈臂向上拉起　　　（c）杠铃拉至肩前　　　（d）慢落还原

图 5-48　坐姿斜板弯举

（a）手握杠铃　　　（b）屈臂向上拉起　　　（c）缓慢下落　　　（d）放下还原

图 5-49　坐姿哑铃弯举

八、肱三头肌力量训练方法

用哑铃、杠铃、拉力器、双杠等发展肱三头肌力量的方法见图 5 - 50 至图 5 - 54。

（a）持铃　　　（b）上举　　　（c）至臂伸直　　　（a）屈臂握杠　（b）伸臂向上撑　（c）肘关节伸直

图 5 - 50　哑铃颈后臂屈伸　　　　　　　　图 5 - 51　双杠臂屈伸

（a）正握把手　　　（b）以肘为轴下拉　　　（c）至两臂伸直　　　（d）放松至胸前

图 5 - 52　拉力器下拉

（a）窄握杠铃于头后上方　　　　（b）向上推起杠铃　　　　（c）举至臂伸直

图 5－53　仰卧杠铃颈后推举

（a）坐姿，屈臂握把手　　　　（b）用力下压　　　　（c）双臂充分伸直

图 5－54　肱三头肌训练器下压

九、前臂肌力量训练方法

用哑铃、臂力棒发展前臂肌力量的方法见图 5－55 至图 5－57。

（a）持哑铃手腕下垂　　　　（b）屈手腕上卷　　　　（c）手腕放松至下垂

图 5－55　坐姿反握卷腕

（a）手持哑铃，拳心向上　　　（b）手腕向内旋转　　　（c）手腕向外旋转

图 5 - 56　坐姿哑铃旋臂

（a）手握臂力棒两端　　（b）两臂用力使其上折　　（c）折至两手靠拢　　（d）慢慢松开还原

图 5 - 57　臂力棒练习

❖ 思考与练习

1.肌肉力量训练前需要做哪些准备活动?

2.肌肉力量训练的方法有哪些?

第六章　田径运动

本章介绍了田径运动的起源和发展历程,并就跳高、跳远、三级跳远、推铅球、短距离跑、中长距离跑、跨栏跑、接力跑等具体项目的相关技术进行了详细阐述。

第一节　田径运动简介

本节概述了田径运动的起源和现代田径运动的发展,并对标准田径场进行介绍。

一、田径运动的起源

田径是世界上普及度极广的体育运动之一,也是历史非常悠久的运动项目,被誉为"运动之母"。

远在上古时代,田径运动在人类生活中便占据着极其重要的地位。快速奔跑、敏捷跳跃和准确投掷是原始人获得生活资料的必要手段。劳动中这些动作不断重复,长久积累便形成了走、跑、跳、投等各种技能。

据记载,田径比赛成为正式比赛项目,是在公元前776年在希腊奥林匹克村举行的第一届古代奥运会上,项目只有一个——短距离赛跑,跑道是一条直道,长192.27米。

二、现代田径运动的发展

田径运动是指由走、跑、跳跃、投掷等运动项目及由跑、跳、投等部分项目组成的全能运动项目的总称。田径比赛一般是由田赛和径赛组成。以高度和远度计算成绩的跳跃、投掷项目统称为田赛。以时间计算成绩的在田径场的跑道或规定道路上进行的走和跑的项目统称为径赛。全能运动由跑、跳、投等部分项目组成,按

"田径全能运动评分表"计算成绩。

1896 年在希腊举行的第一届现代奥运会上,走、跑、跳跃、投掷等 12 个田径项目被列为主要比赛项目,这成为现代田径运动开始的标志。1912 年,国际业余田径联合会(国际田联的前身)成立,逐渐确立了国际统一的田径竞赛项目和竞赛规则,并开始组织国际田径比赛。

田径运动是比速度、比高度、比远度、比耐力的体能项目,很好地体现了"更高、更快、更强——更团结"的奥林匹克运动精神。

标准的田径场一般由外场、中场及内场三部分组成。

(1)外场,径赛跑道外侧,主要包括建筑看台或其他有关设施。一般而言,仅供教学和训练的田径场外场留有几米空间即可,而标准田径场四周则要留有几十米的空间。

(2)中场,径赛跑道所占有的空间,内圈周长 400 米,为椭圆形。弯道为半圆形,半径一般为 36 米。直道要沿南北方向,避免太阳光过于刺眼。一般设 8～10 条分道,每条分道宽 1.22～1.25 米。跑道内侧安全区域不少于 1 米,起跑区不少于 3 米,冲刺缓冲段不少于 17 米。跑道左右倾斜度最大不得超过百分之一,跑的方向上的向下倾斜度不得超过千分之一。

(3)内场,供田赛或球类比赛使用的部分。

第二节　田　赛

本节介绍跳高、跳远、三级跳远、铅球的概况,并详细阐述其技术要领。

田赛包括跳跃项目和投掷项目。跳跃项目分为高度类和远度类,其中高度类有跳高和撑竿跳高,远度类有跳远和三级跳远。投掷项目包括推铅球、掷铁饼、掷标枪和掷链球等。

一、跳高

跳高要求运动员通过快速助跑,经单脚起跳,越过一定高度的横杆。它能有效增强腿部肌肉力量,发展弹跳力、灵敏性和协调性,培养勇敢、果断的意志品质。

跳高起源于古代人类在生活和劳动中越过垂直障碍的活动。从生存的本能到战争的需要,再到健身的手段、娱乐的项目,跳高随着社会经济、文化的发展而演变。最初的跳高比赛是在草地上进行的。运动员面对两根木桩之间的绳子,助跑、起跳、双腿屈膝越过。现代跳高始于欧洲,19 世纪 60 年代开始流行于欧美国家。男、女跳高分别于 1896 年(第一届现代奥运会)、1928 年(第九届奥运会)被列为奥运会比赛项目。

　　跳高的技术动作先后出现过 5 次重大演变,即跨越式跳高(见图 6 - 1)、剪式跳高(见图 6 - 2)、滚式跳高(见图 6 - 3)、俯卧式跳高(见图 6 - 4)和背越式跳高(见图 6 - 5)。当代跳高运动趋向于以速度为核心,即要求助跑速度快、起跳速度快、过杆速度快。

图 6 - 1　跨越式跳高　　　图 6 - 2　剪式跳高　　　图 6 - 3　滚式跳高

图 6 - 4　俯卧式跳高　　　　　图 6 - 5　背越式跳高

　　背越式跳高(见图 6 - 6)以特定的弧线助跑,起跳后背对横杆腾起,背越过杆。背越式跳高是现代最为常用的一种跳高技术,由助跑、起跳、过杆和落地几个不同的技术环节组成。

图 6 - 6　背越式跳高连续动作

(一)助跑技术

助跑的任务是获得必要的水平速度和蹬地力量,调整动作节奏,形成合理的身体内倾姿势,为起跳和顺利过杆创造有利条件。

1.助跑的起动

助跑起动的方式有两种:原地起动(直接从助跑点开始助跑的方式)和行进间起动(预先走动或跑动 3~5 步,然后踏上助跑点开始助跑的方式)。原地起动有利于助跑步点的准确,步长相对固定,但动作较紧张,加速较慢。行进间起动动作自然放松,加速较快,但助跑步点不易准确。

2.助跑的路线

如图 6-7 所示,背越式跳高助跑的前段为直线或近似直线,后段跑弧线。如图 6-8 所示,直线助跑时,上体略前倾,步幅开阔,后蹬充分,身体重心平稳且保持高位;弧线助跑时,身体逐渐内倾,外侧的肩略高于内侧的肩,外侧臂和腿的摆动幅度较之内侧要大。

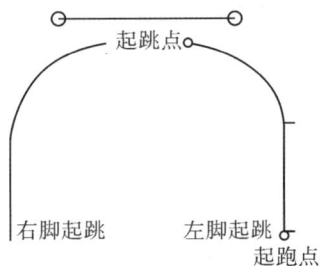

图 6-7 背越式跳高助跑路线

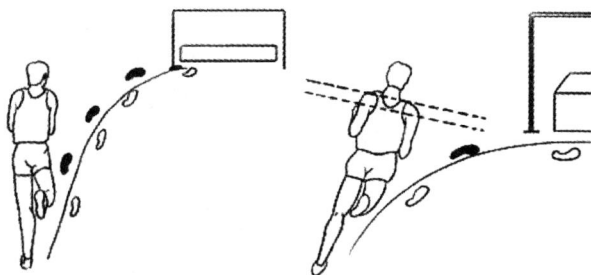

图 6-8 助跑动作要领

3.助跑的距离

助跑距离指从助跑点到起跳点的距离。全程一般 8~12 步,距离最长可达 30 米左右。

4.助跑的节奏

助跑的节奏具体表现为步频(单位时间内两腿的交换次数)与步长在助跑中的变化。背越式跳高助跑的节奏要求从慢到快,前几步慢,后蹬充分,腾空较大。最后几步加快频率,但步长变化要小。最后一步,争取最快。

5.助跑的技术要点

整个助跑过程的动作应该自然、放松、快速、连贯,全程节奏明确、逐渐加速。最后一步,摆动腿的动作极为关键。腿着地时,身体重心迅速前移,进入起跳状态。

(二)起跳技术

起跳是背越式跳高的关键技术。其任务是迅速改变人体运动方向,实现最大垂直速度和合理的腾空角度,为顺利过杆创造条件。

起跳阶段,起跳脚踏上起跳点,起跳腿经过支撑、缓冲、蹬伸,蹬离地面跳起,摆动腿蹬离地面和臂协调摆动,达到最高位置。起跳腿指用于蹬伸起跳的腿,多选择较有力的腿。摆动腿指起跳时用于协调配合起到摆动作用的腿。

如图 6 – 9 所示,在助跑最后一步身体内倾达到最大限度时,摆动腿有力后蹬,推动髋部迅速前移,使起跳腿快速踏上起跳点,形成肩轴与髋轴交叉扭紧姿势。接着,起跳脚以脚跟外侧着地并迅速过渡到全脚掌,脚尖朝向助跑弧线的切线方向,起跳腿自然屈膝并被压紧。随着身体由内倾转为垂直,起跳腿的髋、膝、踝 3 个关节依次迅猛发力,快速完成蹬伸起跳的动作。

如图 6 – 10 所示,蹬伸结束时,起跳腿的髋、膝、踝 3 个关节应该充分伸直,使身体垂直于地面,以保证身体向垂直方向充分腾起。

图 6 – 9　起跳阶段技术　　　　图 6 – 10　蹬伸结束动作

(三)过杆与落地技术

过杆与落地阶段指起跳腾空后,头、肩、背、腰、髋、腿等身体各部位利用合理的技术动作依次越过横杆,并安全地落在海绵包上的技术阶段。

如图 6 – 11 所示,起跳结束时,充分伸展身体,向上腾起,利用摆动腿的力量尽量提高髋部位置,然后以摆动腿同侧的臂、肩领先过杆,顺势仰头、倒肩、挺髋;头与肩过杆后下沉,髋部高过两膝,身体形成反弓形;当髋部越过横杆时,顺势收腹,带动小腿向上甩,整个身体越过横杆,保

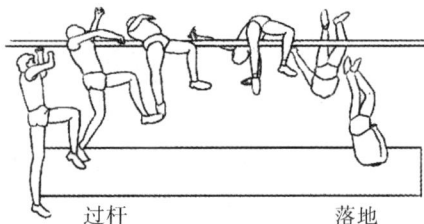

过杆　　　　　　　　落地

图 6 – 11　过杆与落地

持屈髋、伸膝的姿势下落,以肩背先着垫。

重要提示:仰头过杆后顺势收下颌,避免头部最先落地,造成颈部受伤。

二、跳远

跳远是通过快速助跑和有力的起跳,采用合理的腾空姿势和动作,使人体腾跃尽可能远的水平距离的运动项目。它能有效地提高速度,发展弹跳力和协调性,增强神经系统、循环系统和运动器官的机能,培养勇敢、顽强的意志品质。

跳远起源于远古人类猎取或逃避野兽时跨越河沟的活动,后成为军事训练项目。现代男、女跳远分别于1896年(第一届奥运会)和1948年(第十四届奥运会)被列为奥运会比赛项目。

如图6-12所示,跳远包括助跑、起跳、腾空和落地4个环节。

助跑　　起跳　　　　腾空　　　　　　　落地

图6-12　跳远的4个环节

(一)助跑技术

(1)助跑的任务是获得最快的水平速度,为准确踏板和迅速有力地起跳做好准备。

(2)助跑的起动方式有原地起动和行进间起动两种。前者更适合于初学者。

(3)助跑常用的加速方式有两种,即平稳加速(亦称为逐渐加速)和积极加速。平稳加速开始步频较低,然后逐渐加大步长或在保持步长的基础上提高步频,加速过程均匀平稳,时间较长。其助跑动作比较轻松,起跳准确性佳,成绩比较稳定。积极加速上体前倾较大,步频始终保持较高的水平。其助跑动作比较紧张,起跳准确性差,适合于绝对速度较快的运动员。

(4)助跑距离指从助跑起点到起跳脚踏上起跳板的距离。一般而言,技术水平越高,速度越快,助跑距离越长。男子助跑距离为35~45米,18~24步;女子助跑距离为30~35米,16~18步。助跑距离并非固定不变,可以根据环境条件的变化和个人身体情况进行相应调整。

（5）助跑节奏表现为对步长、步频变化的控制，以利于最快速度的发挥及利用。跳远助跑的最后几步呈加速状态，身体重心适当下降，为快速起跳做准备。

（二）起跳技术

起跳的任务是利用助跑所获得的最快速度，瞬间创造最佳的腾起初速度（由助跑、起跳所产生的水平速度与水平速度合成）和适宜的腾起角度，使身体充分向前上方腾起。起跳是跳远技术中最重要的环节。如图 6-13 所示，起跳的动作过程可分为起跳脚着地（上板）、缓冲和蹬伸三个阶段。着地要迅速且富有弹性；缓冲要及时并积极地前移身体；蹬伸是爆发式动作，要快而有力。

起跳时，抬头挺胸，上体正直，提肩、拔腰、髋、膝、踝 3 个关节要充分蹬直，蹬摆配合要协调，一致用力。

（三）腾空技术

腾空阶段指起跳后人体在空中维持身体平衡，完成各种动作的阶段。如图 6-14 所示，跳远的腾空动作目前主要有 3 种姿势：挺身式、蹲踞式、走步式。

图 6-13　起跳动作　　　　图 6-14　跳远腾空动作的 3 种姿势

1. 挺身式

起跳成腾空步后，摆动腿下落，膝关节伸展，小腿由前向下向后弧形摆动，两臂下垂经由体侧向后上方绕环摆动，起跳腿自然回摆与摆动腿靠拢，形成空中挺胸展髋的姿势。继而收腹举腿，大腿向胸部靠拢，小腿前伸，两臂上举或后摆，顺势落地。

2. 蹲踞式

起跳成腾空步（起跳结束时，身体姿势在空中的延续）后，上体保持正直，摆动腿继续向上摆动，起跳腿顺势屈膝前摆，逐渐靠近摆动腿，使两腿屈膝在空中成蹲踞姿势。然后收腹举腿并前伸小腿,两臂由后向前摆动,使身体重心前移,顺势落地。

3.走步式

起跳成腾空步后,以髋关节为轴,摆动腿大腿带动小腿,由前向后下方摆动。同时起跳腿屈膝前摆,向上抬起大腿,前伸小腿,在空中自然地完成换步动作。两臂与下肢协调配合做大幅度直臂绕环摆动或自然前后摆动,然后摆动腿顺势前摆,两腿靠拢,收腹举腿,前伸小腿,顺势落地。在空中完成一次换步后落地的称为"两步半"走步式,完成两次换步后落地的称为"三步半"走步式。

(四)落地技术

落地阶段指腾空后落入沙坑的着地动作阶段。其任务是选择合理的技术,获得较远的跳跃距离,并防止伤害事故的发生。

完成腾空动作后,收腹举腿,小腿前伸,两臂向后摆动。脚跟触及沙面后,迅速屈膝缓冲,臀部顺势前移,两臂由后向前摆动,上体前倾,成团身姿势,平稳地落入沙坑。

此外,落地时,还可以采用侧倒式。脚跟着地后,一条腿保持稍紧张状态支撑沙地,另一条腿放松,上体顺势向放松腿的前侧方卧倒。

重要提示:落地时无论采用何种姿势都应顺势缓冲,身体重心前移,以保证安全。

三、三级跳远

三级跳远是经过一定距离的直线助跑后,通过3次连续跳跃(单足跳、跨步跳、跳跃)达到尽可能远的水平距离的运动项目,如图6-15所示。它能有效地发展速度和下肢力量,发展弹跳力、灵敏性和协调性,增强支撑器官(腿、足、膝、踝等)和内脏器官的机能,培养勇敢顽强、勇往直前的意志品质。

| 助跑 | 单足跳 | 跨步跳 | 跳跃+落地 |

图6-15 三级跳远

三级跳远起源于爱尔兰,当时的跳法是"单足跳+单足跳+跳跃"。后来,又出现了希腊式的"跨步跳+跨步跳+跳跃"和苏格兰式的"单足跳+跨步跳+跳跃"。男、女三级跳远分别于1896年(第一届奥运会)和1992年(第二十五届奥运会)被列为奥运会比赛项目。比赛时,运动员助跑后应连续完成3次不同形式的跳跃,第一跳为单足跳,以起跳腿落地;第二跳为跨步跳,以摆动腿落地;第三跳为跳跃,必须双脚落入沙坑。

三级跳远技术可以分为助跑、第一跳(单足跳)、第二跳(跨步跳)、第三跳(跳跃)几个部分。每一跳均包括起跳、腾空和落地阶段。

(一)助跑技术

水平速度是决定三级跳远成绩的关键因素。助跑的目的就在于获得尽可能快的水平速度,为单足起跳做好准备。

三级跳远的助跑技术与跳远基本相同,但第一跳起跳的腾起角(指人体离地时,身体重心腾起初速度方向与水平线构成的角度)较小,因此整个助跑过程中身体重心较高,加速平稳,强调向前行。最后几步,大腿高抬,上体正直,保持步长或适当减少步长的情况下,加快步频,准备起跳。

助跑距离取决于个人的加速能力。加速能力强,助跑距离则短,反之助跑距离则长。助跑距离一般为35~40米,相当于18~22步。

(二)第一跳(单足跳)技术

如图6-16所示,三级跳远的起跳是以单足跳的形式完成起跳的。这一跳不仅要达到必要的远度,而且应尽可能减少水平速度的损失,为后两跳创造条件。

图6-16 第一跳(单足跳)技术

第一跳以有力的腿做起跳腿。助跑最后一步,摆动腿积极蹬地向前送髋时,起跳腿大腿快速下压,小腿自然前伸,用全脚掌迅速积极踏板。起跳脚着地后,迅速屈膝屈踝缓冲,摆动腿快速向前上方大幅度摆出,两臂配合下肢动作有力摆动,起跳腿迅速及时地进行爆发性蹬伸。

起跳离地后,身体保持腾空步姿势。摆动腿小腿随大腿下放自然地从前向下、向后摆动,同时髋部上提,起跳腿屈膝前摆高抬,带动髋部前移,两臂配合经体前摆向身体侧后方,形成空中交换步的动作,幅度大且平稳。单足跳的腾空轨迹应尽量低而平,理想的起跳角为 12°~15°。

完成交换步的起跳腿前摆蹬伸,迅速有力地用全脚掌扒地式着地,两臂和摆动腿配合起跳腿动作向前摆动。落地点尽量接近身体重心投影点,上体保持正直。

(三)第二跳(跨步跳)技术

如图 6-17 所示,三级跳远的第二跳为跨步跳,在三跳中难度最大,距离最短,身体重心的抛物线最低。起跳角度与单足跳几乎相同,一般为 12°~14°。

图 6-17　第二跳(跨步跳)技术

当单足跳落地时,起跳腿积极完成缓冲并快速有力地蹬离地面,髋、膝、踝关节充分伸展。摆动腿迅速屈膝向前上方摆动,足尖上挑,大小腿成 90°角,膝部应摆至身体重心的上方。同时,上体保持正直或稍前倾,两臂成弧形向侧后方摆动,完成跨步跳的腾空跨步动作。注意维持身体平衡,并达到必要的远度。

腾空跨步跳结束时,髋部前移,摆动腿大腿下压,膝关节伸展,小腿顺势由前向后用全脚掌落地并积极后扒,两臂由后向前上方摆动,完成第二跳的落地动作。

(四)第三跳(跳跃)技术

如图 6-18 所示,第三跳是以第二跳的摆动腿做起跳腿,起跳角应稍大,一般在 18°~20°。

图 6-18　第三跳(跳跃)技术

起跳腿着地后应适度屈膝屈踝积极缓冲,上体正直,髋部上提,迅速有力地蹬直离地。同时,摆动腿迅速屈膝向前上方高抬摆动,两臂则由体侧后方积极向前上方摆动,保持腾空步动作。

第三跳的空中和落地动作与跳远时一样,可以选择蹲踞式、挺身式或走步式。

重要提示:三级跳远中必须注意保持身体的平衡。

四、铅球

掷铅球是一种速度力量性投掷项目,它协调利用人体全身力量,以最快的出手速度,将铅球从肩上锁骨窝处单手推出。它能有效地增强躯干及四肢尤其是腰背的肌肉力量,提高速度,促进协调性发展,培养坚韧、沉着的意志品质。

推铅球起源于古代人类用石块猎取禽兽或防御攻击的活动,大致经历了投掷石块、投掷炮弹和推铅球三个阶段。现代推铅球运动始于 14 世纪 40 年代欧洲炮兵闲暇时推掷炮弹的游戏和比赛。推铅球的技术大致有四个阶段的演变:原地推铅球、侧向滑步推铅球、背向滑步推铅球、旋转推铅球。

正式比赛时,男子铅球的重量为 7.26 千克,直径 11~13 厘米;女子铅球的重量为 4 千克,直径为 9.5~11 厘米。投掷圈直径为 2.135 米,装有抵趾板。扇形有效落地区的角度为 34.92°。男、女铅球分别于 1896 年(第一届奥运会)和 1948 年(第十四届奥运会)被列为奥运会比赛项目。

如图 6-19 所示,背向滑步推铅球的技术要领包括(以右手为例):握球和持球、预备姿势、滑步、最后用力、缓冲。

图 6-19 背向滑步推铅球技术要领

(一)握球和持球

如图 6-20 所示,五指自然分开,球体置于食指、中指和无名指的指根处,拇指和小指扶住球体两侧,手腕后屈,防止球体滑动并便于控制出球的方向。

手指力量较强者,可将球适当移向手指上方,有利于拨球和发挥手腕的力量。

握好球后,将球放在右肩锁骨窝处,紧贴颈部,掌心向前,右臂屈肘,肘部稍外展且略低于肩,上臂与身体的夹角约为45°。

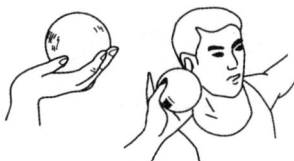

图6-20　握球和持球

重要提示:铅球的重心固定在食指、中指的指根或第二指骨处。

(二)预备姿势

预备姿势是滑步前的准备动作,目的是为协调、平稳地进入滑步创造条件。

1.高姿势

如图6-21所示,持球后背对投掷方向,两脚前后开立,相距20~30厘米。右脚尖靠近投掷圈后端内沿(脚也可稍向内转),体重主要落在伸直的右腿上。左腿在后自然弯曲,以前脚掌或脚尖着地。上体放松,头部和躯干保持正直,左臂自然上举。

2.低姿势

如图6-22所示,持球后背对投掷方向,两脚前后开立,相距50~60厘米(根据身高和下蹲的程度而定)。两腿弯曲(弯曲程度视个人力量而定),体重落于右腿。右脚尖贴近投掷圈后端内沿(脚也可稍向内转),左脚在后,以前脚掌或脚尖着地。左臂自然下垂,左肩稍向内扣,上体前屈与地面平行,两眼目视前下方。铅球的投影点在右脚的右侧前方。

(三)滑步

滑步使铅球获得一定的水平方向的预先速度,并使身体形成有利于最后发力的姿势。

滑步前可以先做一两次预摆(也可不做),以改变身体的静止状态。预摆时,左腿自然弯曲,大腿用力向后上方摆起,右腿伸直,同时上体前屈,左臂微屈前伸或下垂并稍向内,头与背保持一条直线。当左腿摆至与地面平行时,回收左腿,同时右腿弯曲,形成屈膝团身的姿势。(见图6-23、图6-24)

图 6 - 21　高姿势　　　　图 6 - 22　低姿势　　　　图 6 - 23　滑步后屈膝团身姿势

如图 6 - 24 所示,当左腿回收靠近右腿时,臀部后移;左腿向投掷方向快速摆出,同时右腿用力蹬伸。当右脚蹬离地面后,迅速拉收小腿并向内转动,用前脚掌着地,落于圆心附近。同时左脚积极下落,以前脚掌内侧落在圆圈直径的左侧。两脚着地时间相隔愈短愈好。此时肩轴与髋轴为扭紧状态,左脚尖与右脚跟约在一条直线上(对投掷方向而言)。

图 6 - 24　滑步技术要领

滑步过程中左臂和左肩保持内扣,头部保持向右后方的姿势,以保证上体处于扭紧状态。

(四)最后用力

最后用力阶段为从左脚落地到铅球出手。

左脚落地瞬间,右腿继续向投掷方向转动并积极蹬伸,转髋转体,同时上体逐渐抬起,左臂向胸前左上方摆动,左肩高于右肩,大部分重心仍落在弯曲而压紧的右腿上,身体为"侧弓状"。随着右腿蹬伸,右髋和右肩前送,身体重心由右腿快速移至左腿。随即两腿充分蹬伸,抬头(稍有后仰),屈腕且稍向内转,右臂迅速而有力地将球推出。(见图 6 - 25、图 6 - 26、图 6 - 27)

(五)缓冲

铅球出手后,右腿随势前摆,着地于左脚附近,左腿后摆,两腿交换并弯曲,以降低身体重心,缓冲向前的冲力,维持身体平衡,防止出圈犯规。

图 6-25　最后用力阶段 1　　图 6-26　最后用力阶段 2　　图 6-27　推出铅球

第三节　径　赛

本节介绍短距离跑、中长距离跑、跨栏跑、接力跑的概况,并详细阐述其技术要领。

径赛包括短跑、中跑、长跑、接力跑、跨栏跑、障碍跑等项目。位移相同距离,耗时少者名次列前。

一、短距离跑、中长距离跑

(一)短距离跑

短距离跑(简称短跑),包括 400 米及 400 米以下各种距离的赛跑和接力跑,是高速度的极限性运动项目。它能有效地提高大脑皮层的兴奋性、中枢神经的协调性,增强呼吸系统和循环系统的机能,培养拼搏、坚毅、顽强的意志品质。

跑是人类与生俱来的基本能力,几乎每个国家的文献中都有对跑这种比赛形式的描述。

短跑技术经历了从"踏步式"到"迈步式"再到"摆动式"的演变。起跑技术也从古希腊人的"站立式"起跑发展为"蹲踞式"起跑。

1896 年第一届奥运会,设有田径男子 100 米和 400 米项目;1900 年第二届奥运会,增设了田径男子 200 米项目;1928 年第九届奥运会,始设田径女子 100 米项目;1948 年第十四届奥运会,增设田径女子 200 米项目;1964 年第十八届奥运会,田径女子 400 米被列为比赛项目。

短跑全程由起跑、起跑后的加速跑、途中跑和终点跑四个紧密相连的阶段组成,此外,还应掌握弯道跑技术。

1. 起跑技术

起跑包括起跑前的准备姿势和起动动作。在短跑比赛中,一般用蹲踞式起跑,并使用起跑器。

如图6-28所示,起跑器的安装方法有拉长式、接近式和普通式3种。前起跑器抵足板与地面的夹角约为45°,后起跑器为60°~80°。安装起跑器的目的在于蹬离时能充分发挥腿部肌肉的最大力量,起跑后使身体保持较大的前倾。

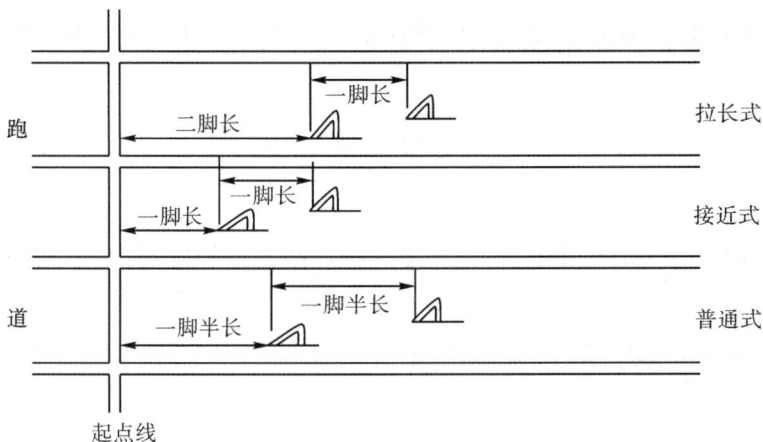

图6-28 起跑器安装方法

起跑过程包括"各就位""预备""鸣枪"3个环节。

如图6-29所示,听到"各就位"口令后,可稍作放松(如深呼吸),然后俯身两手于起跑线后撑地,两脚依次踏在前、后起跑器抵足板上,脚尖触地。将有力的腿放在前面,后膝跪地。两臂伸直约与肩同宽,四指并拢或稍分开和拇指成"人"字形,身体重心稍前移,肩约与起跑线平行。背微弓,颈部自然放松,注意听"预备"口令。

听到"预备"口令后,后膝离地,抬起臀部,使之稍高于肩。重心适当前移,体重主要落于两臂和前腿上。两小腿趋于平行,前腿大腿与小腿约成90°角,后腿大腿与小腿约成120°角,注意力高度集中等候发令枪声。

听到枪声后,两手迅速推离地面,屈肘做有力的前后摆臂,同时两脚用力蹬离起跑器,使身体以前倾姿势向前上方运动,躯干与地面成15°~20°角;后腿迅速屈膝向前上方摆出,但不宜过高;后腿前摆并积极下压着地的同时,前腿快速蹬伸髋、膝、踝3个关节;躯干逐渐抬起,头部也随之上抬,视线逐渐向前移。

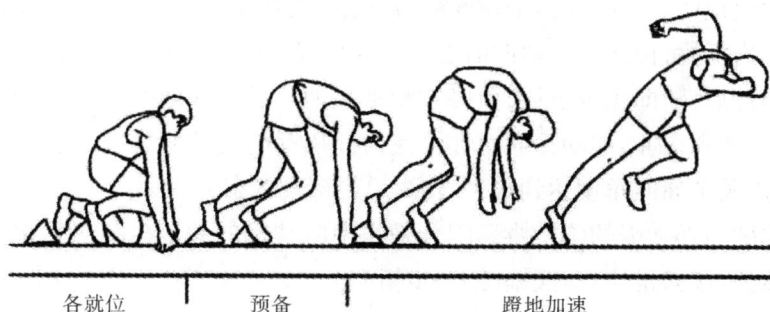

各就位　　　预备　　　　　　蹬地加速

图 6-29　起跑过程

2. 起跑后的加速跑技术

加速跑的任务是充分利用起跑的初速度,在较短距离内尽快获得最快速度。

起跑后,第一步不宜过大,为 3.5~4 脚长,第二步为 4~4.5 脚长,以后逐渐增大。上体随着步长和速度的增加而逐渐抬起,两脚落点逐渐靠近人体中线,形成一条直线(在起跑后 10~15 米处)。同时,两臂应积极摆动,上下肢协调配合。加速距离一般为 25~30 米。

3. 途中跑技术

途中跑指从完成加速跑开始,到距终点 10 米左右的一段距离,其任务是继续发挥和保持最快速度。一般包括两个腾空时期和两个支撑时期(左支撑和右支撑)。单腿均要经历后蹬、摆动、着地缓冲等阶段。进入途中跑时,应顺惯性放松跑 2~3 步,以消除肌肉的过分紧张。在百米跑中,途中跑的距离为 65~70 米。

摆臂动作:途中跑时上体稍前倾,两眼平视,颈肩放松,手半握拳,两臂屈肘,以肩关节为轴,用力前后摆动。如图 6-30 所示,前摆时,肘稍向内,肘关节角度变小;后摆时,肘稍向外,角度变大。手和小臂不能摆过身体胸前的中线形成两臂的交叉摆动。正确的摆臂动作能够维持平衡、调节节奏,有利于加快步频和步幅。

图 6-30　途中跑技术动作

摆腿动作:后蹬伸展阶段,支撑腿从伸展髋关节开始,依次蹬伸膝、踝关节,直到脚掌蹬离地面。后蹬动作中速度极为重要。折叠前摆阶段,后蹬结束后,摆动腿大小腿尽力折叠,快速积极地向前摆动。同侧髋部随之前移。下压缓冲阶段,前摆至大腿高抬后,随即积极下压,前脚掌积极扒地。着地瞬间小腿与地面接近垂直,迅速屈膝、屈踝缓冲,摆动腿随惯性快速向前摆动与支撑腿靠拢,使身体重心迅速前移,膝踝关节屈曲角度达到最大,转入后蹬待发状态。

支撑腿与摆动腿的蹬摆协调配合是途中跑技术的关键。一般情况下,摆动腿前摆速度快,步频也快,前摆幅度大,步幅亦大。

4. 终点跑技术

终点跑包括终点冲刺和撞线,其任务是尽量保持途中跑的高速度跑过终点。在距离终点 15～20 米时,上体前倾,以增强后蹬力,同时加大摆臂的幅度和速度,在距离终点线最后一步时,上体达到最大前倾,用胸部或肩部撞线。通过终点后,要调整步频和步幅,逐渐减速。

5. 弯道跑技术

如图 6－31 所示,弯道起跑时,为了形成一段直线距离的加速跑,应将起跑器安装在跑道右侧、正对左侧弯道的切点方向。左手撑于起跑线后 5～10 厘米处,身体正对弯道的切点。加速跑距离较短,上体抬起较早,沿切线跑进。

如图 6－32 所示,从直道进入弯道,身体应有意识地稍向圆心方向倾斜。后蹬时,右脚前脚掌内侧用力,左脚前脚掌外侧用力。摆动时,右腿膝关节稍向内,左腿膝关节稍向外。右臂的摆动幅度和力量略大于左臂。尽可能沿跑道内侧前进。

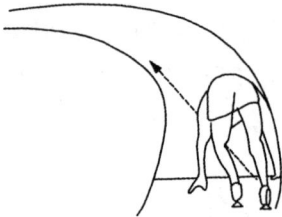

图 6－31　弯道起跑姿势　　　　图 6－32　直道进入弯道

从弯道进入直道,最后几米,应逐渐减小身体内倾程度,惯性跑 2～3 步后转入正常途中跑。

重要提示:200 米跑时,全程都应保持高速度。400 米跑时,大部分采用前后200 米平均分配速度的跑法,后 200 米比前 200 米成绩低 2～3 秒。

(二)中长距离跑

中长距离跑即中距离跑(中跑)和长距离跑(长跑),全程为 800~10 000 米。它能有效增强呼吸系统和心血管系统的机能,培养坚忍不拔、吃苦耐劳的意志品质。

奥运会中跑比赛项目男、女均为 800 米跑和 1 500 米跑。男子项目均于 1896 年(第一届奥运会)列入;女子 800 米跑于 1928 年(第九届奥运会)列入,1 500 米跑于 1972 年(第二十届奥运会)列入。奥运会长跑比赛项目男、女均为 5 000 米跑和 10 000 米跑,男子项目均于 1912 年(第五届奥运会)列入;女子 5 000 米跑于 1996 年(第二十六届奥运会)列入,10 000 米跑于 1988 年(第二十四届奥运会)列入。

现代中长跑因各项目距离不同,动作技术在细节方面存在区别,但整体动作结构基本相同,均要求保持较高的速度、积极有效的伸髋和快速有力的蹬摆。

1.起跑技术

中长跑的起跑按"各就位""鸣枪"两个口令进行,起跑姿势有站立式和半蹲踞式两种。

"各就位"时,先做一两次深呼吸,"站立式"起跑的运动员两脚前后开立,有力的腿在前,前脚尖紧靠起跑线后沿,全脚掌着地,后脚以前脚掌着地,两脚前后间距约一脚,左右间距约半脚,两膝弯曲,上体前倾(跑的距离越短,腿的弯曲度越大,上体前倾也越大),颈部放松,两臂在体前自然下垂或一前一后,身体重心落于前脚,保持稳定姿势。(见图 6-33)

半蹲踞式起跑的动作与站立式基本相同,但其前腿的异侧臂的拇指和其他四指成"八"字形撑在起跑线后。两脚均用前脚掌支撑,前后距离与小腿的长度接近,左右间隔约一脚宽,两膝弯曲角略小,体重主要落在前腿和支撑臂上。

鸣枪。听到枪声后,后腿用力蹬地后积极前摆,前腿用力蹬伸。两臂配合腿部动作做快而有力的前后摆动,身体向前冲出。(见图 6-34)

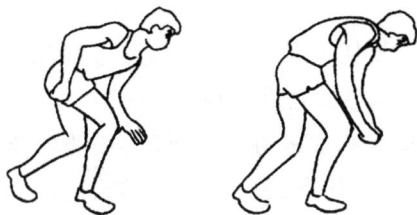

图 6-33 站立式起跑动作要领　　　　图 6-34 鸣枪后动作要领

2.起跑后的加速跑技术

起跑后,上体保持一定的前倾,两臂的摆动和腿脚的蹬摆都应迅速有力,逐渐加速,同时,上体随之抬起,跑向对自己有利的战术位置,然后转入途中跑。加速跑的距离和速度,应根据个人特点、战术要求和临场情况而定。

3.途中跑技术

途中跑是中长跑技术中的主要部分,其任务是保持速度,节省体力,讲求节奏,并充分运用战术为获取优异成绩奠定良好基础。

如图6-35所示,就途中跑的技术而言,中长跑与短跑实质相同,但由于距离和速度不同,两者仍存在一定差异。

(1)上体姿势。中长跑的途中跑上体自然伸直或稍向前倾,中跑上体前倾约5°,长跑上体前倾1°~2°。上体前倾的角度小于短跑。

(2)腿部动作。后蹬时,角度较短跑稍大,用力程度和蹬伸幅度较短跑稍小。前摆时,大腿上摆的高度较短跑低,大小腿的折叠程度较短跑小。

图6-35 途中跑技术要领

此外,中长跑的途中跑中,特别强调动作与呼吸的配合,其身体重心的上下波动、弯道跑时的摆臂幅度、跑的频率系数(腾空时间与支撑时间的比值)均小于短跑。

4.终点跑技术

终点跑是临近终点前一段距离的加速跑。其任务是以顽强的意志,调动全部力量,克服高度疲劳,加大摆臂速度和幅度,加快步频,完成冲刺。

冲刺的距离应根据个人的体力情况、战术要求和临场情况而定,一般中跑为200~400米,长跑在400米以上。应注意观察对手情况,抢占有利位置,把握冲刺时机。速度占优势的运动员,宜紧跟且晚冲刺,一般在进入最后直道时开始冲刺;耐力占优势的运动员,宜早冲刺。

5. 中长跑的呼吸

中长跑途中,为了保证机体对氧气的需求,采用口鼻同时进行呼吸的方法。呼吸的节奏应和跑的节奏相配合,并注意加大呼吸的深度(特别是呼气,只有充分呼出二氧化碳,才能吸入更多的氧气)。一般采用两步一呼,两步一吸(亦有一步一呼,一步一吸;三步一呼,三步一吸等)。

二、跨栏跑

跨栏跑是在规定距离中,跑并跨越一定数量、一定间距和一定高度栏架的径赛项目,也是田径运动中技术较复杂、节奏性较强、锻炼价值较高的项目之一。它能有效地提高中枢神经系统对运动肌群的调控和支配能力,改善呼吸系统和循环系统的机能,使各关节活动幅度增大,肌肉和韧带的伸展性增强,骨骼增粗,使速度、力量、耐力、弹跳力、柔韧性、灵敏性、协调性等身体素质得到全面发展,培养勇敢顽强、不屈不挠、坚定果断的意志品质。

现代跨栏跑技术经历了由"跳栏"到"跨栏"再到"跑栏"的演变过程。最初以埋在地下无法移动的木支架或栅栏为栏架,1900 年出现了可移动的倒"T"形栏架,1935 年"L"形栏架诞生并沿用至今。

奥运会比赛项目设男子 110 米跨栏跑(1896 年列入,当时为 100 米跨栏跑,1900 年改为 110 米跨栏跑)、400 米跨栏跑(1900 年列入);女子 100 米跨栏跑(1932 年列入,当时为 80 米跨栏跑,1972 年改为 100 米跨栏跑)、400 米跨栏跑(1984 年列入)。(见表 6 - 1)

表 6 - 1　奥运会跨栏跑比赛项目及要求

性别	项目	栏间距离(米)	起点到第一栏距离(米)	最后一栏到终点距离(米)	栏高(米)	栏数(个)
男	110 米栏	9.14	13.72	14.02	1.067	10
	400 米栏	35	45	40	0.914	
女					0.762	
	100 米栏	8.50	13	10.50	0.84	

男子 110 米栏的栏架较高,过栏和栏间跑的速度较快,是跨栏跑中技术难度最大的项目。现以此为例,讲解跨栏跑技术。

（一）起跑至第一栏技术

起跑至第一栏的任务是在固定的距离内用固定的步数完成加速跑，为全程过栏奠定良好的速度和节奏。

其技术与短跑基本相同。起跑一般采用蹲踞式，跑7~8步。采用7步上栏，应将起跨腿置于后起跑器上；采用8步上栏，则应将起跨腿置于前起跑器上。

这一阶段，跨栏跑与短跑动作技术的差异主要表现在以下几点：预备时，臂部抬起相对较高；起跑后，身体前倾角度较小，上体抬起较早，大约在第6步时，基本达到短跑途中跑的姿势；加速中，后蹬角度较大，步长增加较快。跨栏前倒数第二步达到最大步长，最后一步是短步（比前一步短10~20厘米），起跨腿以前脚掌迅速准确地踏上起跨点。

（二）跨栏步技术

如图6-36所示，跨栏步是指从起跨脚踏上起跨点到摆动腿过栏落地的过程，距离为3.30~3.50米。其技术包括起跨攻栏和腾空过栏两个动作阶段。

起跨　　　　　　　　　　　　　　过栏

图6-36　跨栏步技术

1. 起跨攻栏

起跨攻栏是指从起跨脚踏上起跨点至后蹬结束的整个支撑时期。起跨的动作质量直接决定过栏速度、下栏时间和栏间跑进，因此，起跨是跨栏步技术的关键。

起跨点距栏架的距离一般为2.00~2.20米。后蹬要求迅猛有力，起跨腿髋、膝、踝关节充分伸展，并与躯干、头部基本成一条直线，起跨角度（起跨离地时，身体重心与支撑点的连线同地面之间的夹角）约为70°。同时，摆动腿在体后屈膝折叠，足跟靠近臀部，膝向下，并以髋为轴，膝领先，大腿带动小腿充分向前摆超过腰部高度。上体随之前倾，摆动腿异侧臂屈肘向前上方摆出，肘关节达到肩的高度，另一臂屈肘摆至体侧，整个身体集中向前用力，形成良好的"攻栏"姿势。

2. 腾空过栏

腾空过栏是指从蹬离地面身体转入无支撑阶段起，到摆动腿过栏后落地时止的动作阶段。

身体腾空后,摆动腿随惯性继续向前上方攻摆,膝关节高过栏架后,小腿向前伸展。摆动腿异侧臂前伸,与摆动腿基本平行,同侧臂屈肘后摆,上体达到最大前倾,角度为45°~55°。同时,起跨腿屈膝提拉,小腿收紧抬平,约与地面平行或略高,两腿在栏前形成一个约120°以上夹角的大幅度劈叉动作。

如图6-37所示,摆动腿的脚掌移过栏架后,起跨腿屈膝外展,脚背屈并外翻,以膝领先,经腋下迅速向前上方提拉过栏。两腿在空中完成一个协调有力的以髋关节为轴的剪绞动作。同时,两臂配合积极摆动,起跨腿同侧臂由前伸位置向侧后方做较大幅度划摆,另一臂屈肘前摆,以维持身体平衡。

图6-37　腾空过栏

摆动腿膝关节过栏瞬间,大腿积极下压,膝、踝关节伸直,以脚前掌后扒着地,身体重心处于较高位置。上体保持适当前倾,起跨腿加速向前提拉,至身体正前方,大腿高抬,转入栏间跑。下栏着地点距栏架约1.40米。

(三)栏间跑技术

栏间跑是从下栏着地点到下一栏起跨点之间的跑段。其任务是以正确的节奏,继续发挥和保持最快速度,为下一栏顺利起跨创造有利条件。

栏间跑的技术同短跑的途中跑实质基本相同,但由于受栏间距离和跨栏步的限制,其节奏与短跑明显不同。男子110米栏栏间距离为9.14米,除去跨栏步约余5.30~5.50米,需跑三步。三步步长各不相同,第一步最小为1.50~1.60米,第二步最大为2.00~2.15米,第三步中等为1.85~1.95米。

提高栏间跑的速度主要靠加快步频和改进跑的节奏,使三步步长比例合理,频率快、节奏稳、方向正、直线性强,身体重心稍高、起伏较小。

(四)终点跑技术

类同于短跑的冲刺跑技术,撞线动作与短跑相同。

（五）全程跑技术

全程跑中,要合理地将跨栏步技术与栏间跑技术紧密地结合起来。起跑后,首先跨好第一栏并在第二、三栏继续积极加速,达到最快速度。第四至第八栏尽量保持速度,并注意控制动作的准确性。第九、十栏保持跑的节奏并准备冲刺。跨过第十个栏架后,把跨栏节奏调整为短跑节奏,加快步频,加大上体前倾,加强蹬地和摆臂力度,全力以赴冲向终点。

重要提示: 全程跑技术状况 = 110 米栏成绩 - 110 米跑成绩

注:数值越小说明技术水平越好

其他跨栏跑项目基本技术结构与 110 米栏相同,但上体前倾和手臂摆动较小,摆动腿抬起较低,起跨腿前伸幅度稍小,下栏着地点较近,整体动作更接近于短跑。女子 100 米跨栏跑的起跨点距栏架为 1.95 ~ 2.00 米,起跨角度为 62° ~ 65°,下栏着地点距栏架为 1.00 ~ 1.20 米,栏间跑三步步长为 1.60 ~ 1.65 米、1.95 ~ 2.00 米、1.80 ~ 1.85 米。

400 米跨栏跑,起跑至第一栏的距离为 45 米,男子跑 21 ~ 23 步,女子跑 23 ~ 25 步。起跨点,男子为 2.10 ~ 2.15 米,女子为 1.9 ~ 2.00 米。栏间跑距离为 35 米,男子一般跑 15 ~ 17 步(部分优秀选手跑 13 步),女子一般跑 17 ~ 19 步(部分优秀选手跑 15 步)。弯道过栏时,以右腿起跨较为有利。起跨时,右脚前脚掌内侧蹬地,左腿向左前方攻摆,右臂内侧倾斜向左前上方摆出,上体前倾时略向左转,右肩高于左肩。下栏时,用左腿前脚掌外侧在靠近左侧分道线处着地,右腿提拉过栏时向左前方用力。

三、接力跑

接力跑是田径运动中唯一的集体项目。以队为单位,每队 4 人,每人跑相同距离。接力跑能有效地培养团结协作的集体主义精神。

目前,奥运会比赛项目分男、女 4×100 米接力跑和 4×400 米接力跑。接力棒为光滑、彩色的空心圆管,由整段木料、金属或其他适宜的坚固材料制成,长度为 20 ~ 30 厘米,周长为 12 ~ 13 厘米,重量不低于 50 克。

如图 6 - 38 所示,传棒人必须持棒跑完各自规定的距离,接棒者可以在接力区前 10 米内起跑,两人必须在 20 米的接力区内完成传、接棒。

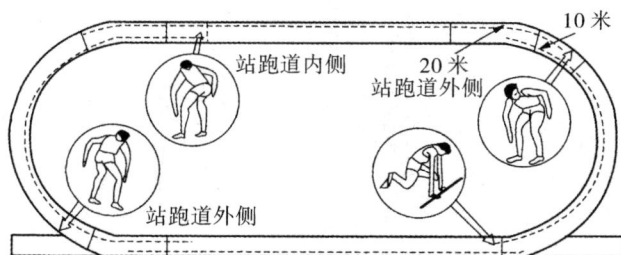

图 6-38 传、接棒位置

接力跑技术包括短跑技术和传、接棒技术。要求各队员在快速跑进的同时,配合默契。接力跑的距离越短,传、接棒技术要求越高。下面以 4×100 米接力跑为例,讲解接力跑技术。

(一)起跑技术

1.持棒起跑

第一棒运动员通常采用蹲踞式起跑,其技术和短跑弯道起跑基本相同。如图 6-39 所示,用右手的中指、无名指和小指握住棒的末端,拇指和食指分开撑地,接力棒不得触及起跑线和起跑线前的地面。

图 6-39 起跑时的持棒姿势

2.接棒起跑

接棒人应选择恰当的起跑姿势,标准有二:第一,是否有利于快速起跑和加速跑;第二,是否能清楚地看到传棒队员及设定的起跑标志线。

第二、三、四棒运动员可用站立式或一手撑地的半蹲踞式起跑姿势。第二、四棒运动员应站在跑道外侧,左腿在前(亦可右腿在前),右手撑地,身体重心稍向右偏,头转向左后方,目视传棒队员的跑进和自己的起跑标志线。第三棒运动员应站在跑道内侧,右腿在前(亦可左腿在前),左手撑地,身体重心稍向左偏,头转向右后方,目视传棒队员的跑进和自己的起跑标志线。(见图 6-40、图 6-41、图 6-42)

图 6-40 半蹲踞式起跑姿势

图 6-41 第二、四棒运动员接棒动作　　　图 6-42 第三棒运动员接棒动作

持棒运动员保持最快速度,接棒运动员根据持棒者的跑速有控制地进行加速,以便于顺利快速地接棒。

(二)传、接棒技术

1. 传、接棒的方法

1)上挑式

如图 6-43 所示,接棒人的手臂自然后伸,与躯干成 40°～45°夹角,掌心向后,拇指与其他四指张开,虎口朝下,传棒人将棒由下向前上方"挑"送入接棒人手中。上挑式动作自然,容易掌握,但第二棒接棒人手握棒的中段,第三、四棒传接时由于棒的前端部分越来越少而易造成掉棒。

图 6-43 上挑式

2）下压式

如图 6-44 所示，接棒人的手臂后伸，与躯干成 50°~60°夹角，手腕内旋，掌心向上，虎口朝后，拇指向内，其余四指并拢向外，传棒人将棒的前端由上向前下方"压"入接棒人手中。下压式各棒次接棒人均能握于棒的一端，但接棒时手腕动作紧张，掌心向上引起身体前倾而影响加速跑。

图 6-44　下压式

3）混合式

这种方法综合了上述两种方法的优点。第一、三棒运动员以右手持棒，沿弯道内侧跑进，用上挑式将棒传入第二、四棒运动员左手中；第二棒运动员左手持棒，沿跑道外侧跑进，用下压式将棒传入第三棒运动员右手中。

4×400 米接力跑，多采用换手传接棒技术。接棒人用左手接棒后，立即换到右手。也可以用右手接棒，跑至最后一个直道时再换到左手传棒。

2．传、接棒的时机

为了集中精神保持高速度，4×100 米接力运动员均采用听传棒人信号而不看棒的接棒方式。传、接棒运动员在 20 米接力区内，双方均达到相对稳定的高速时，便是传、接棒的最佳时机。此时，一般距接力区前端 3~5 米。

传棒人跑到标志线时，接棒人开始由预跑区内或接力区后端迅速起跑。传棒人跑至接力区内，距接棒人 1~1.5 米时，向其发出"嘿"或"接"等传、接棒信号，接棒人听到后迅速向后伸手接棒。

3．起跑标志线的确定

起跑标志线与起跑点的距离，是根据传、接棒队员的跑速和传、接棒技术的熟练程度以及最佳传、接棒时机而定的，一般为 5~6 米。起跑标志线要在训练中多次实践反复调整才能准确确定。

重要提示：若接棒人在接力区前 10 米预跑线处起跑，至接力区末端 26 米处传、接棒，两人间距 1.5 米，则起跑标志线到起跑点的距离＝传棒人最后 30 米的平均速度×接棒人起跑 26 米所需的时间 -（26 - 1.5）。

4.各棒队员的配合

接力跑要求各棒队员之间协调配合,并能够充分运用每个人的特长,保证在快速跑进中精确、默契、迅速地完成传、接棒动作。一般而言,第一棒应起跑技术好,并善于跑弯道;第二棒应速度快,耐力好,善于传、接棒;第三棒除应具备第二棒的长处外,还要善于跑弯道;第四棒通常是100米成绩最好、冲刺能力最强的。

❖ 思考与练习

1.标准田径场由哪几部分组成?

2.跳高、跳远、三级跳远、推铅球、短跑、中长跑、跨栏跑、接力跑分别需要掌握哪些动作技术?

第七章 球类运动

本章概述篮球、排球、足球、乒乓球、羽毛球、网球运动的起源、发展、场地、器材、规则等,并详细讲解各个项目的基本动作、战术技巧等。

第一节 篮 球

本节介绍篮球运动的起源,阐述其基本技术和战术,包括移动、投篮、传接球、运球、抢篮板球、防守、基础配合、快攻与防守快攻、攻防半场人盯人等。

一、篮球运动简介

1891 年,在美国马萨诸塞州斯普林菲尔德基督教青年会国际训练学校(春田学院)任教的詹姆斯·奈史密斯(James Naismith)从当地儿童喜欢用球投向桃子筐的游戏中得到启发,创编了篮球游戏。

1904 年,在第三届奥林匹克运动会上第一次进行了篮球表演赛。1932 年,国际业余篮球联合会宣告成立。1936 年第十一届奥运会上,男子篮球被列为正式比赛项目。1976 年第二十一届奥运会上,女子篮球被列为奥运会的正式比赛项目。篮球运动以其特有的魅力,深受世界各国人民的喜爱。

二、篮球基本技术

篮球基本技术分为进攻和防守两大部分,进攻技术有移动、投篮、传球、接球、运球等,防守技术有防守对手、抢球、断球、盖帽等。此外,移动、抢篮板等技术攻防含义皆有。

(一)移动

进攻者运用急起、急停、转身、变速、变向跑等动作,摆脱防守去完成进攻任务。防守者则运用跑、停、滑步、后撤步、交叉步等动作阻止进攻。这些争取比赛主动权的行动都离不开快速灵活的移动。

(二)投篮

按照持球的方法不同,可分为双手投篮和单手投篮;依据投篮前球置于身体部位的不同,可分为胸前投篮、肩上投篮、头上投篮等不同的投篮动作;就运动员投篮时的移动形式而言,又可分为原地、行进间和跳起投篮。

1. 原地双手胸前投篮

如图7-1所示,两脚左右或前后站立,两膝微屈、两脚脚跟略离地面,上体稍向前倾,两手手指自然张开,握球两侧略后的部位,两拇指相对成"八"字形,掌心空出,持球于胸前,屈肘使球靠近身体。投篮时,两脚蹬地身体伸展,同时两臂向前上方伸出,拇指向前上方用力推送,手腕稍外翻,使球从拇指、食指、中指指尖投出,球向后旋转飞行。

2. 原地单手肩上投篮(以右手为例)

如图7-2所示,右手五指自然分开,手心空出,用指根以上部位持球,大拇指和小拇指控制球体,左手扶球的左侧,右手屈肘,肘关节自然弯曲,置球于右肩上方。投篮时,下肢蹬地发力,右臂向前上方伸直,手腕前屈,食、中指用力拨球,通过指端将球柔和地送出。球出手的同时,身体随投篮动作向前伸展。

图7-1 原地双手胸前投篮　　图7-2 原地单手肩上投篮(以右手为例)

3. 行进间单手低手投篮(以右手为例)

如图7-3所示,在跑动中接球或运球突破上篮时,应先跨右脚接球或拿球,接着第二步跨左脚起跳,左脚跨的步子稍小一些(已能掌握基本动作者,其左脚跨出的步子大小,可根据对方防守的情况和进攻的需要选择),右腿屈膝上抬,身体上升到最高点时,右臂向上伸或向前上方伸,掌心向上,用手指和手腕的力量,将球上拨。

图7-3 行进间单手低手投篮(以右手为例)

4.运球急停跳投(以右手为例)

如图7-4所示,在快速运球中,用一步或两步的方式接球停步,两膝微屈,身体重心下降,迅速蹬地起跳,同时两手迅速举球于右肩上。当身体接近最高点处于稳定的一刹那,迅速向上伸臂,用右手的手腕和手指的力量将球投出。

图7-4 运球急停跳投

(三)传球

1.双手胸前传球

如图7-5所示,两手五指自然分开,拇指相对成"八"字形,用指根以上部位握球的两侧后下方,掌心空出,两臂自然弯曲于体侧,将球置于胸前。肩、臂、腕肌肉放松,两眼注视传球目标,身体成基本传球姿势。传球时,后脚蹬地,身体重心前移,同时两臂前伸,手腕由下向上翻转,同时拇指用力下压,食、中指用力弹拨,将球传出。双手胸前传球是一种最基本、最常用的传球方法,具有准确性高、容易控球、便于变化的优点。

图 7-5 双手胸前传球

2. 单手肩上传球（以右手为例）

如图 7-6 所示，原地右手肩上传球时，两脚前后开立，左脚在前，侧对传球方向，右手肩上托球于头侧，掌心空出，以转体、挥臂、甩腕以及手指拨球的力量将球传出。单手肩上传球是一种中远距离的传球方法。其特点是传球力量大、速度快、距离远，在长传快攻和突破起跳分球时经常采用。

3. 单手体侧传球（以右手为例）

如图 7-7 所示，两脚开立，两腿微屈，双手持球于胸前。传球时，左脚向左跨步的同时将球移至右手引到身体右侧，出球前一刹那，持球手的拇指在上，掌心向前，手腕后屈，出球前臂向前做弧线摆动，当球摆过身体右前方时，迅速收前臂，用手腕、手指的力量将球传出。特点是隐蔽、动作快而幅度小。

图 7-6 单手肩上传球　　　　　　图 7-7 单手体侧传球

4. 反弹传球

反弹传球是传球人把球掷向地面，通过击地反弹越过防守者使同伴接到球的传球技术。反弹传球是一种近距离较隐蔽的传球方法，是小个队员对付高大防守者的有效传球手段。方法很多，有单、双手胸前，单手体侧，单手背后等反弹传球方式。所以动作方法与各种传球相同，但运用反弹传球时要掌握好球的击地点，一般要根据防守人的位置而定，如防守自己的对手距离自己较远，而传球的距离又较近时，可向防守者的脚侧击地传出。球弹起的高度一般在接球人的腰部为宜。

(四)接球

接球时眼睛要注视来球,肩、臂都要放松,手臂应迎球伸出,手指自然分开。当手指触球时,屈肘,臂后引,缓冲来球的力量,两手握球,保持身体平衡,以便做下一个动作。

1. 接反弹球

掌心要向着来球反弹的方向,屈膝弯腰并向前下方伸手迎球,五指自然分开成上、下手接球姿势。在球刚刚离地弹起时,手指触球将球接住。接球后手腕迅速向上翻,持球于胸腹前保持身体平衡,成基本站立姿势。

2. 接球后急停

安全接球后急停已成为进攻技术的基础。要点是正确运用转入下次进攻的衔接点,不要犯带球走违例(走步)的错误。

3. 摆脱接球

摆脱接球是创造接球机会的动作。为了安全准确地接球,无球队员会以切入、策应等配合创造接球机会。

(五)运球

运球不仅是个人摆脱防守的有力手段,而且还是组织全队配合进攻的重要桥梁。下面介绍几种主要运球技术。

1. 身前换手变换方向运球

如图 7-8 所示,右手运球向左侧做变向时,右手拍球的右侧上方,使球从右侧反弹向左侧,同时右脚向左侧前方跨步,侧右肩向前,并迅速用左手拍球的正后方继续运球前进。左手运球向右变向时,则与右手动作相反。特点是便于结合假动作,诱导防守者判断错误,再伺机运传从左至右或者从右至左,突然改变运球方向,以娴熟的左、右假动作来创造机会,突破对方的防守。

2. 胯下运球

如图 7-9 所示,胯下运球是使球穿过两腿之间来改变运球方向的运球技术。近来有更多使用胯下运球技术的倾向。其理由是两腿可以保护球,可以安全转换方向,防守者的手难以够着球。

3. 后转身运球

如图 7-10 所示,身体左侧对防守者,左脚在前做中枢脚,右手向后运球,同时做后转身,换左手拍球的后上方运至左侧,右脚落地贴近防守者的右侧(脚尖向前),然后运球继续前进。特点是转身时便于保护球、攻击力强、灵活多变。

图 7-8 身前换手变换方向运球   图 7-9 跨下运球   图 7-10 后转身运球

4.运球急停急起

如图 7-11 所示,可用两步急停,两腿屈膝前后开立,跨出第一步时,身体稍后仰。同时,按拍球的上方,降低球的反弹高度,使球在原地反弹,同时降低身体的重心,用腿和异侧手臂护球。急起时,拍球的后上方。身体重心移至前脚掌,同时后脚迅速蹬地跨出超越防守者,迅速向前推进。特点是动作突然、起动快、线路多变、攻击力强、易摆脱防守。

图 7-11 运球急停急起

(六)抢篮板球

抢篮板球分为抢进攻篮板球和防守篮板球两种。

1.抢进攻篮板球

当同伴或自己投篮时,处在近篮位置的进攻队员首先应判断球的反弹方向,然后先向相反方向的侧前方跨步,利用身体虚晃的假动作,诱开身前的防守队员,绕跨挤到对手的前面或侧前方,抢占有利位置,借助跨步或助跑起跳,跳至最高点补篮或抢篮板球。

2.抢防守篮板球

如图 7-12 所示,当对方投篮出手后,首先应注意对手的动向,并根据当时与进攻队员所处的位置和距离的远近,运用上步、撤步和转身抢占有利位置,把进攻队员挡在身后,与此同时还要判断球的落点准备起跳。

图 7-12 抢防守篮板球

(七)防守

1. 防守无球队员

防守队员应站在对手与球篮之间的内侧,保持与对手有适当的距离和角度,做到以人为主,人球兼顾,使对手和球处于自己的视野之内,随对手的动作积极跟进移动,调整防守位置,堵截其移动和接球的路线,手臂配合做出伸出、挥摆、上举等动作,干扰对手接球,争取抢、断球。

1)防纵切

如图 7-13 所示,A 传球给 B,a 及时偏向球侧错位防守,当 A 向篮下纵切要球时,a 应抢前防守,合理运用身体堵住对方的切入路线,同时伸臂封锁接球,迫使对手向远离球的方向移动。

2)防横插

如图 7-14 所示,A 持球,C 欲横插过去要球,c 应上步挡住对手,并伸臂不让对手接球,用背贴着对手,随其移动到有球一侧。

3)防溜底

如图 7-15 所示,A 持球,C 溜底的时候,c 要面向球滑步移动,至纵轴线时,迅速上右脚前转身,错位防守,右臂伸出不让对方接球。

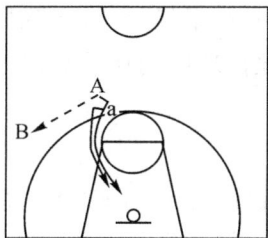 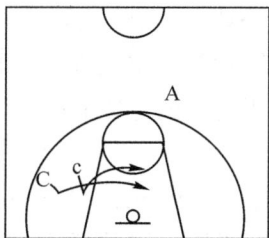 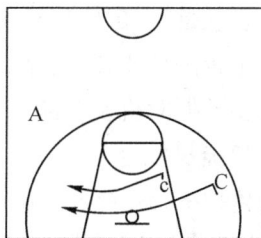

图 7-13 防纵切 　　 图 7-14 防横插 　　 图 7-15 防溜底

2. 防守持球队员

当对手接球后,迅速调整防守位置和距离,占据对手与球篮之间的有利位置,还要与对手保持适当的距离(一臂左右)。一般来说,被防守的持球队员在离球篮近时采用贴近的攻击步防守,离球篮远时则采用平步防守,无论采用哪一种防守,都要积极移动,阻截和干扰对方传球、投篮,同时伺机抢、断球。

三、篮球基本战术

(一)基础配合

1.进攻基础配合

进攻基础配合,是指两三名进攻队员,为了创造投篮机会,合理运用技术组织配合的合作方法。

1)传切配合

传切配合有两种,分别为一传一切配合和空切配合。一传一切配合,如图7-16 所示,D 传球给 A 后,立刻摆脱对手 d 向篮下切入,接 A 的回传球投篮。

空切配合,如图7-17 所示,A 传球给 D 时,C 突然切向篮下接 D 的传球投篮。

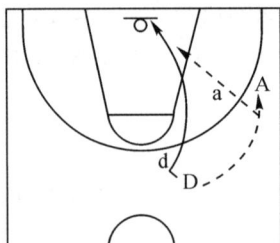

图7-16 一传一切配合   图7-17 空切配合

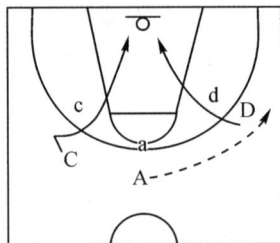

2)突分配合

有球队员持球突破后,主动地或应变地利用传球与同伴配合的方法。突分配合的要求是,突破动作要突然、快速,在突破过程中,要随时观察场上攻、守队员行动和位置的变化,既要做好投篮的准备,又要及时、准确地传球给同伴。其他进攻队员要掌握时机及时跑到有利于进攻的位置上接球。

3)掩护配合

掩护配合是掩护队员采用合理的行动,用自己的身体挡住同伴的防守者的移动路线,使同伴得以摆脱防守,或利用同伴的身体和位置使自己摆脱防守的一种配合方法。掩护配合的方法根据掩护位置和方向的不同,分为前掩护、后掩护、侧掩护三种。

2.防守基础配合

防守基础配合,是指两三名防守队员,为破坏对方的配合,或当同伴防守出现困难时,及时互相协作行动的方法。以下是几种常用的配合。

1)关门配合

关门配合是两个防守队员靠拢协同防止对手突破防守的配合方法。如图 7 - 18 所示,当 D 从正面突破时,a、d 与 d、c 进行关门配合。

关门配合的要求是,防守队员应积极堵住进攻者的突破路线;临近突破一侧的防守队员要及时向同伴靠拢进行关门,不给突破者留有通过的空隙。关门配合也运用于区域联防。

2)夹击配合

夹击配合指两个防守队员积极防守一个进攻队员的配合方法。如图 7 - 19 所示,A 从底线突破,a 封堵底线,迫使 A 停球,d 同时向底线迅速跑去与 a 协同夹击 A,封堵其传球路线,迫使其违例或失误。

夹击配合要正确地掌握夹击的时机和区域。行动要果断,出其不意。在形成夹击时要用身体和腿部限制进攻队员的活动,用手臂封堵传球或接球,但要防止不必要的犯规。

3)补防配合

补防配合指防守队员在同伴漏防时,立即放弃自己的对手,去补防那个威胁最大的进攻者,与漏防的防守队员及时换防的一种协同防守方法。如图 7 - 20 所示,D 传球给 A,突然摆脱 d 的防守直插篮下,此时 c 放弃对 C 的防守补防 D,d 去补防 C。

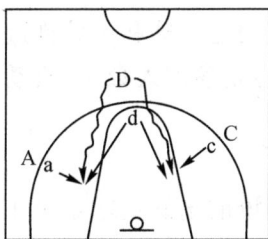

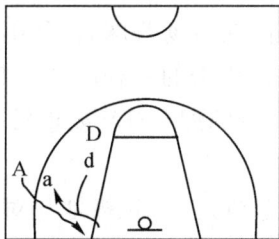

图 7 - 18　关门配合　　　图 7 - 19　夹击配合　　　图 7 - 20　补防配合

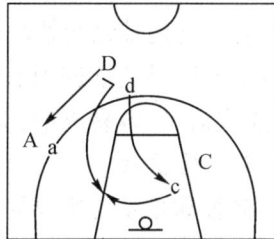

重要提示:应特别注意整体配合,包括配合的位置、距离、路线和时机,其中配合时机尤为关键。此外,还要注意保持攻守平衡。

(二)快攻与防守快攻

1.快攻

快攻是由防守转入进攻时,趁对方未站稳阵脚之前,抓住战机以最快的速度、最短的时间,果断而合理地发动攻击的一种速决性战术配合。发动快攻的时机是在抢获后场篮板球、抢球、断球和跳球获球后。快攻的形式有长传快攻、短传和运球快攻相结合等。

1）抢后场篮板球长传快攻

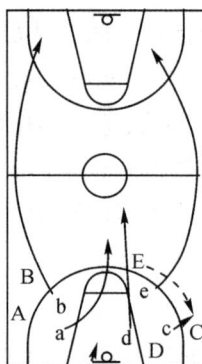

如图7-21所示，D抢到后场篮板球后，首先观察场上的情况，寻找长传快攻机会。B和C判断D有可能抢到篮板球时，便立即发起快下，争取超越防守队员接D的长传球投篮。

2）断球长传快攻

如图7-22所示，c断球后，看到b已发起快下，可立即传球或运球后传球给b投篮。

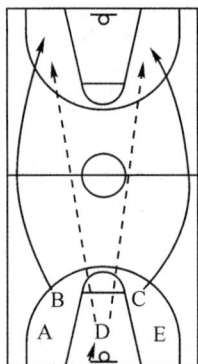

图7-21　抢后场篮板球长传快攻　　　　图7-22　断球长传快攻

3）短传与运球结合快攻

短传与运球结合快攻指队员在后场获球后，利用快速的短传球和运球推进相结合的方法迅速推进到前场进行攻击的一种配合。其特点是参加人数多、机动灵活、层次清楚、容易成功，但对队员的配合技巧要求较高。

2. 防守快攻

篮板球是发动快攻的先决条件之一，积极地与对方争抢前场篮板球是防止对方发动快攻的重要步骤。

（1）有组织积极地堵截对方发动快攻的第一传，是防守快攻的关键。

（2）防守快下队员。快下队员是对方长传快攻的主要成员，如果快下队员接到球，将给防守造成极大的困难。因此，当对方抢获篮板球时，外线队员要迅速退守，在退守过程中，控制好中路，堵截快下路线，紧逼沿边线快下的进攻队员，切断对方长传球的路线。

（3）提高以少防多的能力。当对方发动快攻并迅速地向前场推进时，防守队往往来不及全部退防，进而出现以少防多的局面。想要提高一防二、二防三的能力，重点防篮下，为同伴回防赢得时间，就必须提高个人防守能力，以及同伴之间的相互补防能力。

(三)攻防半场人盯人

1.人盯人防守战术

人盯人防守战术是在由攻转守时,放弃前场的防守,全队迅速退回后场,每人盯住自己的对手的配合方法。它是以个人防守为基础,综合运用挤过、穿过、交换、关门、夹击等几个人之间的防守基础配合所组成的全队战术。

(1)防守要点:人盯人防守要从由攻转守时开始。此时,每个队员都要快速退向自己的后场,立即找到对手,形成集体防守;要根据对手与球的位置以及自己距球篮的距离选择有利位置,做到兼顾各方,与同伴协同防守。

(2)防守原则:"以球为主,人球兼顾""有球紧,无球松""近球紧,远球松",积极移动,抢占有利位置。

(3)运用时机:半场扩大人盯人防守主要用于对付外围远投较准、突破与篮下进攻能力和后卫控制球能力相对较差的队,在本队需要扩大战果、争抢时间时使用;半场缩小人盯人防守用于对付中远距离投篮不准、突破和篮下攻击能力较强的队,在本队得分已占优势、保持体力再扩大战果时使用。

2.进攻人盯人防守战术

进攻人盯人防守是根据人盯人防守战术的特点,从每个队员的具体实际出发,综合运用传接球、投篮、运球、突破等个人技术动作和传切、掩护、策应等几个人之间的战术配合所组成的一种全队进攻战术。

进攻人盯人战术的要点为由守转攻后,要迅速到位。

第二节　排　球

本节介绍排球运动的起源,并阐述其基本技术和战术,包括准备姿势、移动、发球、垫球、传球、扣球、拦网、阵容配备、进攻战术、防守战术等。

一、排球运动简介

排球运动的创始人是美国人威廉·G.摩根(William G. Morgan)。1947年国际排球联合会成立,1949年第一届世界男子排球锦标赛举行,1964年排球运动被列为第十八届奥运会正式比赛项目。

二、排球基本技术

发球、垫球、传球、扣球、拦网是排球的五项基本击球动作,这些直接触球的动作技术称为有球技术。而各种准备姿势、移动、助跑、起跳、倒地等没有直接触及球的配合动作,称为无球技术。

(一)准备姿势

如图 7-23 所示,按照身体重心的高低,准备姿势可分为半蹲准备姿势、低蹲准备姿势和稍蹲准备姿势三种。

半蹲准备姿势　　低蹲准备姿势　　稍蹲准备姿势

图 7-23　发球准备姿势

1.半蹲准备姿势

两脚开立略比肩宽,两膝弯曲,脚跟自然提起,上体前倾,重心靠前,膝部的垂直线应在脚尖前面,两臂放松,自然弯曲置于腹前,两眼平视,注意来球,两脚始终保持微动。

2.低蹲准备姿势

身体重心比半蹲准备姿势更低更靠前,两脚左右、前后的距离更宽一些,膝部弯曲的程度大于半蹲准备姿势。身体重心要更靠前,肩部垂直线过膝,膝部垂直线超过脚尖。两手臂置于胸腹之间。

3.稍蹲准备姿势

两脚左右开立与肩同宽,一脚在前,两膝微屈,身体重心位于两脚之间,并稍靠近前脚,后脚跟稍提起,上体稍前倾,两臂放松,自然弯曲置于腹前。两眼注视球并兼顾场上各种情况,两脚保持微动状态。

(二)移动

移动技术由起动、移动步法和制动三个环节构成。

1.起动

起动是移动发力的开始,它的快慢是移动的关键,起动的速度取决于正确的准备姿势、反应能力和腰腿部的力量。

2.移动步法

起动后应根据战术的需要,灵活地采用各种移动步法进行移动。

(1)并步与滑步。并步时,如向前移动,则后腿蹬地,前脚向来球方向跨出一步,后腿迅速跟上做好击球准备。连续并步就是滑步。

(2)跨步与跨跳步。跨步时,如向前移动,则后腿用力蹬地,前脚向来球方向跨出一大步,膝部弯曲,上体前倾,身体重心移至前腿上。跨步过程中有跳跃腾空即为跨跳步。

(3)交叉步。以向右交叉步为例,上体稍向右转,左脚从右脚前面向右交叉迈出一步,然后右脚再向右跨出一大步,同时身体转向来球方向,保持击球前的姿势。

(4)跑步。跑步时两臂要配合摆动,如球在侧方或后方时应边转身边跑。

(5)综合步。以上各种步法的综合运用。

3.制动

在快速移动之后,为了保持稳定的击球姿势,克服身体惯性的冲力,必须运用制动技术。

(1)一步制动法。一步制动时,最后跨出一大步,同时降低重心,膝和脚尖适当内转,全脚掌横向蹬地,抵住身体重心继续移动的趋势,并用腰腹力量控制上体,使身体重心的投影落在两脚所构成的支撑面内。

(2)两步制动法。两步制动时,以倒数第二步做第一次制动,接着跨出最后一步做第二次制动,同时身体后仰,重心下降,双脚用力蹬地,使身体处于有利于做下个动作的姿势。

(三)发球

发球是 1 号位队员在发球区内自己抛球后,用一只手将球直接击入对方场区的一种击球方法。发球是排球技术中唯一不受他人制约的技术。

1.正面上手发球

如图 7 - 24 所示,队员面对球网,两脚前后自然开立,左脚在前,用手托球于身前,抬臂,手掌平托将球上送,将球平稳地垂直抛于右肩前上方,高度适中。在左手抛球的同时,右臂抬起,屈肘后引,肘与肩平,上体稍向右转。击球时,利用蹬地、转体和收腹带动手臂挥动,在右肩前上方伸直手臂至最高点,以全手掌击球的中下部。击球时,手指自然张开吻合球,手腕要迅速主动地做推压动作,使击出的球上旋飞行。为了加强发球的力量和攻击性,还可采用一步、两步或多步的助跑发球方法。

2. 正面上手发飘球

正面上手发飘球是采用正面上手的形式,发出不旋转、不规则地飘晃飞行的球的一种发球方法。由于发球时面对球网,因此正面上手发飘球时便于观察对方接发球情况。

如图 7-25 所示,准备姿势同正面上手发球,但抛球比正面上手发球稍低、稍靠前。击球前,手臂自后向前做直线挥动。击球时,五指并拢,手腕稍后仰,用掌根平面击球的中下部,作用力通过球体重心。击球瞬间手指、手腕紧张,不加推压动作,手臂并有突停动作。

图 7-24　正面上手发球 　　　　　　　图 7-25　正面上手发飘球

3. 正面下手发球

正面下手发球是正面对网,手臂由后下方向前摆动,在腹前将球击入对方场区的发球方法。

如图 7-26 所示,面对球网,两脚前后开立,左脚在前,两膝微屈。上身稍前倾,重心偏后脚。左手持球于腹前,将球轻轻抛起在体前右侧,离手高约 20 厘米,在抛球的同时右臂伸直以肩为轴向后摆动,借右腿蹬地力量,身体重心随着右手向前摆动击球而移至前脚。在腹前以全手掌、掌根或虎口击球后下方。

图 7-26　正面下手发球

4.勾手发飘球

勾手发飘球采用侧面对网站位,可利用身体转动和腰部力量带动手臂的快速挥动去击球,比较省力。勾手飘球是目前排球比赛常用的一种发球方法,男女队员均可采用。

发球队员应左肩对网,左手将球平衡抛向左肩前上方,抛至相同于击球点的高度。在抛球同时,右臂伸直向身体右侧后下方摆动,身体重心移至右脚。当球上升到最高点时,右脚蹬地,身体向左侧转动,带动手臂沿弧线轨迹挥动,在右肩前上方以掌根或半握拳拇指根部击球后中下部,击球一瞬间,手腕稍后仰并保持紧张,用力集中,作用力要通过球体的重心。击球后,可做突停或下拖动作,但不能有推压的动作。无论采用哪种发球动作,都必须做到以下三点:一是平稳抛球,二是击球要准,三是手法要正确。

(四)垫球

垫球在比赛中主要用于接发球、接扣球、接拦回球以及防守和处理各种困难球。现将几种常用的垫球技术做如下介绍。

1.正面双手垫球

正面双手垫球是双手在腹前垫击来球的一种垫球方法,是各种垫球技术的基础,是最基本的垫球方法,适合于接各种发球、扣球和拦回球,也可以用来组织进攻。

如图7-27所示,正面双手垫球的基本手型有抱拳式、叠掌式和互靠式。

正面双手垫球在垫轻球、垫中等力量来球和垫重球时,其动作方法是有一定区别的。

1)垫轻球

如图7-28所示,垫轻球采用半蹲准备姿势,当球飞来时,双手成垫球手型,手腕下压,两臂外翻形成一个平面,当球飞到腹前一臂距离时,两臂夹紧前伸,插到球下,向前上方蹬地抬臂,迎击来球,利用腕关节以上10厘米左右处的桡骨内侧平面击球的后下部,身体重心随击球动作前移。击球点保持在腹前一臂距离。

抱拳式　　　叠掌式　　　互靠式

图7-27　正面双手垫球基本手型　　　　　图7-28　垫轻球

2）垫中等力量来球

动作方法与垫轻球基本相同,但由于来球有一定力量,因此击球动作要小,速度要慢,手臂适当放松。

3）垫重球

根据来球的高低和角度,采用半蹲或低蹲准备姿势,击球时采用含胸、收腹的动作,帮助手臂随球屈肘后撤,适当放松,以缓冲来球力量。在撤臂缓冲的同时,用微小的小臂和手腕动作控制垫球方向和角度。

2. 体侧垫球

简称侧垫,是在身体侧面垫球的一种垫球方法。其特点是控制面宽,但较难把握垫击的方向、弧度和落点。

如图 7 - 29 所示,左侧垫球时,以右脚前脚掌内侧蹬地,左脚向左跨出一步,身体重心随即移至左脚,并保持左膝弯曲,两臂夹紧向左侧伸出,左臂高于右臂,右肩向下倾斜,再用向右转腰和收腹的力量,配合两臂在体侧截击球的后下部。

图 7 - 29　左侧垫球

3. 跨步垫球

队员向前或向侧跨出一步的垫球方法称为跨步垫球。当来球的速度较快,弧线低,距身体 1 米左右时,可采用跨步垫球的方法。如图 7 - 30 所示,跨步垫球时,当判断来球的落点后,迅速向来球方向跨出一大步,屈膝深蹲,臀部下降,两臂夹紧伸直插入球下,用两前臂的内侧平面击球的后下部,对准垫出方向,将球平稳垫起。

图 7 - 30　跨步垫球

4. 单手垫球

当来球较远,速度快,来不及或不便使用双手垫球时,可采用单手垫球。单手垫球动作快,垫击范围大,但触球面积小,不易控制。单手垫球可采用各种步法接近球,可利用虎口、半握拳、掌根、手背以及前臂内侧击球。

（五）传球

传球是排球运动的一项重要技术,是组织进攻战术的基础。传球技术主要运用在第二传,用于衔接防守和进攻。

按照传球的方向基本上把传球动作分为正面传球、背传球等,正面传球和背传球均在原地完成。跳起在空中完成传球动作的,称为跳传球。

1.正面传球

面对出球方向的传球动作,称为正面传球。正面传球是最基本的传球方法,是其他一切传球技术的基础。

如图7-31所示,正面传球时采用稍蹲准备姿势,当来球接近额头时,开始蹬地、伸膝、伸臂,两手微张经脸前向前上方迎球。击球点在额头前上方约一球距离处。当手触球时,两手自然张开成半球形,手腕稍后仰,两拇指相对成"一"字或"八"字形,两手间有一定距离,用拇指内侧、食指全部和中指的二、三指节触球的后下部,无名指和小指在球两侧辅助控制传球方向。两肘适当分开,两前臂之间约成90°夹角,传球时主要靠蹬地伸臂和手指、手腕的力量,以及球的反弹力将球传出。

图7-31　正面传球

2.背传球

背对传球目标的传球动作叫背传球。如图7-32所示,身体背面要对正传球目标,上体保持正直或稍后仰,身体重心在两脚之间,双手自然抬起,放松置于脸前。迎球时,抬上臂、挺胸、上体后仰。击球点保持在额上方,比正传稍高、稍后。触球时,手腕后仰并适当放松,掌心向上,击球的下部,手型与正面传球相同。背传球时要靠蹬地、展腹、抬臂、伸肘和手指、手腕的弹力,把球向后上方传出。

图7-32　背传球

3. 跳传球

跳传球目前在比赛中运用比较广泛,一般用于二传。跳传可起到加快进攻速度和迷惑对方的作用,并且可使进攻战术多样化,扩大进攻的范围,减少二传中的失误。

如图 7 - 33 所示,起跳时,首先选好起跳点,并掌握好起跳时间。起跳后,两臂屈肘抬起,两手放置脸前,击球点保持在额上方,在身体跳至最高点时,用伸臂动作及手指、手腕的弹力将球传出。由于人在空中,无法用上伸腿蹬地的力量去传球,因此,要加大伸臂的幅度和速度。

图 7 - 33　跳传球

(六)扣球

扣球是攻击性最强最有效的进攻手段,在比赛中占有非常重要的地位。

1. 正面扣球

正面扣球是非常重要的扣球技术,也是比赛中运用得最多的一项进攻性技术,适合于近网和远网扣球。

(1)准备姿势。扣球助跑前采用稍蹲姿势,两臂自然下垂,站在离网 3 米左右处,身体转向来球方向,观察来球,做好向各个方向助跑起跳的准备。

(2)助跑。助跑开始时,左脚先向前迈出一步,紧接着右脚再快速跨出一大步,左脚及时并上,踏在右脚之前,两脚尖稍向右转,两臂绕体侧向上引摆。

(3)起跳。在助跑跨出最后一步(即第二步),左脚并上踏地制动的同时,两臂自后积极向前摆动,随着双腿蹬地向上起跳,两臂配合起跳有力地向上摆动。

(4)空中击球。起跳后,挺胸展腹,上体稍向右转,右臂向后上方抬起,身体为反弓形。挥臂时,以迅速转体、收腹动作发力,依次带动肩、肘、腕各部位关节向前上方以鞭甩动作挥动。击球时,五指微张,以掌心为主,在手臂伸直的最高点的前上方击球的后中部,同时主动用力屈腕屈指向前推压,使扣出的球上旋。

(5)落地。落地时,以两脚前脚掌先着地再迅速过渡到全脚掌着地,同时顺势屈膝、收腹,以缓冲下落的力量,立即做好下一个动作的准备。

2. 调整扣球

调整扣球是指在接发球或后排防守垫球不到位时,二传队员从后场区将球传到网前时所进行的扣球。调整扣球技术动作与正面扣球相同,但由于二传球来自后场区,有近网球,也有远网球,还有拉开球和集中球,与球网有一定的角度并且弧线不固定,扣球队员难以判断,所以难度较大。扣球队员要准确判断来球的方向、弧线、速度和落点。调整好人和球的关系,选择好起跳点,掌握好起跳时间。根据人和球网的距离,合理地采用不同的扣球方法,控制好扣球的力量、速度、方向、路线和落点。

3. 扣快球

扣快球是扣球队员在二传队员传球前或传球的同时起跳,并迅速将二传队员传出的球击入对方场区的扣球。快球在时间上能争取主动,起着攻其不备、突然袭击的作用,可使对方产生判断错误。这种扣球的特点是速度快、力量大、时间短、落点近、突然性强、牵制能力大。快球技术动作方法较多,有近体快球、半快球、短平快球、平拉快球、背快球、背平快球、调整快球等。

4. 自我掩护扣球

1)时间差扣球

扣球队员利用起跳时间的差异迷惑对方拦网的扣球为时间差扣球。这种扣球可与近体快扣球、背快扣球、短平快扣球等扣球方式配合使用。扣球时,按快球的助跑、摆臂节奏佯作起跳,以诱使对方起跳拦网。待对方拦网队员下落后,扣球队员立即原地起跳扣半高球。

2)位置差扣球

扣球队员按原来扣球的时间助跑,在助跑后佯作踏蹬动作,并做下蹲与摆臂动作欲起跳扣球,但助跑后不起跳,待对方队员拦网起跳时,突然变向侧跨出一步,动作幅度、挥臂幅度要小,速度要快,用双足或单足错开拦网人的位置起跳扣球,即为位置差扣球,或称错位扣球。

3)空间差扣球

扣球队员利用助跑的冲力和专门的踏蹬技术,使身体向前上方跃出,把正面盯人拦网的对手甩开,使起跳点和击球点错开的扣球,即为空间差扣球,也叫冲飞扣球。常用的空间差扣球有四种:佯扣短平快球而突然向前冲跳到二传手面前扣半高球的"前飞";佯扣快球而冲跳向二传人背后扣小弧度球的"背飞";佯扣前快球而侧身向左起跳追击扣球的"拉三",以及佯扣短平快球而侧身向左起跳追击扣球的"拉四"。

(七)拦网

1. 单人拦网

单人拦网是集体拦网的基础。如图 7－34 所示,其动作结构分为准备姿势、移动、起跳、空中动作和落地五个互相衔接的部分。

图 7－34　单人拦网

(1)准备姿势。队员面对球网,两脚左右开立,约与肩同宽,距网 30～40 厘米。两膝微屈,两臂屈肘置于胸前。

(2)移动。常用步法有并步、交叉步、跑步等。无论采用哪种移动步法,都要做好制动动作,以避免向上起跳时触网和冲撞同队队员。

(3)起跳。原地起跳时,两腿屈膝,重心降低,随即用力蹬地,两臂以肩发力,于体侧近身处,做前后摆动,帮助身体迅速跳起。移动后的起跳,其起跳动作与原地起跳一样,但要注意制动并使移动与起跳动作紧密衔接。

(4)空中动作。起跳时,双手从额前沿球网向上方伸出,两臂伸直并保持平行,两肩上提。拦网时,两臂应伸过网去接近球。双手自然张开,屈指屈腕成半球状。当手触球时,双手要突然收紧,手腕下压盖在球的前上方。

(5)落地。拦球后,要做含胸动作,以保持身体平衡。手臂要前后摆或上提,从网上收回至本方上空,再屈肘向下收臂,以保持身体平衡。与此同时屈膝缓冲,双脚落地,随即转身面向后场,准备接应来球或做下一个准备动作。

2. 双人拦网

前排两个队员互相靠近,同时起跳组成的拦网,称双人拦网。双人拦网是集体拦网的一种,是比赛中常用的一种拦网形式,主要在对方大力扣球时采用。

双人拦网时,应以一人为主拦队员,另一人为配合队员。但主拦队员不是固定的,一般情况下距对方扣球点近的队员应为主拦队员。主拦队员必须抢先移动到正对扣球点的位置,做好起跳准备,配合队员则迅速移动靠近主拦队员准备同时起跳。两队员之间的距离一定要合适,距离太远,跳起后将出现"空门";距离太近,起跳时互相干扰,致使双方都跳不高。双人拦网起跳时,两人的手臂应该在体前向上摆伸,并且都要尽量垂直向上起跳,防止互相碰撞或干扰。手臂在空中既不能重叠,造成拦击面缩小,又不能间隔太宽,造成中间漏球。扣球靠近边线时,靠边线近的拦网队员外侧的手应适当内转,以防打手出界。

3. 三人拦网

三人拦网也是集体拦网的一种形式。它一般在对方扣球进攻力强,路线变化多时使用。三人拦网的动作方法与双人拦网相同,关键在于移动迅速,取位恰当,配合密切。无论对方在哪个位置进行扣球,一般都以 3 号位队员为主拦队员,2、4 号位队员为配合队员。由于三人拦网对配合的要求高,加之减弱了防守、保护的力量,故要在很有必要的情况下才采用。

拦网队员要在瞬间从防守转为进攻,从被动转为主动,而完成这些都要在空中进行,所以难度较大,这就要求拦网应积极主动,判断准、起动快、跳得高、下手狠。

三、排球基本战术

排球运动是一项集体竞赛项目,因而不仅要求每个队员掌握比较熟练的基本技术,而且要求全队密切配合,运用得当的战术,发挥全队每个队员的特长,才能取得比赛的胜利。

(一)阵容配备

1.“三三”配备

“三三”配备由三名进攻队员和三名二传队员组成。站位时,一名进攻队员间隔一名二传队员。目前采用这种配备形式的队伍比较少。一般适用于初学者和水平较低的球队。

2.“四二”配备

“四二”配备由四名进攻队员(主攻和副攻队员各两名)和两名二传队员组成,他们分别站在对角的位置上。目前,在水平一般的球队中采用这种配备形式的比较多。

“四二”配备的优点是每一轮次前排都有一个二传队员和两个进攻队员,便于组织“中二三”“边二三”进攻,战术配合有一定的稳定性。缺点是前排进攻点相对较少,隐蔽性差,不能满足高水平球队的要求。

3.“五一”配备

“五一”配备由五名进攻队员和一名二传队员组成。位置的安排与“四二”配备基本相同,只是由一名进攻队员站在与二传对应的位置上接应二传,其目的是应付在主二传来不及到位传球时所出现的被动局面,但主要还是承担进攻任务。这种阵容在水平较高的球队中普遍采用。

"五一"配备的优点是加强了拦网和前排进攻力量,使全队的进攻队员只需要适应一名二传队员的技术特点,有利于统一指挥、相互配合,能够更好地控制比赛的进行,使进攻战术富有变化。缺点是当二传队员轮转到前排时,前排只有两名进攻队员会影响前排整体进攻的威力。

(二)进攻战术

进攻战术主要有以下三种形式:"中一二"进攻阵形、"边一二"进攻阵形、"插上"进攻阵形。

1."中一二"进攻阵形

"中一二"进攻阵形容易组织,但战术变化少,只能两点进攻,战术意图容易被识破,战术的突然性和攻击性小。其变化形式为扣球队员通过二传队员传出集中球、背传球和平快球等,采用斜线助跑、直线助跑和跑动中变步起跳扣球等

2."边一二"进攻阵形

"边一二"进攻阵形形式简单,容易掌握,也是基本战术形式之一。"边一二"除了可以变化为"中一二"进攻阵形外,还可组织"快球掩护拉开""前交叉""围绕"、"快球掩护夹塞""梯次""短平快掩护拉开""掩护活点进攻"等战术变化。

3."插上"进攻阵形

"插上"进攻阵形保持前排3人进攻,能充分利用网的全长,发挥每个队员的特点,组成快速多变的各种战术变化。"插上"进攻的突破点多,突然性强,使对方难以有效地组织集体拦网和防守。

(三)防守战术

这里主要介绍"心跟进"和"边跟进"两种防守战术。

1."心跟进"防守战术

"心跟进"防守战术多在本方拦网能力强,对方采取打吊结合时采用。当甲方4号位队员进攻时,乙方2、3号位队员拦网,后排中心的6号位队员在本方拦网时跟在拦网队员之后进行保护,其余3名队员组成后排弧形防守。其优点是加强了前区的防守能力,缺点是后排防守队员之间的空隙较大。

2."边跟进"防守战术

"边跟进"防守战术多在对方进攻较强,吊球较少时采用。当甲方4号位队员进攻时,乙方2、3号位队员拦网,其他4个队员组成半圆弧形防守。如遇甲方在前区吊球,则由边上1号位队员跟进防守。其优点是加强了拦网,缺点是边上的队员

既要防直线,又要跟进防前区,防守难度大为增加。

第三节 足 球

本节介绍足球运动的起源,并阐述其基本技术和基本战术,如踢球、接球、运球、头顶球、抢断、假动作、进攻战术、防守战术等。

一、足球运动简介

足球运动是一项古老的体育运动,源远流长。最早可追溯至我国古代的一种球类游戏蹴鞠。11 世纪时,我国古代足球经欧亚大陆传至欧洲,逐步演变发展为现代足球。现代足球始于英国。1863 年 10 月 26 日,英格兰足球协会成立,它的成立标志着现代足球的诞生。

此后,足球运动逐渐风靡世界。1900 年,足球首次在奥运会上露面。1908 年,足球被正式批准为奥运会比赛项目。1904 年 5 月 21 日,国际足球联合会(FIFA)在法国巴黎成立,总部设在瑞士苏黎世。1930 年,乌拉圭成功举办了第一届世界杯足球赛。足球重大比赛包括四年一届的世界杯足球赛、奥运会足球赛、世界青年足球锦标赛和女子世界杯足球赛。此外,还有许多洲际比赛。

二、足球基本技术

(一)踢球

踢球指运动员有目的地用脚把球击向预定目标的技术。踢球是足球技术中最重要的技术,主要用于传球和射门。

踢球的方法很多,主要有脚内侧踢球(又称脚弓踢球),脚背正面踢球(又称正脚背踢球),脚背内侧踢球(又称内脚背踢球),脚背外侧踢球(又称外脚背踢球),脚尖踢球(又称脚尖捅球)和脚跟踢球。这些动作结构完全一致,均由助跑、支撑脚站位、踢球腿摆动、脚触球、踢球后的随前动作五个环节组成。

1.脚内侧踢球

1)脚内侧踢定位球

如图 7-35 所示,直线助跑,支撑脚的最后一步稍大些,支撑脚站在球的侧面约 15 厘米处,脚尖正对出球方向,支撑腿膝关节微屈。在支撑脚着地时,踢球腿大腿带动小腿由后向前摆动,在前摆的过程中大腿外展,当膝关节摆动至接近球的正上方时,小腿做爆发式摆动,在触球前将脚跟送出使得脚内侧部位所形成的平面与出球方向垂直,踢球脚脚尖微微翘起,脚底与地面平行,踝关节功能性紧张使脚形固定,触(击)球后身体跟随向前移动。

2)脚内侧踢空中球

如图7-36所示,根据来球速度和运行轨迹及时移动到位,踢球腿的大腿抬起并外展,小腿绕额状轴后摆,而后小腿由后向前摆动,当摆至额状面时与球接触,击球的中部。

图7-35　脚内侧踢定位球　　　　　图7-36　脚内侧踢空中球

2.脚背正面踢球

1)脚背正面踢定位球

如图7-37所示,直线助跑,最后一步稍大些,支撑脚积极着地支撑,在球的侧面10~12厘米处,脚尖正对出球方向,膝关节微屈,踢球腿随跑动向后摆动,小腿弯曲,支撑的同时踢球腿以髋关节为轴,大腿带动小腿由后向前摆动。当膝关节摆至接近球的正上方时,小腿做爆发式的摆动,脚趾屈,以脚背正面部位击球的后中部。击球后身体及踢球腿随球前移。

图7-37　脚背正面踢定位球

2)脚背正面踢反弹球

根据来球的速度、运行轨迹、落点,支撑脚踏在球落点的侧面。在球落地时,踢球腿爆发式前摆,在球刚弹离地面时,用脚背正面击球的中部,并控制小腿的上摆(送髋、膝关节向前平移)。

3)凌空踢倒勾球

根据来球的速度、运行轨迹,选好击球点,及时移动到位,以踢球腿为起跳腿蹬地起跳,同时另一腿上摆,身体后仰腾空,眼睛注视来球,蹬地腿在离地后迅速上摆的同时,另一腿则向下摆动,以脚背正面击球的后部。踢球后,两臂微屈,手掌向下,手指伸直,屈肘,然后背、腰、臀部依次滚动式着地。

3.脚背内侧踢球

1)脚背内侧踢定位球

如图 7 - 38 所示,斜线助跑,助跑方向与出球方向约成 45°角,最后一步稍大,以支撑脚底积极着地,脚尖指向出球方向,距球内侧后方 20 ~ 25 厘米,膝关节微屈。在支撑同时,踢球腿已完成后摆,并开始以髋关节为轴大腿带动小腿由后向前摆动,当大腿摆至与支撑腿接近同一平面时,小腿做爆发式摆动,此时脚尖外转、脚背绷直,以脚背内侧部位触击球。击球后踢球腿及身体继续随球向前。

图 7 - 38　脚背内侧踢球

2)脚背内侧转身踢球

助跑结束前倒数第二步应向球的侧前方跨出(即与出球方向在支撑脚一侧的侧前方),最后一步略跳动并伴随转身支撑,脚尖对准出球方向,膝关节微屈,身体向支撑脚一侧倾斜,其余各环节与踢定位球相同。

3)脚背内侧踢反弹

根据来球的落点及时移动到位,在球离地(反弹)的瞬间踢球,其他的动作要求与踢定位球相同。这种踢球方法多用于踢侧方或侧前方来的由空中下落的球。

4.脚背外侧踢球

这种踢球方式脚踝灵活性较大,摆腿方向变化较多,且助跑时又是正常的跑动姿势,故其出球隐蔽性较强。

1)脚背外侧踢定位球

助跑、支撑脚站位及踢球腿摆动均与脚背正面踢球技术的三个环节相同,只是用脚背外侧触球。此时要求膝关节和脚尖内转,脚背绷紧,触球后身体随踢球腿的摆动前移。

2)脚背外侧踢地滚球

可用于踢正前方、侧前方及侧后方来的地滚球。踢球的技术要领与踢定位球相同,但支撑脚站位时应考虑球的滚动速度,以保证在脚触球的瞬间支撑脚与球的相对位置符合规格要求。

3)脚背外侧踢反弹球

与脚背正面踢反弹球的方法相同,只是接触球时用脚背外侧部位触球。

5.脚尖踢球

由于脚尖踢球时出球异常迅速,雨天场地泥泞时多使用这种踢法。也适用于踢距离身体较远的球。具体方法是用支撑脚跳跃上步,踢球腿屈膝前跨,髋关节尽量前送,两臂上摆协助身体向前,小腿前伸,在踢球脚落地前用脚尖捅球的后中部。

6.脚跟踢球

这是用脚跟(跟骨的后面)接触球的一种踢球方法。球在支撑脚外侧时,踢球脚在支撑脚前面交叉摆到支撑脚外侧用脚跟击球。球在支撑脚内侧时,踢球脚后摆用脚跟踢球。虽然人体结构的特点决定了这种踢球方法(大腿微伸小腿屈)产生的力量小,但其出球方向向后,故有隐蔽性和突然性。

(二)接球

接球是指运动员有目的地用身体的合理部位把运行中的球截停,并将其控制在所需要的范围内,以便更好地衔接下一个技术动作。接球的方法有多种,常用的有脚内侧、脚背正面、脚底、大腿、胸部、头部等部位的接球。

1.脚内侧接球

脚内侧接球脚触球面积大,动作简单,较易掌握,比赛中经常使用这种技术接各种地滚球、反弹球、空中球。

1)脚内侧接地滚球

如图7-39所示,身体正对来球,判断来球的速度和方向,选好支撑脚位置,膝关节微屈。接球脚根据来球的状态相应提起,膝、踝关节旋外,脚趾稍翘,用脚内侧对准来球,触球刹那,接球部位做相应的引撤或变向接球动作,将球控制在所需要的位置上。

2)脚内侧接反弹球

如图7-40所示,接球腿小腿应与地面形成一定的夹角,向下做压推动作时,膝要领先,小腿留在后面。

图7-39 脚内侧接地滚球   图7-40 脚内侧接反弹球

3）脚内侧接空中球

如图 7－41 所示,接球腿要屈膝抬起,可根据需要采用引撤或切挡动作,接球落地后应随即将球在地面控制住。

2. 脚背正面接球

此方法多用于接有较大抛物线的来球。如图 7－42 所示,根据球的落点,及时移动到位,脚背正面上迎下落的球,当球与脚面接触的一瞬间,接球脚与球下落的速度同步下撤,此时接球腿膝关节、踝关节、脚趾均保持适度的紧张,脚尖微翘将球接到需要的地方。

图 7－41　脚内侧接空中球　　　　图 7－42　脚背正面接球

3. 脚底接球

由于脚底接球技术便于掌握,易于将球接到位置,故常被用来接各种地滚球和反弹球。

1）脚底接地滚球

身体正对来球方向,移动前迎,支撑脚站在球的侧面(或前或后均可),脚尖正对来球方向,膝关节微屈。同时接球腿提起,膝关节微屈,脚背略屈,使脚底与地面成小于 45°的角(且脚跟离开地面)。一般以前脚掌接触球的上部为宜。在触球瞬间接球脚可轻微屈趾(前脚掌下点)将球停住,也可根据需要在接球同时将球推向前方或拉向身后。

2）脚底接反弹球

根据来球落点,及时前移迎球,支撑脚站在落点侧后方,脚尖正对来球方向,球落地瞬间,用前脚掌去触球的中上部,微伸膝,将球接在体前。若需接球到身后则应在触球瞬间继续屈膝,将球回拉,并伴随支撑脚以前脚掌为轴旋转 90°以上。

4. 大腿接球

大腿接球一般可以用来接抛物线较大的高空球和略高于膝的低平球。

1）大腿接抛物线较大的下落球

如图 7－43 所示,面对来球方向,根据球的落点迅速移动到位,接球腿大腿抬起,当球与大腿接触的瞬间大腿下撤将球接到需要的位置上。

图 7 - 43　大腿接抛物线较大的下落球

2）大腿接低平球

面对来球方向，根据来球高度，接球腿大腿微屈，送髋前迎来球，当球与大腿接触瞬间收撤大腿，使球落在所需要的位置上。

5. 胸部接球

胸部相对较高，加之胸部面积大、肌肉较丰满等特点，动作易于掌握，故胸部接球是接高球的一种好方法。胸部接球包括挺胸式、收胸式两种。

1）挺胸式接球

接球时，身体正对来球，两腿自然开立，膝微屈，两臂在体侧自然屈抬，上体稍后仰与来球形成一定的角度。触球刹那，胸部主动挺送，使球触胸后向前上方弹起落于体前。一般用于接有一定弧度的高球。

2）收胸式接球

面对来球，两脚左右或前后开立，两臂自然张开，挺胸迎球，触球瞬间收胸、收腹，臀部后移将球接在体前。若需将球接在体侧时，则触球瞬间转体将球接在转体后相应的一侧。多用于接齐胸高的平直球。

6. 头部接球

高于胸部的来球可用头部接球。根据球的运行路线，面对来球，用前额正面接触球的中下部。下颌微抬，两臂自然张开，提踵伸膝。触球瞬间全脚掌着地，屈膝、塌腰、缩颈，全身保持上述姿势下撤将球接在附近。

（三）运球

运球是运动员在跑动中用脚连续推拨球，使球处于自己控制范围内的动作。常用的运球技术有脚内侧运球、脚背正面运球、脚背外侧运球、脚背内侧运球等。

1. 脚内侧运球

脚内侧运球前进时支撑脚位于球的侧前方，肩部指向运球方向，支撑腿膝关节微屈，重心放在支撑腿上，另一条腿提起屈膝，用脚内侧推球前进，然后运球脚着地。由于肩部指向运球方向，身体侧转，虽然移动速度较慢，但身体前倾有利于将对方与球隔开，因而这种技术多在运球中做配合传球，或有对方阻拦需用身体做掩护时使用。

2.脚背正面运球

脚背正面运球时身体姿势与正常跑动时相同,上体稍前倾,步幅不宜过大,运球腿提起,膝关节稍屈,髋关节前送,提踵,脚尖下指,在着地前用脚背正面部位触球后中部将球推送前进。

由于脚背正面运球时身体姿势与正常跑动时相同,故可以发挥出较快的速度,因而这种技术多用在运球前方一定距离内无对手阻拦时。

3.脚背外侧运球

如图7-44所示,运球时身体姿势与正常跑动时相同,上体稍前倾,步幅不宜过大,运球腿提起,膝关节稍屈,髋关节前送,提踵,脚尖绕矢状轴向内旋转,使脚背外侧正对运球方向,在运球脚落地前用脚背外侧推拨球的后中部。

图7-44 脚背外侧运球

脚背外侧运球时,身体姿势与正常跑动时相同,因而可以发挥出较快的速度,故与脚背正面运球有相同的用途。另外,利用脚踝关节的动作可以很快改变脚背外侧面所正对的方向,故在运球脚一侧改变方向时也多采用这种运球方法。这种方法能用身体将对手与球隔开,故掩护时也常使用。

4.脚背内侧运球

脚背内侧运球时身体稍侧转并协调放松,步幅较小,上体前倾,运球腿提起外展,膝微屈外转,提踵,脚尖外转,使脚背内侧正对运球方向,在运球脚落地前用脚背内侧推拨球,使球随身体前进。脚背内侧运球由于身体稍侧转,不能采用正常跑动姿势,因而不适用于高速运球。但由于接触部位和支撑位置的特点易于完成向支撑脚一侧的转动,故多用于向支撑脚一侧的变向运球。

(四)头顶球

头顶球技术是传球、射门、抢断的有效手段,特别是争高空球时头顶球技术更为重要。头顶球技术的优势是节省时间,不需要等球落地就可以在空中直接处理来球。因此,它可以争取时间上的优势和主动。头顶球的具体方法有原地顶球、助跑跳起(单脚和双脚)顶球和鱼跃式顶球等。

1. 原地顶球

面对来球,两脚前后开立,膝微屈,重心放在两脚上。顶球前,上体先后仰,重心移到后脚上,两臂自然摆动,维持身体平衡,两眼注视来球。顶球时,两腿用力蹬地,迅速伸直,上体由后向前快速摆动,借助腰、腹和颈部力量,用前额正面将球顶出。顶球过程中,身体重心从后脚移到前脚,然后再单脚跳起顶球。

2. 助跑单脚跳起顶球

起跳前要有3~5步的助跑。最后一步踏跳时要用力,步幅要稍大些,踏跳脚以脚跟先着地再迅速移到前脚掌,同时另一腿屈膝上提,两臂向上摆动。身体腾起后上体随之后仰。顶球时,上体由后向前摆动,借助腰、腹和颈部力量将球顶出。然后两脚自然落地。

3. 鱼跃式顶球

对于离身体较远的低空球来不及移动到位处理,必须抢点击球时(如抢救险球、射门等)可使用鱼跃头顶球技术。当判断好来球的路线和选择好顶球点后,以单脚或双脚用力向前蹬地,身体接近水平态向前跃出,同时两臂微屈前伸,手掌向下,眼睛注视来球,利用身体向前跃出的冲力,以额头正面顶球。顶球后,双手先着地,手指向前,接着胸部、腹部和大腿依次着地。

(五)抢断

抢断技术是一种积极有效的防守手段。抢断是防守技术的综合体现,是用争夺、堵截、破坏等方式阻拦对方进攻的一种技术。一旦把球争夺过来,这就意味着组织进攻的开始。

1. 正面抢断

在对方带球队员迎面而来时,便可采用正面抢断方式。两脚前后稍开立,两膝稍屈,身体重心下降,并均匀落在两脚上,面向对手。当对方带球或触球即将着地或刚刚着地时,立即抢球。抢球脚的脚弓正对球,并跨出一步,膝关节弯曲,上体前倾,身体重心移至抢球脚上。如对方已有准备,在双方脚同时触球时,脚触球后要顺势向上提拉,使球从对方脚背滚过,身体迅速跟上,把球控制住。双方上体接触时,抢球人可用合理部位合规冲撞对方,使之失去平衡,从而将球控制在自己脚下。

2. 侧面抢断

当防守队员与对方带球进攻的队员并肩跑动,或双方争夺迎面来球时,双方都可采用这种抢断方式。

当与对方平行跑动争球时,身体重心要降低,两臂贴紧身体。在对方靠近自己的脚离地时,可用肩和上臂做合理的合规冲撞动作,使对方身体失去平衡,从而把球抢过来。

3. 后面抢断(铲球)

这是抢断技术中较复杂的一种,一般是在用其他方法抢不到球时才采用铲球的方式。铲球有两种方法:一种是脚掌铲球,另一种是脚尖或脚背铲球。当防守人追至离运球人右后方1米左右时,可用右脚掌或左脚尖(脚背)进行铲球。在运球人的左侧时,则用左脚掌或是右脚尖(脚背)进行铲球。如用右(左)脚掌铲球,可在运球人刚刚将球拨出时,先蹬左(右)腿,跨右(左)腿,膝关节弯曲,以脚外侧从地面滑出,用脚掌将球踢出。然后小腿、臀部、上体依次着地,身体随铲球动作向前滚动。

(六)假动作

假动作是指运动员在比赛中,为了隐蔽自己的真实动作意图,利用各种动作的假象,来调动迷惑对方,使对方对其动作产生错误判断或失去身体重心,从而形成对自己有利的形势,取得时间、空间位置的优势,完成自己的真实动作。

1. 踢球假动作技术

如图7-45所示,运动员已控制球或正准备控制球,准备与同伴配合时,对手前来堵抢,挡住其路线时,可先向一方做假动作,当对手以假当真去封堵假动作路线时,突然改变踢球脚法将球传向另一方。

图7-45 踢球假动作技术

2. 头顶球与胸接球假动作技术

当队员面对胸部以上的高空来球准备接时,对手迎面逼近准备抢截,此时接球的队员做出用胸或头接或顶的假动作诱使对手立定,以假当真,在其封堵接、传路线时,突然改变动作,用头或胸将球顶出或接住。

3. 运球假动作技术

运球假动作技术在比赛中是最常见的,它不仅用来突破正面对手,而且可以用来摆脱来自侧面和后面的对手。

如图7-46所示,对手迎面跑来抢截球时,可用左(右)脚的脚背内侧扣拨球动作结合身体的虚晃动作,诱使对手的重心发生偏移,然后用左(右)脚的脚背外侧向同侧方向拨运球越过对手。

图 7-46 运球假动作技术

对手从侧面来抢截球时,先做快速向前运球动作,诱使对手紧追,这时突然减速并做停球假动作,当对手上当时,再突然起动加速推球向前甩掉对手。当对手从身后来抢截球时,运球者用左(右)脚掌从球的上方擦过,做大交叉步,身体也随动作前移,诱使对手向运球者的移动方向堵截,然后突然向右(左)后方转身,再用右(左)脚脚背内侧将球扣回,把对手甩掉。

三、足球基本战术

根据攻防的基本特点,足球战术可分为比赛阵形、进攻战术、防守战术三部分。

(一)比赛阵形

全队队员在场上的位置排列和职责分工称为比赛阵形。比赛阵形是本队攻守力量搭配和分工的形式。根据队员的职责和排列的层次分为后卫线、前卫线和前锋线。阵形的人数排列原则是从后卫数到前锋,不包括守门员。

目前,世界上普遍采用的阵形有"4-3-3""4-4-2""4-1-2-3""3-5-2"等。在以上阵形中,除"4-4-2"阵形以防守为主,反击为辅外,其他阵形均以进攻为主。尤以"3-5-2"阵形最为突出。

选择阵形要以本队队员的特长、技能、技术水平与赛队的特点为依据。此外,阵形绝不是僵化的规定,每个队员都应在明确基本位置和主要职责的前提下,进行创造性的活动。

(二)局部配合进攻战术

1."二过一"战术配合

"二过一"战术配合是指两个进攻队员在局部区域通过两次或两次以上的连续传球配合,越过一个防守队员的战术行动。"二过一"是集体配合的基础,可以在任何场区、任何位置上运用这种方法来摆脱对方的抢断或突破防线。"二过一"时进攻的两个队员之间相距 10 米左右,进行一传一切配合。要求传球平稳及时,一般多用"脚内侧""脚外侧"等脚法,以传地平球为主。球尽可能传到接球人脚下或前面两三步远的地方。

2."三过二"战术配合

"三过二"是在比赛场地中的局部区域,通过三个进攻队员的连续配合突破两个防守队员的防守的战术行动。由于这种配合有两个同队队员可以同时接应传球,因此使持球人传球路线更多,且进攻面也更大。

(三)整体进攻战术

整体进攻战术是指在比赛中一方获得球之后,通过队员之间的传递配合达到射门的目的的配合方法。与局部进攻战术相比较,整体进攻战术具有进攻面更加扩大、进攻和反击速度更加快速等特点。

1. 边路进攻

边路进攻一般是围绕边锋进行的配合方法,因此边锋的速度要快,个人突破能力要强,传中技术要突出。其方法是由守转攻时,获球队员将球传给边锋或其他边路上的队员,从边路发起进攻,经过局部配合突破后,一般采用下底和回扣传中方式,将球传到中央,由其他队员包抄射门。

2. 中路进攻

中路进攻时,必须要求边锋拉开,借以牵制对方的后卫,诱使对方中间区域出现较大的空隙,为中路进攻创造有利条件。前场和中场队员要机动灵活地跑位,以有效调动来拉开对方的防线。进攻的推进应有层次。传球要准确,技术动作应在跑动中准确简练地完成。

3. 快速反击

比赛中当攻方进攻时,后卫线往往压至中场附近,防守人数也由于插上进攻和助攻而相对减少,此时如防守方能抓住对方防区空隙较大和回防速度较慢的机会,乘攻方失球之机发动快速反击,往往能取得良好的效果。但难度较大,要具备准确、快速的传切配合技能,并且会有风险。

(四)局部配合防守战术

1. 补位

补位是足球比赛中在局部区域队员集体配合的一种方法。防守过程中,当一个防守队员被对手突破时,另一个队员应立即上前进行封堵。

2. 围抢

围抢是足球比赛中在某局部位置上,防守一方利用人数上的相对优势(通常是两三个队员)同时围堵对方的持球队员,以求在短时间内达到抢断球或破坏对方进攻(防守)的目的。

3.造越位战术

造越位战术是利用规则而设计的一种防守战术,是一种以巧制胜的省力打法,因而成为一种重要的防守手段。由于该战术配合难度较大,搞不好会适得其反,让对手钻空子,因此,使用者多为水平较高的球队,但也不宜过多运用。

(五)整体防守战术

整体防守战术主要有盯人防守、区域防守和综合防守三种。

1.盯人防守

盯人防守是指被盯防的对手跑到哪个位置就盯防到哪里。盯人防守分为全场盯人和半场盯人。这种防守方法是对口盯人,分工明确,但体力消耗大,一旦被突破,很难补位,会使整个防线出现很大的漏洞。因此,在比赛中,一般不会单纯采用盯人防守战术。

2.区域防守

由攻转守时,根据场上的区域划分,每个防守队员负责防守一定的区域,当对方队员跑到本区域时,就负责盯防,离开这个区域,就不再跟踪盯防。这种战术较为省力。但是,对方可以任意交叉换位,容易造成局部以少防多的被动局面。因此,目前在比赛中已很少采用这种防守方法。

3.综合防守

综合防守是指盯人防守与区域防守相结合的防守方法。综合防守是目前在比赛中普遍采用的一种防守方法,它集中了盯人防守和区域防守的优点,从而在防守中能根据场上情况进行逼抢、盯人、保护与补位,以达到防守的目的。

第四节　乒乓球

本节介绍了乒乓球运动的起源,阐述了其基本技术与战术,如握拍、基本站位、基本姿势、基本步法、发球、接发球、推挡、攻球、搓球、发球抢攻战术、接发球战术、对攻战术、推攻战术、搓攻战术、削攻战术等。

一、乒乓球运动简介

乒乓球起源于英国,由网球发展而来,欧洲人称之为"桌上的网球"。19世纪末,欧洲盛行网球运动,但因受到场地和天气的限制,英国大学生便把经过改革的"网球运动"移到室内,以餐桌为球台,书做球网,用羊皮纸做球拍,在餐桌上打来打去。球台和球网的大小、高度等均无统一规定,发球的方法也无严格限制。1900年左右,由于轻工业的发展,球改成用赛璐珞制成的空心球。随后,球拍也不断改进。后有人根据球触拍、触桌时发出"乒""乓"的声音,将这项运动称为"乒乓球"。

1926 年 12 月,国际乒乓球联合会在英国伦敦成立,并决定举行第一届世界乒乓球锦标赛。中华人民共和国成立后,乒乓球运动在我国得到迅速普及与发展。20 世纪 50 年代,我国在全国范围内开展群众性的乒乓球运动,使我国乒乓球技术水平得以飞速提高。1959 年,我国运动员容国团在第二十五届世界乒乓球锦标赛中获得男子单打世界冠军,中国乒乓球技术水平至此逐渐进入世界最前列。

二、乒乓球基本技术

乒乓球技术主要由握拍、基本站位、基本姿势、基本步法、发球和接发球,以及各种击球方法组成。

(一)握拍

当前世界上流行的握拍法有两种:一是直握拍;二是横握拍。

1. 直握拍

直握拍时,正反手都用球拍的同一拍面击球,一般情况下不需要两面转换,出手较快。正手攻球快速有力,攻斜线球、直线球时拍形变化不大,对手不易判断,便于从速度、球路和力量上取得主动,且手腕动作灵活,发球可有较多变化。但反手攻球时,因受身体阻碍,不易起重板,攻削交替时手法变化大,影响击球速度和准确性。防守时照顾面积较小。

基本握法:如图 7-47 所示,用拇指和食指握住球拍拍柄与拍面的结合部位。拍柄右侧贴在食指的第三关节内侧。食指的第二关节压住球拍的右肩,第一关节自然向内弯曲,拇指的第一关节压住球拍的左肩,其他三指自然弯曲斜形重叠,以中指第一关节贴于球拍的 1/3 上端。

图 7-47 直握拍

2. 横握拍

横握拍法照顾面积比直拍大,攻球和削球时握拍的手法变化不大;反手攻球不受身体阻碍,便于发力;削球时用力方便,易于发挥手臂的力量和掌握旋转变化。但在还击左右两面来球时,需变换击球拍面;攻斜线球、直线球时调节拍形的幅度大、动作明显,易被对方识破;台内正手攻球也较难掌握。

基本握法:如图 7-48 所示,以中指、无名指、小指自然地握住拍柄,拇指在球拍正面轻贴在中指旁边,食指自然伸直斜于球拍的背面,虎口轻微贴拍。在准备击球时或将球击出后,握拍都不宜过紧或过松。过紧会使手腕僵硬,影响球的飞行弧线;过松会因拍面不稳而影响发力和击球的准确性。

图 7-48　横握拍

(二)基本站位

乒乓球运动员的基本站位应根据不同类型的打法、个人技术特点和身体特点来选定。一般情形如下(以右手持拍为例)。

(1)采用左推右攻打法的运动员,其站位在近台偏左,距球台 30~40 厘米。

(2)采用两面攻打法的运动员,基本站位也在近台偏左,距球台 40~50 厘米。

(3)采用弧圈球打法的运动员,基本站位在中台偏左,距球台约 50 厘米。两面拉弧圈球的运动员,其站位应在中台略偏左。

(4)采用横板攻削结合打法的运动员,基本站位在中台附近。

(5)采用削球打法的运动员,基本站位则在中远台附近。

(三)基本姿势

击球前身体的基本姿势应如图 7-49 所示:两脚平行站立,距离略比肩宽,保持身体平稳,重心置于两脚之间。两脚稍微提踵,前脚掌内侧着地,两膝微屈内扣,上体含胸略前倾。右手握拍腹前,手臂自然弯曲,持拍手腕放松,左手协调平衡。下颌稍向回收,两眼注视来球;形如箭在弦上,密切关注球的动向。

图 7 - 49　基本姿势

关键是要做到重心低,起动快。两脚略比肩宽和屈膝内扣是为了保持身体重心的稳定性;前脚掌内侧着地和稍微提踵是为了保证快速起动。横握球拍时肘部向下,前臂自然平举即可,其余与直握拍相同。

(四)基本步法

乒乓球运动常用的基本步法有单步、跨步、跳步、并步、交叉步等。

1.单步

以一脚为轴心,另一脚向前或向后、左、右移动一步,身体重心随之落到移动脚上,挥拍击球。其特点是移动方便、身体重心平稳。当来球离身体较近时采用。

2.跨步

以来球方向的异侧脚蹬地,同侧脚向来球方向跨出一大步,身体重心随即移到同侧脚,异侧脚迅速跟上。特点是移动范围比单步大。当来球离身体较远时采用。移动速度快,多用于借力回击。

3.跳步

以来球方向的异侧脚蹬地为主,两脚发力同时离地,异侧脚先落地,另一脚随即着地,挥拍击球。跳移过程中,身体重心起伏不宜过大,落地要稳。特点是移动范围比单步和跨步大,移动速度快,一般在来球离身体较远较急时采用。

4.并步

来球方向的异侧脚向同侧脚并一步,然后同侧脚再向来球方向迈一步,挥拍击球。特点是移动时脚步不腾空,身体重心平稳,移动范围不如跳步大。

5.交叉步

来球方向的同侧脚发力,异侧脚迅速从体前做平行交叉横跨一大步,同侧脚迅速跟上落地还原,挥拍击球。特点是移动范围比其他步法大,适用于主动发力进攻,一般在来球距身体较远时采用。

(五)发球

乒乓球比赛是从发球开始的,发球技术的好坏将直接影响到得分和失分,发球是力争主动、先发制人的第一个环节。现介绍几种常用的发球技术。

1. 平击发球

平击发球速度慢,力量轻,几乎不带旋转,易掌握,是初学者的入门技术,也是掌握其他发球技术的基础。它分为正手平击发球和反手平击发球两种。

正、反手平击发球时,站位近台,抛球的同时,向右(左)侧后方引拍。当球下降至稍高于网时,上臂带动前臂向前平行挥动,拍形稍前倾,或接近垂直,击球的中上部。击球后,手臂继续向左(右)前上方顺势挥动,并迅速还原。

2. 正手发转和不转的球

正手发转和不转的球是用相似的动作迷惑对方,发出旋转差异较大的球,往往能够取得主动。它是中国队 1959 年发明的一种技术。

其准备姿势与正手平击发球相似。发加转球时,拍面后仰,用球拍下半部靠左的一侧去摩擦球的底部。发不转球时,拍面的后仰角度小一些,用球拍上半部偏右的一侧碰击球的中下部。

3. 发短球

发短球指发至对方距球网约 40 厘米范围内的球,且第二跳不出台,具有动作小、出手快、落点短的特点。正反手均可发短球。

在抛球时,向身体右后方引拍,手腕放松。当球从高点下降至稍高于网时,前臂向前下方稍用力,拍面后仰,击球瞬间主要以手腕发力为主,触球中上部并向底部摩擦。

4. 正手发左侧上、下旋球

用近似的发球方法发出两种旋转方向完全不同的球,极易迷惑对方,并具有较大的威胁性,是极常用的发球技术,所发出的球均具有较强烈的左侧旋。

如图 7-50 所示,发左侧上旋球时,抛球时,持拍手向右上方引拍,手腕略向外展。当球下落时,手臂迅速向左下方挥动,在与网同高时触球,触球瞬间手腕快速向左上方挥动,使球拍从球的中部略偏下向左上方摩擦。发左侧下旋球时,手腕快速向侧下左下方转动,使球拍从球的中下部向左下方摩擦。

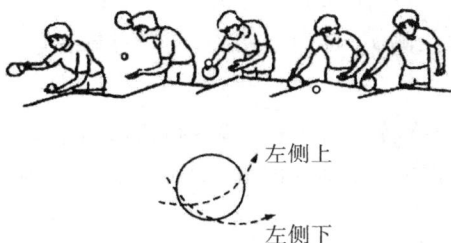

图 7 - 50 正手发左侧上、下旋球

5. 侧身正、反手发高抛球

如图 7 - 51 所示,侧身正、反手发高抛球时,由于将球高抛至 2 ~ 3 米,故下降的球获得加速度,从而增大球与拍的合力,增强了发球的旋转;也因高抛球下落时间长,改变了击球节奏,可影响对手的注意力和心理状态,从而增大发球的威胁性。

图 7 - 51 侧身正、反手发高抛球

(六)接发球

接发球的基本方法由点、拨、带、拉、攻、推、搓、削等技术综合组成。运用这些方法接发球时,存在着一般的规律,即用某单一接发球方法可以接稳对方某种性能的发球。下面介绍一般接发球的规律和最基本的接发球方法。

1. 接上旋球

一般采用推、拨、攻、拉等技术回接。

2. 接下旋球

如果发过来的球速度较慢,触拍后向下反弹,回接时,注意拍面后仰以增加向前上方的发力。用拉攻或弧圈球回接时,一定要增加向上提拉的力量。

3. 接左侧上、下旋球

接左侧上旋球一般以推、攻为宜。回接时,拍面角度要稍前倾,拍面向左偏斜以抵消来球的左侧旋,向前下方用力要相对加大,防止球触拍时向自己右上方反弹。接左侧下旋球一般以搓、削为宜。回接时,拍面角度要稍后仰,拍面所朝方向向左偏斜以抵消来球的左侧旋,稍向上用力,防止球触拍时向左下方反弹。

4. 接旋转不明发球

如图7-52所示,当旋转方向无法明确判断时,站位应稍远,运用慢搓,在球的下降中期击球,这样有利于增加判断时间,降低来球旋转强度,为选择接球技术赢得时间。

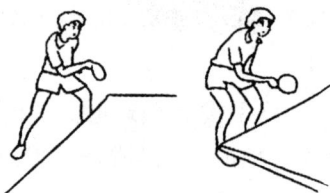

图7-52 接旋转不明发球

5. 接短球

如果对方发来的球是台内近网短球,回接时最主要的是注意及时上前,以获得最适合的击球位置。同时要控制好身体的前冲力量。接发球后要迅速还原,准备接下一拍来球。无论采用搓、削、挑、带哪一种方法回接短球,都应特别注意,短球来球是在台内,台面会影响引拍,因此要充分依靠前臂和手腕发力,同时要根据来球的旋转性能调节拍面角度、击球部位、击球时间和用力方向。

(七)推挡

推挡,顾名思义具有推和挡两种功能。挡着重防守,强调借力,如在接重板或速度较快的球时,多采用挡,主要有平挡、减力挡、侧挡等技术;推力主进攻,强调主动加力,加快球速,主要有快推、加力推、推挤、下旋推挡等技术。这里着重介绍平挡、快推和加力推。

1. 平挡(挡球)

两脚平行站位,身体靠近球台。击球前,上臂贴近身体,前臂约与台面平行,球拍置于腹前,略高于台面,拍面近乎垂直。击球时,调整好拍形,在来球上升前期触球中部或中上部,借来球的反弹力将球挡回。平挡具有速度慢、发力均匀柔和、力量小等特点。

2. 快推

近台中偏左站位,右脚稍前,上臂和肘关节靠近右侧身体。拍面垂直,当球弹起至上升前期或中期时,拍面略前倾,大臂带动前臂向前或前上方加速推出,击球中上部。

3. 加力推

动作较大,回球力量重,球速快,主要用于对付反手位速度较慢、反弹偏高的球。当来球弹至上升后期或高点期时,拍面前倾,大臂带动前臂,前臂带动手腕向前或前下方加速发力推出,击球中上部或上中部。加力推时,髋、腰以及身体可配合前移共同发力。

(八)攻球

攻球可分为正手攻球和反手攻球两种。每种又可包括许多不同的攻球方法。下面我们主要介绍几种常用的攻球技术。

1. 正手快攻

正手快攻具有站位近、动作小、速度快、攻击性强的特点。发起正手快攻时左脚稍前,身体离球台 40～50 厘米,以基本姿势站立。以前臂为主引拍至身体右侧方。击球时,在上臂带动下前臂和手腕由右侧方向左前上方挥动,拇指压拍,食指放松,拍面稍前倾,在来球弹起上升期,击球的中上部。击球后,手臂随势向前挥摆,迅速还原为击球前的准备姿势。

2. 正手台内攻

正手台内攻具有站位近、动作小、速度快、突然性强等特点。动作时站位近台,右方大角度来球时右脚上步,中间或偏左方向来球时左脚上步。上步同时上臂和肘部前移,前臂伸进台内迎球。当来球跳至高点,下旋强时,拍面稍后仰,前臂和手腕向前上方发力,击球的中下部;下旋弱时,拍面接近垂直,前臂和手腕以向前发力为主击球的中部。

3. 正手中远台攻

正手中远台攻具有站位远、动作大、力量大的特点。动作时,左脚稍前,身体离球台 1 米左右。持拍手臂较大幅度向右后方引拍,拍面接近垂直。击球时,右脚蹬地、向左转体的同时,上臂带动前臂由右后方加速向左前上方发力挥动,手腕边挥边转使拍形逐渐前倾,在来球弹起至下降前期,击球中部或中上部。

4. 正手扣杀

正手扣杀具有力量大、速度快、攻击性强的特点。动作时前臂内旋使拍面稍前倾,随着身体向右转动的同时,持拍手臂引拍于身体右后方。随着右脚蹬地,身体左转的同时,持拍手上臂带动前臂加速向左前上方发力挥动,拍面稍前倾,在来球弹起至高点时,击球的中上部。一般击球点在胸前 50 厘米为宜。

5. 反手快攻

左脚稍后,身体离球台 40~50 厘米。持拍手臂自然弯曲并外旋使拍面前倾,上臂与肘关节自然靠近身体,引拍至腹前偏左的位置。击球时,由上臂带动下前臂和手腕向右前上方挥动,同时配合外旋转腕动作,使拍面稍前倾,在来球弹起上升期,击球中上部。

6. 反手中远台攻

右脚稍前,身体离球台 0.7~1 米。身体左转的同时,持拍手的上臂和肘关节靠近身体,前臂向左下方移动,引拍至身体左侧下方,拍面稍前倾。击球时,身体右转的同时,手臂由左后向前挥动,前臂在上臂带动下,向前上方用力,并配合向外转腕,使拍面稍倾,在来球弹起下降期,击球中下部。

(九)搓球

对初学者来说,首先应学反手搓球,再学正手搓球,先练习慢搓,再练习快搓。在基本熟悉以上技术之后,再练习搓转与不转的球。

1. 快搓

快搓动作幅度较小,回球速度较快,能借助来球的前进力去回击。它是对付削球和搓球的一种方法。

右脚稍前,身体靠近球台。来球在身体左侧时,可运用反手快搓。击球时,上臂迅速前伸,前臂跟随向前,拍形稍后仰,利用上臂前送力量,在上升期击球中下部。来球在身体右侧,可以运用正手搓球。搓球时,身体稍向右转,手臂向右前上引拍,然后前臂和手腕向前下方用力,在上升期击球中下部。

2. 慢搓

慢搓的动作幅度较大,回球速度较慢,靠主动发力回击,回球有一定旋转强度。如图 7-53 所示,反手慢搓时,向左上方引拍,前臂以肘关节为轴,快速向前下方用力挥摆,伸手腕辅助用力,手指配合使拍面后仰,在球的下降前期切击球的中下部。

如图 7-54 所示,正手慢搓时,手臂外旋使拍面后仰,前臂提起,向右上方引拍至右肩高度。当来球至下降前期,手臂快速向左前下方挥摆,屈手腕辅助用力,切击球的中下部。

图 7-53 反手慢搓   图 7-54 正手慢搓

3. 搓转与不转

搓转与不转(图7-55)的特点是用近似手法搓出转与不转两种性质不同的球,使对方难以判断,增加其回球难度或直接导致接球失误。

搓转与不转球的动作方法与快搓技术的动作相同。决定转与不转要看击球作用力,是偏离球心,还是通过球心。搓转球时,除挥拍速度加快、击球力量加大外,还要使拍面后仰角大幅增加,让拍面与球拍前挥的方向尽可能形成更小的角度,使其作用力远离球心,通过增大力矩,使球高速旋转。而搓不转球时,减小拍面后仰角度,击球中下部并向前上推,使击球力量接近或通过球心,这样就形成相对的不转球。搓转与不转球时,一定要在相似的动作上下功夫,如若搓不转球的动作意图很明显,则会弄巧成拙,送给对方进攻机会。

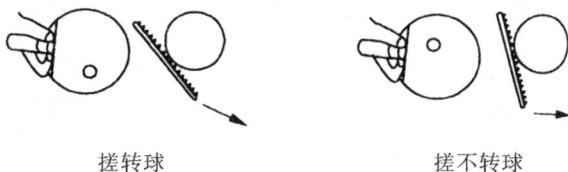

搓转球   搓不转球

图7-55 搓转与不转

三、乒乓球基本战术

乒乓球的基本战术包括发球抢攻战术、接发球战术、对攻战术、推攻战术、搓攻战术、削攻战术等。

(一)发球抢攻战术

发球抢攻战术是乒乓球所有打法特别是进攻型打法的主要战术和得分手段。发球抢攻战术以发球的旋转、速度、落点灵活变化为主要技术特征。发球抢攻要注意以下几点:发球要有线路和落点变化,以便使对方在前、后、左、右走动中接发球。发球后要有抢攻准备,以便不失抢攻的机会。自己发什么球,对方可能以什么技术回击,这些要在发球前做到心中有数。这样,才能较好地做好抢攻的准备。

(二)接发球战术

接发球战术是发球抢攻战术的直接对立面。接发球战术一方面要抑制、扰乱或破坏对方发球抢攻的战术,降低对方发球抢攻的质量,形成相持状态;另一方面要从被动中求主动,通过过渡性接发球技术力争在第四板抢先上手,转入对己方有利的战局,同时抓住机会采用接发球抢攻直接得分或设法取得明显的战术优势。

接发球战术是各类型打法的选手都必须掌握的战术,主要有主动法、稳健法和相持法。

(三)对攻战术

对攻战术是进攻型选手经常采用的战术。一般运用正、反手攻球和反手推挡等技术,将攻击对方两角、追身攻等结合以达到目的。常用的方法有以下几种:压反手,伺机正手侧身攻;调右压左,转攻两角或追身;连压中路,突变攻两角。

(四)推攻战术

推攻战术主要运用正手攻球和反手推挡的速度和力量,并结合落点变化和节奏变化来压制和调动对方,以争取主动或得分。推攻战术是用左推右攻打法对付攻击型打法的主要战术,具备反手推挡能力的两面攻运动员和能够攻削结合的运动员也时常使用。主要方法有以下几种:左推右攻;推挡侧身攻;推挡、侧身攻后,扑正手;左推结合反手攻;左推、反手攻后,侧身攻。

(五)搓攻战术

搓攻战术主要运用"转、低、快、变"的搓球控制对方,以寻找战机,然后采用低突、快点或快拉等技术展开攻势并进入连续攻。搓攻战术在搓球中遇到机会球时可进行扣杀,常常带有突然性,往往可以直接得分。搓攻战术是乒乓球各种打法都不可缺少的辅助战术,主要有以下两种方法:正、反手搓球结合正手快拉、快点、突击或扣杀;正、反手搓球结合反手快拉、快点、突击或扣杀。

(六)削攻战术

削攻战术是利用削球的旋转、节奏、落点变化来控制对方的攻势,并为进攻创造机会,达到反击对方的目的的一种手段。削攻战术是削攻型打法对付进攻型、弧圈型打法的重要战术,常用以下几种方法:削转与不转球,伺机反攻;削长、短球反攻;削逼两角,伺机反攻;逢直变斜,逢斜变直,伺机反攻。

第五节 羽毛球

本节介绍了羽毛球运动的起源;阐述了其基本技术与战术,如握拍、发球、接发球、后场击球、前场击球、中场击球、基本步法、单打战术和双打战术等。

一、羽毛球运动简介

现代羽毛球运动一般认为起源于印度,形成于英国。相传,1873 年,在英格兰格拉斯哥郡伯明顿的一场社交聚会上,有位从印度退役的军官向大家介绍了一种用拍隔网来回打毽球的游戏。游戏十分有趣,在当地流行开来,并逐步发展成为如今的羽毛球运动。伯明顿的英文名称 badminton 也成了羽毛球的英文名称。

1893 年,世界上最早的羽毛球协会——英国羽毛球协会成立,并于 1899 年举办了全英羽毛球锦标赛。1934 年,国际羽毛球联合会成立,通过了第一部国际公认的羽毛球竞赛规则。1978 年 2 月,世界羽毛球联合会于香港成立。1981 年 5 月,国际羽毛球联合会和世界羽毛球联合会正式合并,沿用国际羽毛球联合会的名称,2006 年 9 月,更名为现今的羽毛球世界联合会。

1988 年,在第二十四届奥运会上,羽毛球运动被国际奥委会列为表演项目。1989 年 5 月,在印尼雅加达举办了首届苏迪曼杯羽毛球大赛。1992 年,在第二十五届奥运会上,羽毛球运动被正式列为比赛项目,设男、女单打和男、女双打 4 个项目。1996 年,亚特兰大第二十六届奥运会又增设了男女混合双打。

二、羽毛球基本技术

(一)握拍

羽毛球的握拍一般分为正手握拍和反手握拍。

1. 正手握拍

右手虎口对准拍柄窄面内侧斜棱,小指、无名指、中指自然并拢,食指和中指稍分开,大拇指的内侧和食指贴在拍柄的两个宽面上将球拍柄握住。握拍时掌心不要紧贴拍柄,要使掌心与拍柄保持一定的空隙。

2. 反手握拍

在正手握拍的基础上,将大拇指伸直用其第一指节内侧顶贴在拍柄内侧的宽面上,食指收回,与拇指同(或略)高,用大拇指和食指将球拍稍向外转,中指、无名指、小指紧握拍柄,拍柄端靠近小指根部。握拍手心与拍柄之间留有空隙,以便能充分利用手腕力量和大拇指的内侧压力击球。

(二)发球

羽毛球运动的发球技术,按其动作分为正手发球和反手发球两种。按球在空中飞行的弧线可分为发高远球、平高球、平快球和网前球等 4 种(见图 7-56:1 为网前球,2 为平快球,3 为平高球,4 为高远球)。

1. 正手发高远球

所谓高远球,主要是把球发得又高又远,使球飞行到对方底线上空时,几乎垂直下落。

如图 7-57 所示,发球时,重心由后脚前移至前脚,带动转腰,同时右手持拍沿着由下而上的弧线自然地向前上方挥摆。球拍触球前刹那,小臂带动手腕向前上方发力,手紧握拍柄,利用手腕、手指的爆发力以及拍面的前半部分击球。击球瞬间,拍面正对出球方向,击球点在发球员的右前下方。出球飞行弧度与地面仰角一般大于 45°。

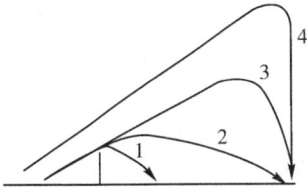

图 7-56　发球技术

图 7-57　正手发高远球

2. 正手发网前球

发网前球是把球发至对方发球区内前发球线附近。网前球的飞行速度较慢,飞行弧度较低,球一般贴网而过。它是双打比赛最常用的发球方法,单打比赛一般用于对付接网前球较差的对手,有时也可以作为过渡性的发球,或发球抢攻战术的手段。如图 7-58 所示,在发球时,挥拍幅度较小,击球瞬间不用紧握拍柄,而是利用手腕和手指的力量从右向左横切推送,将球轻轻发出,使球贴网而过。

图 7-58　正手发网前球

3. 正手发平快球

又称发平球,这种发球方法可把球发得又平又快,使球快速落在对方场内端线附近。平快球突袭性强,往往能使对手措手不及进而陷于被动或产生失误。准备姿势同发高远球一致,站位稍靠后些。击球瞬间紧握球拍柄,利用小臂挥动力量带动手腕、手指力量快速向前击球,球的飞行路线与地面形成的仰角小于30°。

4.反手发网前球

如图7-59所示,准备击球时手腕内屈,击球瞬间利用小臂带动手腕、手指力量向前横切推送,将球击出。发球时,挥拍较慢,力量较轻,球的落点近网,当球贴网而过后即往下坠落在对方发球区内前发球线附近。

图7-59　反手发网前球

(三)接发球

单打时,接发球站位一般是在离发球线1.5米处,右发球区站在靠近中线的位置,左发球区则站在中间的位置。双打发球多以发网前球为主,所以双打时接发球站位要在靠近前发球线的地方。

1.接平高球与高远球

平高球与高远球可以用平高球、吊球或扣杀球进行回击(见图7-60:1为平高球,2为吊球,3为杀球)。一般来说,接高远球是一次进攻的机会,回击得好就能掌握主动权。因此,初学羽毛球者必须努力提高后场进攻的能力。

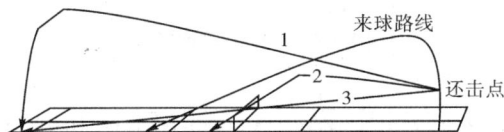

图7-60　接平高球与高远球

2.接网前球

可以用平高球、高远球、网前球或平球进行回击(见图7-61:1为发网前球,2为平球,3为平高球与高远球,4为网前球)。如果对方发球的质量不高,或球距网顶较高过网,则可采用扑球进攻。若对方企图发球抢攻,而自己防守能力较差,则以网前球或平球为宜,落点要远离对方站位,控制住球,不让对方进攻。

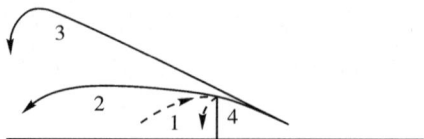

图 7 - 61　接网前球

(四)后场击球

后场击球主要由高远球、平高球、扣杀球和吊球等几项技术及相应的后退步法组成。其特点是击球点高、力量大、速度快、威力大。

1. 高远球

高远球飞行弧度高、速度慢,主要是迫使对方离开中心部位去击球。或者是当自己位置错乱时,击这种球来争取回位时间,所以比赛中在被动情况下常采用这种球进行过渡。

1)正手击高远球

如图 7 - 62 所示,用后场退步法迅速向来球方向移动,调整好身体与来球间的位置,使球恰好在右肩稍前方上空。当球落到一定的高度时,右手肘上抬,手臂后倒引拍,以肩为轴做回环动作,同时身体左转,前臂充分向后下方摆动并外旋,手腕充分伸展。击球时,前臂迅速内旋带动手腕加速向前方挥动,手腕屈,收手指,屈指发力,将球击出。

图 7 - 62　正手击高远球

2)反手击高远球

准备击球前,右脚在前(先不着地,击球动作完成的瞬间着地),身体背向球网,持拍臂向上抬举,身体稍向左转,含胸收腹,左腿微屈,同时手臂回环内旋引拍,握拍手尽量放松,手腕稍向外展。当球下落至右肩前上方一定高度时,以上臂、前臂迅速外旋带动手腕加速,由左下方经胸前向右前上挥动。击球时手腕由伸展至屈收快速发力,用反拍面将球击出。

2. 平高球

击平高球与击高远球一样,也可分为正手、头顶和反手三种击球技术,是一种进攻性的击球技术。其技术动作与击高远球基本相同,所不同的是引拍、击球动作较高远球小而快,击球的瞬间运用前臂内旋带动手腕,向前快速发力击球。

3.扣杀球

扣杀球从动作结构上可分为重杀、点杀、劈杀;从击球点距身体的位置可分为正手扣杀、头顶扣杀和反手扣杀三种。而正手扣杀球是各种扣杀球的基础,初学者必须首先掌握好这一扣杀技术。

正手扣杀球如图 7-63 所示,准备姿势、击球动作与正手击高球大致相同,不同的是在击球瞬间须用全力,充分利用右腿的蹬力、腰腹力、手臂腕力及重心的转移,快速将球向前下方击出。球拍触球时拍面前倾向前下方用力,手握紧球拍,击球点在右肩稍前上方。

图 7-63 正手扣杀球

重要提示:在实战中,扣杀球必须同其他各项进攻技术有机地结合起来,如盲目地进行单一的大力扣杀,往往不能争取主动,反而常常使自己陷入被动。

4.吊球

吊球技术按球的飞行弧线和击球动作的不同分为劈吊、轻吊和拦截吊。其准备姿势与击高球、扣杀球相似,只是击球时用力不同。击球瞬间前臂突然减速,快速闪动手腕击球托的偏右侧(头顶吊球及反手吊球击球托的偏左侧)。打对角吊球时,当对方来球较高时,手腕向下切削的角度要大些,力量稍大些;当对方来球较平时,手腕向前推的动作要大些,向下切削的力量要小一些。吊直线球时,拍面正对前方,向前下压。

不论劈吊还是轻吊,都要注意手腕灵活闪动,即注意爆发力的运用,同时还要注意掌握好击球点,并控制好击球力量,将球吊准。拦截吊球和假动作配合运用具有一定的威力。拦截对方击来的半场球或弧线较低的平高球能出其不意地达到进攻的效果。

(五)前场击球

前场击球包括网前的放网前球、搓球、扑球、挑球等技术。前场击球因球飞行距离较短,落地快,常使对手措手不及而直接得分。即使不能直接得分,也能迫使对方被动回球,为下一拍创造机会。现介绍几种常用的前场击球技术。

1. 放网前球

1)正手放网前球

如图 7-64 所示,准确判断来球路线和落点,快速上网,最后一步右脚在前左脚在后成弓箭步,上体前倾重心在右脚,侧身对网。右手正手握拍向前下方伸臂,小臂外旋展腕,左臂自然后伸,起平衡作用,拍面几乎朝上迎击来球。击球瞬间,手腕稍内屈轻轻闪动,食指和大拇指控制拍面角度和用力大小,球拍向前上方轻轻一托,把球轻击送过球网。

图 7-64　正手放网前球

2)反手放网前球

快速向前左侧上网,右脚前跨成弓箭步,侧背对网,上体前倾重心在右脚。右手反手握拍向前下方伸臂,小臂内旋展腕,左臂自然后伸,起平衡作用,拍面几乎朝上迎击来球。击球瞬间,伸腕轻闪动,食指和拇指控制拍面角度和用力大小,球拍向前上方轻轻一托,把球轻击送过球网。

2. 搓球

网前搓球是羽毛球技术中动作较细腻的一种,是网前技术中的高难度击球动作。

1)正手搓球

用正手上网步法迅速向来球方向移动,当右脚向前跨出时,持拍手向来球方向伸出,争取高的击球点。左手于身后拉举与右手对称,以保持身体的平衡。挥拍时,手腕动作由展腕至收腕发力,由右向左以斜拍面切击球托的右后侧部位,此时球下旋翻滚过网;或者手腕动作由收腕至展腕发力,由左向右以斜拍面切击球托的左后侧部位,球则上旋翻滚过网。

2)反手搓球

用反手上网步法迅速向来球方向移动,其余动作与正手网前搓球相同。反手网前搓球也有两种击球方式,一种是手腕动作由展腕至收腕发力,由左至右切击球托左后侧部位;另一种是手腕动作由收腕至展腕发力,由右向左切击球托的右后侧部位。

3. 扑球

扑球是在对方回球刚越过网顶时,运用跨步或蹬跳步迅速上前,利用前臂、手腕和手指的力量,快速地由高向下将球击回对方场区的击球方法。

1)正手扑球

如图 7－65 所示,对方来球距网较高时,快速蹬步上网,身体向右前倾,手臂充分伸展,同时迅速变换握拍手法,使拍面与球网平行正对来球。击球时,主要利用中指、无名指、小指突然紧握拍柄和手腕闪动,将球向前下方击出。击球后,随前动作甚微,右脚落地制动。

图 7－65　正手扑球

2)反手扑球

反手握拍于左侧前,当身体向左侧前方跃起时,持拍手小臂前伸上举,手腕外展,拍面正对来球。击球时,手臂伸直,手腕由外展到内收闪动,手握紧拍柄,拇指顶压,加速挥拍扑击球。击球后即刻屈肘,球拍回收,以免球拍触网违例。

4. 挑球

挑球是指将对方击来的网前区域低手位的球以较高的弧线向上击至对方端线附近上空。挑球一般在被动情况下运用。

1)正手挑球

如图 7－66 所示,右脚向网前跨出一大步,左脚在后,侧身向网,重心在右脚上。以肘关节为轴,屈臂内旋,并捏紧球拍。用食指及手腕的力量,从右下向右前方至左上方挥拍击球,将球向前上方击出。

图 7－66　正手挑球

2）反手挑球

如图 7 - 67 所示,右脚跨步向前成弓箭步,重心在右脚,侧身背对网。反手握拍,手臂向左前方伸出,小臂内旋屈肘屈腕,左臂自然后伸起平衡作用。击球时,以肘关节为轴,小臂带动手腕、手指快速由左下方向前上方挥拍击球。

图 7 - 67　反手挑球

(六)中场击球

中场击球技术主要包括接杀球、平抽、平挡技术。中场击球要求判断反应快,出手击球快,引拍预摆动作弧度小和由防转攻或由攻转防的意识强。

1. 接杀球

把对方扣杀过来的球还击回去,称为接杀。接杀球的站位一般在中场,两脚屈膝平行站立。右侧来球用正手挡,身体重心移向右脚。右手向右侧伸出,放松握拍,拍面略后仰对准来球。左侧来球用反手挡,身体重心移向左脚,右脚向左前方跨出一步,换成反手握拍,拍面略向后仰对准来球回击。

2. 平抽

平抽球是指击球点在肩以下,以较平的弧度、较快的球速、接近球网的高度,还击到对方场区的一种进攻性技术。击球时,应借助腰部的转体带动前臂、手腕和手指的力量快速协调发力。击球点尽可能在身体的侧前方,这样有利于转动腰部和前臂旋内、旋外发力。如果来球正对自己而又来不及闪让时,一般不要用正手击球。因为当来球靠近自己的身体时,即使击球点在自己右侧腋下,反手也比正手容易发力还击。

3. 平挡

平挡和平抽的动作结构基本相同,区别主要有以下几点:发力较小,通常击球时不宜握紧球拍,以免影响击球时对力量和出球方向的精确控制;球的飞行路线较短,一般落在对方前半场。

(七)基本步法

羽毛球步法一般分为起动、移动、到位配合击球和回位四个环节。根据场上移动的方向和场区的位置,羽毛球步法可分为上网步法、后退步法和两侧移动步法。

1.上网步法

从中心位置移动到网前击球的步法,称为上网步法。上网步法可根据各人习惯采用交叉步、并步、垫步或蹬跨步。不论正手或反手,根据来球远近,上网步法可采用三步、两步或一步上网击球。

1)右边上网步法

可采用两步或三步交叉步加蹬跨步移动的方法,也可采用垫一步再跨一大步移动的方法上网。

2)左边上网步法

同右边上网步法,只是移动方向是朝左边网前,如两步跨步上网。

2.后退步法

从中心移动到后场各个击球点的位置上击球的步法,称为后退步法。

1)正手击球后退步法

正手击球后退步法分为侧身并步后退和交叉步后退两种。主要动作方法:在对方击球刹那间,迅速判断,调整重心至右脚。接着右脚蹬地快速向右后撤一小步,上体右转侧身对网,以交叉步或并步移动到接近击球点的位置。在移动的同时必须完成举拍准备动作,最后一步利用右脚(或双脚)蹬地起跳并在空中转体,击球后左脚后撤落地缓冲,右脚前跨以利于迅速回动。

2)反手击球后退步法

调整重心后,右脚后撤一步,接着上体左转,左脚随即向左后退一步,右脚再跨出一步,背对网,做底线反手击球。反手击球后退步法应根据来球距离的远近调整步法。如距来球较近,可采用两步后退步法,上体向左后转,左脚同时后撤一步,右脚再向左后跨一步,做底线反手击球。如距来球较远,则右脚先垫一步,而后左脚向后方跨一步,再按右、左、右向后退。但无论是几步,反手击球后退步法最后一步应右脚在后,重心在右脚上。

3.两侧移动步法

两侧移动步法多用于接对方的杀球和半场低平球。其站位和准备姿势与上网步法基本相同。

1)向右侧移动步法

两脚左右开立脚跟稍提起,根据来球,调整重心,上体稍倒向左侧,左前脚掌内侧用力起蹬,右脚同时向右侧转跨大步。如距来球较远,左脚向右垫一小步再起蹬,右脚同时向右侧转跨大步。

2)向左侧移动步法

根据来球,调整重心,上体稍倒向右侧,右前脚掌内侧用力起蹬,左脚同时向左侧转跨大步。距来球较远时,左脚先向左侧移半步,上体向左转身的同时右脚向左前交叉跨大步。

三、羽毛球基本战术

(一)单打战术

1.发球抢攻战术

发球抢攻战术是运动员利用发球使对方被动,为自己创造进攻机会的一种战术。这种战术一般采用发网前球结合平快球、平高球的方式,争取第三拍的主动进攻。运动员使用这一战术,可以打乱对方的整个战略部署,使对方措手不及。此战术必须与高质量的发球相配合,否则难以成功。

2.攻前击后战术

攻前击后战术是先以吊球、放网前球、搓球吸引对方到网前,然后用推球、平高球或杀球突击对方的后场底线。它一般用于对付上网步法较慢或网前球技术较差的对手。此战术要与较好的网前击球技术相配合。

3.打四方球战术

打四方球战术是以快速、准确的落点攻击对方场区的四个角落,逼迫对方前后奔跑、被动应付,并在其回球质量下降或露出破绽时乘虚而攻之。它用于对付体力差、反应慢、移动慢的对手。

4.打对角线战术

打对角线战术无论是进攻还是防守均以打对角线为主,从而迫使对方在移动中多做转体,多走曲线。它用于对付身体灵活性差、转体较慢的对手。

(二)双打战术

1.攻人战术

攻人战术是双打比赛常用的一种战术。攻人战术,即"二打一"或避强击弱战术。对方两个队员的技术水平一般是不均衡的,集中力量攻击对方较弱的队员,尽量使对方的特长得不到发挥、充分暴露弱点,是此战术的目的。两个人对付对方的强者,消耗其体力,减弱其进攻威力,伺机突击,这也是攻人战术。

2.攻中路战术

攻中路战术是当对方队员分边站位时,要尽可能将球攻到对方两人之间的空隙区,以造成对方争夺回击或相互让球而出现失误。这对于一些配合较差的对手,比较行之有效。当对方成前后站位时,将球还击到两人之间靠边线的位置上。

3.软硬兼施战术

软硬兼施战术是先用吊网前球或推半场球迫使对方被动防守,而后大力扣杀进攻。若硬攻不下,则重吊网前球,待对方挑球欠佳时,再度强攻。此时,攻击对象最好是对方刚后退而立足未稳者。

4. 后压前封战术

后压前封战术是当本方取得主动欲采取攻势时,站在后场者见高球则强攻杀球或吊网前球,迫使对方被动还击;站在前场者则应立即积极移位,准备封网扑杀。这种战术要求打法比较积极,前半场技术要好,步法移动要快,配合要默契。

第六节　网　球

本节介绍了网球运动的起源,阐述了其基本技术与战术,如握拍、基本步法、发球、接发球、底线正手击球、底线反手击球、截击球、单打战术和双打战术等。

一、网球运动简介

网球运动孕育于法国,诞生在英国。1896 年在雅典举行的第一届现代奥运会上,网球的男子单打与双打被列为正式比赛,后来,由于国际奥委会和国际网球联合会在"业余运动员"问题上有分歧,已经连续进行了 7 届的奥运会网球比赛项目被取消。1988 年在汉城奥运会上,网球重新被列为正式比赛项目。

二、网球基本技术

(一)握拍

目前,网球基本的握拍法可分为三种:东方式握拍法、西方式握拍法、大陆式握拍法。

1. 东方式握拍法

东方式握拍法分为正手握拍法和反手握拍法。

1)正手握拍法

握拍手的虎口对正拍柄右上侧棱,手掌根与拍柄右上斜面紧贴,拇指垫握住拍柄的左垂直面,食指稍离中指,食指下关节压住拍柄右垂直面,五指紧握拍柄。拍面与地面垂直,手握拍柄好像与人握手一样,亦称"握手式"握拍法。

2)反手握拍法

反手握拍法是在正手握拍法的基础上把手向左转动 1/4(即转动 90°)或拍柄

向右转动 1/4,虎口对正拍柄左侧棱面。即用手掌根压住拍柄的左上斜面,拇指直贴在拍柄的左垂直面上,食指下关节压住右上斜面。

2. 西方式握拍法

握拍时,球拍面与地面平行,拇指与食指几乎成直角,拇指直伸压住拍上平面,食指下关节握住右上斜面,与拍底平面对齐,手掌从上面握住拍柄。这是底线上旋攻击型打法的首选握拍方法。这种握拍法的优点在于能击出强有力的上旋球,且稳定性强。但是其技术难度相对较大,初学者在开始学习时较难掌握。

3. 大陆式握拍法

这种握拍法像握着锤子的样子,所以又称为握锤式握拍法。由拇指与食指形成的"V"字形虎口放在拍柄的上平面与左上斜面的交界线上,手掌根部贴住上平面,与拍柄底部平齐,大拇指与食指不分开,食指与其余三个手指稍分开,食指下关节紧贴在右上斜面上。这种握拍法的优点在于无论是正、反手击球都可以直接运用,简单灵活。但是在底线击球时不容易发力,因此是采用底线攻击性打法时不宜选用的握拍方法。

(二)基本步法

网球击球时,主要有"关闭式"和"开放式"两种步法。

1. "关闭式"步法

如图 7-68 所示,左脚向来球的方向迈出一步,两脚的假想连线与来球的方向平行。这种步法在底线正反手击球和网前截击中大量运用。初学者应首先学习这种步法。

2. "开放式"步法

如图 7-69 所示,击球时,两脚平行站立,以前脚掌为轴,转胯转体形成击球步法。通常在有一定技术基础的前提下运用这种步法。

图 7-68 "关闭式"步法　　　　图 7-69 "开放式"步法

（三）发球

发球动作一般由准备姿势和站位、抛球与后摆动作、挥拍击球和随挥动作四个技术环节组成。下面介绍几种常见的发球方法。

1. 平击发球

平击发球的击球点应在身体的右前上方，击球的后上部，挥拍时"鞭击"动作发力要集中，充分向上伸展身体以获得最高的击球点来提高命中率。这种发球几乎没有旋转，球差不多笔直地下去，力量大，往往贴着网才能进入场内，在绝大多数场地上球反弹较低，一般用于第一发球，发球成功时有时能直接得分，但平击发球失误率较高。

2. 切削发球

这种发球实用且易掌握，对初学者最适宜。它是一种以右侧旋转（稍带上旋）为主的发球法，球抛在右侧前上方，球拍击球部位在球的右侧偏上方，整个挥拍动作是从右侧上方至左下方，使球产生右侧旋转。球的飞行路线是一条从右向左的弧线，可以提高命中率并把对方拉出场外回击。削击发球的准确率高，常用于第二发球。

3. 上旋发球

上旋发球时，抛出球的位置在头上方偏后偏左；拍面的触球点在球的中部偏下方；击球时身体成弓形，利用杠杆力量对球施加旋转，球拍快速从左向右上方挥动，并从下向上擦击球的背面，使球产生右侧上旋。球的过网点较高，落地急速，球落地后反弹很高，但这种发球难度较大。

（四）接发球

接发球因受发球方的制约，在态势上是被动的，并且发球在瞬间千变万化，多数发球都指向接球方弱点，所以，接发球技术是最难掌握的技术之一。

接发球的站位，一般位于端线附近，力求在接发球时向前移动击球。同时，两脚保持平行站位，比肩略宽，右手持拍者一般右脚稍前，两膝微屈，上体稍前倾，脚跟提起，将球拍置于体前。

在接发球的全过程中眼睛始终要注视来球，一直到完成还击动作。要观察对手的抛球，这样有利于判断发球的方向和旋转。对方第一次发球时多采用大力发球，站位应偏后一些；如果对方是第二次发球，站位可略向前移，这样有利于采取攻击性的还击。

接大力发球时不要做大幅度的后摆动作，主要是控制好拍面角度，并握紧球拍。还击来球之前要观察对方的行动,对自己的回球路线和落点要有所考虑。选择好接发球落点,对控制对手发球后抢攻有重要意义。

(五)底线正手击球

1. 正手平击球

如图 7-70 所示,后摆引拍时,手腕稍上翘使拍头高于手腕,并引拍至头部同高。挥拍时手腕相对固定握拍,以减少拍面挥动过程中的变化。击球时拍面与地面保持垂直并以同样拍面继续前挥。击球后,球拍向前挥动于左肩上方自然收拍。这种击球方法简单易学,适合初学者使用。

2. 正手上旋击球

如图 7-71 所示,正手上旋球是从网球的后下方向前上方挥拍,整个球体受摩擦,产生一种从后下方朝前上方的旋转。其特点是飞行弧线高,落地迅速,落地后弹起的反射角度较小,产生较大的前冲力。这种击球方法适合于有一定技术基础的人使用。

图 7-70　正手平击球　　　　　　　　　图 7-71　正手上旋击球

3. 正手削球

正手削球是指以底线正手切削方法击出下旋球的技术动作。如图 7-72 所示,后摆引拍时,直线将球拍引至身体后侧,动作较小。挥拍时手腕固定握拍,使拍面斜向地面稳定前挥。击球时用斜向地面的拍面以切削动作在身体侧前方击球。击球后球拍随球前送,并在身体前方以左手扶拍结束动作。正手削球是正手击球的补充,在比赛中较少使用。

图 7-72　正手削球

（六）底线反手击球

1. 反手平击球

反手平击球的特点是球速快，球的飞行路线比较平直，球落地后的前冲力量大。后摆引拍时右脚向左侧前方跨出并用力踏地，屈膝降低重心。击球时手腕绷紧，使球拍与地面垂直。挥拍击球的路线是从后向前上方比较平缓地挥击，同时左臂自然展开留在身后，保持身体的平衡。击球后，球拍应随着惯性挥至右肩上方，持拍手臂挥直。

2. 反手下旋球

反手下旋球一般是防御性的，反手下旋球又称为反手削球。削球时挥拍不要过于用力，击球后拍面向上做托盘状运动。击球后，不要急于把球拍提拉起来，应该让球拍平稳向前运动一段距离。下旋球的好处是击出的球向下旋转，飘向对方场区后回弹高度较低，落地后还可向前滑行。这种击球方法较为简单易学，且比较安全，适合于初学者使用。

3. 双手反手击球

双手反手击球由于双手握拍，拍面容易稳定，故适用于初学者。双手反手击球的准备姿势与单手反手击球相同，左手在转肩引拍的同时，顺着拍柄下滑至双手相接成双手反手握拍，引拍尽量向后，转动上体，使右肩前探侧身对网，手腕固定球拍使之稍稍低于击球点，右脚向左前方跨一步，重心落在左脚上，球拍从低向高向前挥出，击球点同腰高，比单手反手击球点略靠后，重心前移，随上体移动将球拍充分挥向右前上方，拍头朝上，然后迅速回到准备姿势。

（七）截击球

截击球是指凌空击对方来球的技术动作，即当球在落地之前将来球击回对方场区，可以在网前截击，也可以在场内任何地方截击来球。截击球以网前截击为主。截击球的特点是可以缩短击球距离，扩大击球角度，加快回球速度，是比赛中的主要打法和进攻手段。

1. 正手截击球

后摆引拍时，左脚立即向右前方跨出，同时转肩，带动球拍向后引，拍头要高于握拍手，绷紧手腕，握紧球拍。截击球的动作有点像挡击或撞击，在拍面短促向前撞击的同时微微向下做切削球的动作，击球时保持拍头上翘，拍面稍向后仰。击球后有一个小幅度向前的随挥动作，随挥过程仍紧握拍。

2. 反手截击球

对大多数人来说，反拍截击比正拍截击更容易，因为它更符合肌肉用力特点。

后摆引拍时,右脚立即向左前方跨出,左手扶拍手向后拉拍,同时转肩,做短距离后摆引拍动作,拍头高于握拍手,眼睛注视来球。挥拍击球时,左手松开稍后伸,右手握紧球拍前挥并在身体前方切削来球。向前挥拍时,两只手的动作好像在拉长一根橡皮筋,以保持身体平衡。

三、网球基本战术

(一)单打战术

1. 变换发球的位置

一个聪明的队员要知道通过改变发球的位置来取得优势。变换发球的位置迫使对手必须从不同角度来判断不同旋转的球,回球的难度会大很多。

2. 发球上网战术

发球上网战术是利用发球的力量进行主动进攻,先发制人,然后上网抢攻的一种战术。它是上网型选手在比赛中的主要得分手段。

3. 接发球破网战术

接发球破网战术可对付发球后直接冲到网前的对手,一般可直接挑出有深度的高球,是相当有效的破网方法。

4. 攻击对方反手

绝大部分球员的反手是比较弱的,只要加大力量攻击对方反手区,就可掌握主动权。

5. 不上网战术

发球或接发球之后,如果自己不上网,应该把对方也控制在端线后面,使对手也难以找到得分的机会。在一次较长的端线来回球中,谁耐不住性子,谁就有可能因失误而失分。

(二)双打战术

1. 发球上网抢网战术

采取发球上网抢网战术可以干扰对方接发球,为发网前球得分及抢网得分创造条件。运用此战术时,首先要求网前同伴可以在背后做手势,告诉发球员应发什么落点,抢与不抢。其次对发球员的发球质量、成功率和落点的变化要求较高。

2. 澳大利亚网前战术

澳大利亚网前战术的特别之处是发球方的一名同伴以低姿势在网前的中央准

备截击。这样能给接发方造成很大的压力,破坏对方接发球节奏,为发球上网截击和抢网创造有利条件。运用这一战术时,要求同伴告知发球落点和抢与不抢,另外第一发球成功率要高,这样才能产生良好的效果。

❖ **思考与练习**

1. 篮球运动的基本技术和基本战术有哪些?

2. 排球运动的基本技术和基本战术有哪些?

3. 足球运动的基本技术和基本战术有哪些?

4. 乒乓球运动的基本技术和基本战术有哪些?

5. 羽毛球运动的基本技术和基本战术有哪些?

6. 网球运动的基本技术和基本战术有哪些?

第八章　女子形体与男子健美

本章介绍形体练习与健美运动,讲述女子形体练习与男子健美运动的基本知识,详细讲解其基本动作、技巧等,可指导大学生科学塑造形体。

第一节　女子形体练习

一、形体美概述

形体美就是人类的身体曲线美,是指人的躯体线条结合人的情感和品质,通过形象姿态展示给欣赏者的一种美。现实世界中,我们无时无刻不在创造着自己的形体美。从古至今,形体美、姿态美都是人们不懈追求的重要内容。

二、形体美的内容

形体美的内容很广泛,它包括体形美、姿态美和动作美。每个人都希望自己体形匀称、协调、健美。形体锻炼中力量练习可以使肌肉协调地发展,让体形更加匀称、协调、健美。

体形美需要通过优美的姿态来表现。姿态是指一个人在静止或活动中所表现出来的身体姿势和举止神情,能突出反映一个人的气质和风度。

体形美、姿态美可以使人举止优雅、动作优美,可以促进人体外形的美,这在某种程度上反映了有机体机能的完美程度。健美的体形、端正的姿态、优雅的动作还能反映一个人的精神面貌和气质。

三、形体美的标准

形体美的标准基本可分为三项:坐姿标准、站姿标准和行姿标准。

（1）坐姿标准：上体正直，两肩自然下垂，高度相同；颈部正直微前倾，两膝自然弯曲，大腿保持在水平位置，两脚全脚掌着地。

（2）站姿标准：上体正直，挺胸收腹；两肩平行于地面，稍向后展开；两臂自然下垂；平抬头，颈部保持正直，微前倾；两膝伸直，两脚全脚掌着地。

（3）行姿标准：一腿自然弯曲向正前方抬起，落脚要正，膝关节伸直，后腿绷直，前脚掌蹬地使重心前移，两臂前后自然摆动。上体动作同站姿标准。

一般情况下，以上形体美的标准经过形体锻炼是能够达到的。

四、形体姿态的训练

站立、就座、行走等形体姿态的训练，可使大学生呈现出良好的气质和美好的仪表，形成富有个性、韵味的美感。

（一）站姿训练

人的仪态美是可以通过优美的形体姿态来体现的，而优美的姿态又是由正确的站姿发展而来的。因此，站姿作为仪态美的起点和基础，应该得到重视和有效训练。

1. 站姿控制练习

如图 8-1 所示，站立时，气要上提，肩要下沉，臀部肌肉要收得很紧；抬头时，颈部要用力，颈椎略向后收，下颚与颈底部距离约一拳，眼睛平视。

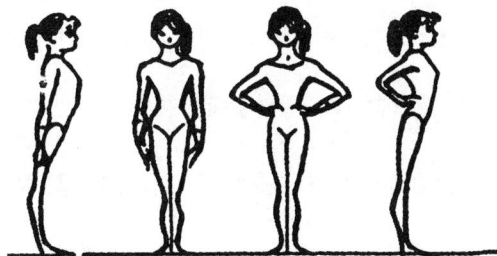

图 8-1　站姿控制练习

2. 提踵站立控制练习

如图 8-2 所示，双脚提踵要尽量提高；重心要稳，身体不得晃动。

3. 点地练习

如图 8-3 所示，保持站立的基本姿势，重心要稳；点地时，脚尖要绷直。

图8-2 提踵站立控制练习　　　图8-3 点地练习

4.移重心转体站立姿态控制训练

如图8-4所示,保持上体站直。转体时要注意控制重心,使身体稳定。

图8-4 移重心转体站立姿态控制训练

(二)坐姿训练

1.前坐式坐姿

预备姿势:收腹挺胸,双手自然下垂,保持站立的基本预备姿势,目视前方,面带微笑。

动作要求:① 双腿自然并拢;② 上体抬起,挺胸。(见图8-5)

2.双脚侧伸式坐姿

如图8-6所示,两小腿向前偏向一侧;脚尖不可翘起;双手交叉置于腹前。

图8-5 前坐式坐姿　　　　　图8-6 双脚侧伸式坐姿

3.脚恋式坐姿

如图8-7所示,两脚于脚踝处交叉。双膝间可有一些距离,但展开不要过大。

4.叠腿式坐姿

如图8-8所示,左腿伸出,脚尖绷直,右脚前脚掌着地;左右大腿要紧靠。

图8-7 脚恋式坐姿　　　　　　　　图8-8 叠腿式坐姿

(三)行姿训练

行走是人的基本动作之一。行走姿态的好坏反映人的内在素养与文化素质。

1.行姿分解练习

预备姿势:收腹挺胸,开肩正颈,沉肩紧臀,双脚平行,双手自然向下,保持站立的基本姿态,目视前方,面带微笑。

如图8-9所示,要根据速度要求控制体态;要注意练习中重心的左右前移,蹬地要有力。

2.连续行走练习

如图8-10所示,始终保持上体端直、收腹挺胸和开肩正颈的姿势;注意重心不断前移和身体姿态的不断变化,形成和谐的美感。

图8-9 走姿分解练习　　　　　　　图8-10 连续行走练习

3.步幅控制练习

与连续行走动作相同。只是行走时,要对步幅进行控制,女生每步30厘米左右。一拍一步,反复练习。严格控制步幅,形成标准的走姿;始终保持上体端直,收腹挺胸,开肩正颈,目光平视,面带微笑。

4.步位控制练习

与连续行走动作相同,但要求行走时对步位进行控制,女生走"一条线",如图8－11所示,一拍一走,反复练习。

女子

图8－11 步位控制练习

女生走"一条线"是严格要求,即左右脚下位置在一条线上,训练时可以稍稍放宽,但两脚下地的前后位置的线迹要求为一条线。注意手臂摆动,以及双脚移动和步位控制之间的协调。

5.步速控制练习

动作过程:与连续行走动作相同,但要求对步速进行控制,女生每分钟约120步,配合口令或音乐反复练习。

女生每分钟约120步只是参考数据,可根据自身条件适当调整。

五、芭蕾舞把杆练习

芭蕾舞基本训练的突出特点是既对身体各部分进行分门别类的专门训练,又进行协调、综合的训练。形体训练的基础,也在于各个关节的直、立、开、挺、平衡、协调等的训练。芭蕾舞把杆练习十分有益于形体训练。

(一)扶把的方法

1.双手扶把

如图8－12所示,面向把杆,身体距把杆约一脚,双手扶在把杆上,腕下沉,手要松弛,双眼平视。

2. 单手扶把

如图 8 - 13 所示,肩、肘、腕下沉,另一臂伸至所要求的位置,双眼平视。

图 8 - 12　双手扶把　　　　　　　　　　图 8 - 13　单手扶把

3. 芭蕾脚位

芭蕾脚位如图 8 - 14 所示:

一位:脚跟并拢,两脚尖向两旁打开成"一"字形。

二位:在一位的基础上,一脚向旁移出,两脚位于一条直线之上,两脚跟间距一脚。

三位:两脚外开,一脚跟紧贴另一脚内侧中间。

四位:两脚外开、平行,间距一脚,一脚脚跟与另一脚脚尖前后为一条线。

五位:两脚外开,平行相叠,一脚脚跟紧贴另一脚脚尖。

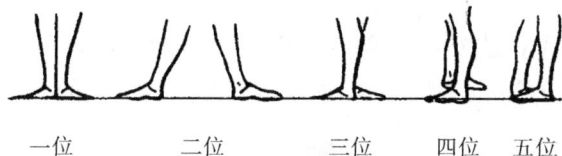

一位　　　　二位　　　　三位　　　四位　五位

图 8 - 14　芭蕾脚位

(二)扶把练习

1. 蹲

蹲,又分为半蹲和全蹲。(见图 8 - 15)

预备姿势:站一位脚准备。

动作要点:两膝保持外开,均匀下蹲,以脚跟不离地为度;随后以脚腕和膝盖的力量将身体均匀推起,恢复直立;当全蹲至最大限度时,脚跟缓慢地抬起,继续下蹲,随后脚跟徐徐着地,同时将身体缓缓推起,恢复直立。

注意:① 躯干挺直,身体重心平均落于双脚;② 双膝用力保持外开;③ 蹲下和起立时须保持对抗性。

2. 擦地

预备姿势：站一位或五位脚准备。

动作要点：主力脚直立，动力腿向旁、向前或向后擦出，在擦出的过程中脚跟先离地，随后脚背绷直，脚尖点地；收回时则相反。（见图8－16）

注意：① 保持膝胯正直，重心始终在主力腿，不可随动力腿的动作而移动；② 动力腿向前或向后擦出时一定要沿着主力腿向前或向后沿直线擦出，脚跟前顶。

图8－15　蹲

半蹲　　　　　全蹲

图8－16　擦地

3. 小踢腿

预备姿势：站一位或五位脚准备。

动作要点：做擦地动作，动力腿擦出后不停地迅速向空中25°踢出，略停顿，保持准确的停顿点后下落；经脚尖点地，不停顿地迅速复原。可向前、向旁、向后做。（见图8－17）

注意：① 踢起时全腿必须外开，双脚挺直；② 踢出和收回瞬间脚尖必须用力绷直，动作要连贯；③ 在五位上收脚时，须全脚同时回到准确的五位上。

图8－17　小踢腿

4. 画圈

预备姿势：站一位或五位脚准备。

动作要点：大腿控制不动，小腿直线收回至脚尖轻触主力腿腿肚下部，保持大腿固定不动，以腿根向前顶的力量带动小腿向前往旁画半个圆圈，至旁边45°处。

（见图 8 - 18）

注意：① 应保持重心稳定与主力腿直立、膝盖的外开及稳定；② 动力腿向外打开伸直时必须柔韧有力，要控制动力腿大腿。

5.屈伸

预备姿势：站五位脚准备。

动作要求：动力脚回收后，再向外伸出 90°，略停片刻后缓缓落下，经点地收回五位。可做向前、旁、后的练习。（见图 8 - 19）

注意：① 动力腿向外伸展时，必须努力保持膝盖外开，整个放松腿要舒展地伸直；② 主力腿膝盖始终保持直立，不因伸腿而弯曲。

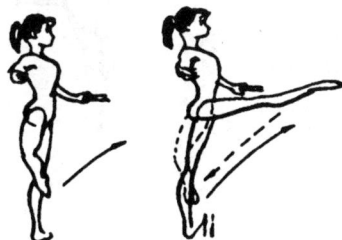

图 8 - 18　画圈　　　　　　　　　图 8 - 19　屈伸

6.弹腿

预备姿势：站五位脚准备。

动作要点：用小腿的力量向外打开伸直成脚尖点地或离地25°，略停片刻后，动力腿沿原路线迅速收回，扑打主力腿脚腕。可做向前、旁、后的练习。（见图 8 - 20）

注意：① 主力腿可全脚，也可以半脚尖着地。② 整个动作应以膝关节为支点摆动，动力腿打开。伸直时要迅速有力，要有准确的停顿点，收回时的扑打动作要轻而有弹性。③ 膝盖不因扑打而摆动，身体不因扑打而抖动。

图 8 - 20　弹腿

7. 大踢腿

预备姿势:站一位或五位脚准备。

动作要点:做擦地动作,动力腿擦出后不停地迅速向 90°或 90°以上踢;下落经脚尖点地,不停顿地迅速复原。可向前、向旁、向后做。(见图 8－21)

注意:① 保持整个动作的连续、轻快和有力。② 保持重心稳定,躯干正直,不因腿部用力引起躯干倾斜、弯曲或晃动。③ 动力腿踢起主要靠脚腕和脚背的带动,而不使用胯和臀部的力量。

图 8－21　大踢腿

8. 搬、压、控腿

预备姿势:站一位或五位脚准备。

动作要点:搬、压、控腿主要是发展下肢柔韧性和控制能力。主力腿要直,主力胯往上提,收腹立腰,保持正确的身体姿势。(见图 8－22)

图 8－22　搬、压、控腿

9. 腰绕环

腰绕环对提高腰部肌肉的柔软性、灵活性,同时对提高躯干与上肢、下肢的配合有一定的积极作用。

动作要点:腿要伸直,手带动上体走最大弧度,充分拉长腰部肌肉;下腰时呼吸要自然,不能憋气;起时要收腹、挑腰。(见图 8－23)

图 8 – 23　腰绕环

第二节　男子健美运动

本节介绍男子健美运动的锻炼方法,讲述健美训练的原则。

一、男子健美运动的锻炼方法

(一)颈部肌肉锻炼方法

1. 前后颈屈伸

两手交叉放脑后,头稍后仰,两手用力将头向前压,同时,头部紧张对抗,至下颌贴近胸前为止。稍停,头向上抬起,两手施以适当的反抗力,至头稍后仰为止。

2. 侧向颈屈伸

用右手紧靠头部右侧,用力将头部推向左侧肩方向,同时头部对左手施以一定的反抗力。稍停后,头部向中间还原,同时,右手对头部施以一定的反抗力。头部向右侧屈伸,动作与此相同,方向相反。

3. 颈绕环

两脚自然分开站立,上体保持挺胸、收腹的姿势,两臂自然下垂。头部缓慢、用力均匀、充分地向四周转动。每绕环一周后再向反方向绕环。

(二)胸部肌肉锻炼方法

1. 卧推

卧推因体姿不同,分为平卧推、上斜卧推和下斜卧推。做平卧推时,练习者仰卧在长凳上,两手持杠铃,将横杠放在胸部乳头以上。两手握杠,初练习时可采用中握距,以后逐渐加宽至宽握距。如使用较重的重量,可请两人协助把杠铃抬起,或者把杠铃预先放在卧推架上来练习,垂直向上推起,至两臂伸直,稍停,再放下至

胸上。将杠铃放置胸部时,胸要挺起,用力上推时,要胸肌发力,头、背不得离开架子。(见图8-24)

2. 仰卧飞鸟

身体仰卧,两臂开合,状如飞鸟,故称为"仰卧飞鸟"。根据仰卧体姿,可分为平卧飞鸟、上斜飞鸟和下斜飞鸟。

做平卧飞鸟时,练习者仰卧于长凳上,两手持哑铃,掌心相对,然后两臂向上伸直与身体垂直,肘微屈,用胸肌伸展力将哑铃向两侧尽可能外展下放,到达最低点后稍停;然后再用胸肌收缩力沿原路线将哑铃内收上举至起始姿势。向两侧分臂时,肘关节可微屈,但必须缓缓下落至体侧之下。做此练习时,要缓慢下降,尤其在接近最低点时,更要慢一点,避免造成肩带扭伤;上举或下降时,两臂要在肩关节的垂直面上移动,不可偏前或偏后。(见图8-25)

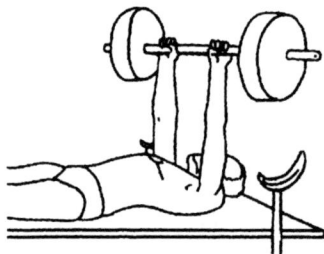

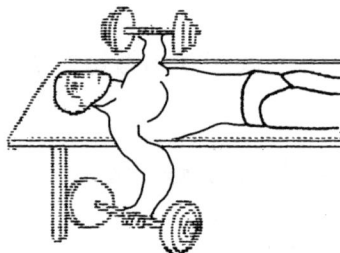

图8-24 平卧推　　　　　图8-25 平卧飞鸟

3. 双杠臂屈伸

练习者直臂支撑在双杠上,身体自然下垂,然后屈双臂缓慢降下身体至不能再降低为止,稍停后以胸大肌和肱三头肌收缩用力撑起身体至两臂伸直,稍停再重复练习。撑起身体时,应挺腰、收腹、抬头,下颌前伸,胸大肌极力绷紧。动作要慢,即慢慢屈臂下降和缓缓伸臂撑起。如果徒手能做15次以上,可在双足或腰部钩挂重物,以增强锻炼的效果。(见图8-26)

4. 俯卧撑

两手掌支撑在地上,手指向前,两臂伸直,两手撑距同肩宽,两脚踝靠拢,两腿向后伸直,以脚尖支地,全身挺起,头稍仰起,目视前方,屈臂使身体下降至两臂完全弯曲,随即以胸大肌的收缩力量,使两臂伸直还原。若肘部贴近体侧,对胸大肌的内侧部和下胸部刺激较大;若两肘外展,则有助于锻炼上胸部。如果感觉轻松易做,可加高放脚的位置,使身体重心前倾,或在背上放置重物,以此增加难度。(见图8-27)

图 8 - 26　双杠臂屈伸

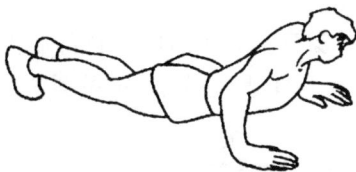

图 8 - 27　俯卧撑

(三)背部肌肉锻炼方法

1. 提肘上拉

两手握持杠铃,手心向后,握距略窄于肩宽,两臂下垂伸直,身体正直,然后耸肩并上提肘,将杠铃上提到胸部最高处稍停,再徐徐还原。耸肩与提肘同时协调进行,两肘应尽量向上高抬,杠铃始终应贴近身体上下运动,动作要慢,特别是还原时要缓缓回位。(见图 8 - 28)

2. 并握划船

两脚开立与肩同宽,横杠从腿间穿过,上体前屈与地面平行,两手一前一后并握杠铃,两腿自然伸直(或稍屈),两臂放松下垂,挺胸,头稍仰起,目前视,随即屈臂用背阔肌的收缩力量,将杠铃向上提起至接近胸骨处,使背阔肌极力收紧,稍停,用力控制背阔肌,将杠铃徐徐放下还原。(见图 8 - 29)

图 8 - 28　提肘上拉

图 8 - 29　并握划船

3. 颈后引体向上

两手握单杠,手心朝前,腰背部以下放松,两小腿伸直或交叉,用背阔肌和肱二头肌的收缩力将身体向上拉引,直到颈后贴近横杠。然后,放松下降身体时,肌肉拉长收缩,缓缓下降身体,直到完全放松为止。做动作时一定不要借用身体振动的力量向上引体,应保持身体自然放松。(见图 8 - 30)

4.负重后展体

俯卧在长凳上,髋关节与长凳端沿齐平,两腿并拢由同伴压住,两手在颈后握持杠铃片、哑铃或实心球等重物,然后上体前屈,接着挺身向后展体,稍停后再还原为上体前屈姿势。上体前屈时背部肌肉放松,向上抬起上体时要抬头挺胸,背阔肌充分收紧,使身体成反弓形。(见图8-31)

图8-30 颈后引体向上   图8-31 负重后展体

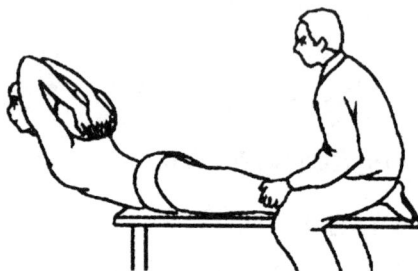

(四)肩部肌肉锻炼方法

1.俯身飞鸟

两脚开立稍宽于肩,腿伸直,上体前弓与地面平行,两手握哑铃,两臂自然下垂于腿前。然后两臂伸直分别向两侧举起哑铃至略高于肩处,稍停后按举起路线还原成开始姿势。上体尽量保持平稳,不要上下起伏摆动,动作速度均匀、缓慢,肘关节允许稍弯曲。格外要注意的是,在上举和下放哑铃时,上体不要上下摆动。(见图8-32)

2.颈后推举

两脚开立,两手采用宽握距握持杠铃置于肩上。然后挺胸、紧腰将杠铃向头后上方推起,直至两臂伸直,稍停后再按推起路线缓缓回落至颈后肩上。上举和下放时,身体不要摆动,头可适当前收。上举要举到两臂完全伸直,下落时要徐徐下落。(见图8-33)

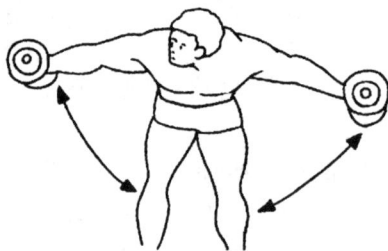

图8-32 俯身飞鸟   图8-33 颈后推举

3. 前平举

如图 8 - 34 所示,两脚开立,与肩同宽,两手持哑铃,两臂下垂体前,挺胸收腹,直立,利用肩部肌群的收缩力,直臂将哑铃提举至体前,与肩齐高或略高于肩。静止片刻后,再以肩部肌力控制住哑铃,使其缓慢下落,经原路还原。两臂交替练习。

4. 侧平举

两脚开立,两手握哑铃分别置大腿两侧,挺胸收腹,两手臂提哑铃侧平举至与肩同高或略高于肩,稍停后按上举线路徐徐还原。动作速度尽量均匀缓慢,特别是下落时要控制速度,进行充分退让性练习。(见图 8 - 35)

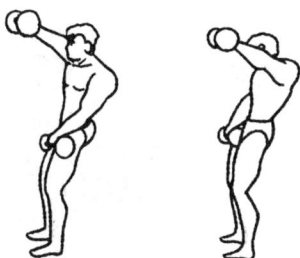

图 8 - 34　前平举　　　　　　　　图 8 - 35　侧平举

(五)臂部肌肉锻炼方法

1. 胸前弯举

两脚开立与肩同宽,两手握杠铃,自然下垂于大腿前侧,然后两臂同时用力屈肘,将杠铃向上弯举至胸前,稍停后慢慢伸肘下落还原。在此动作中,身体应基本固定,不得前后摆动借力,大臂要紧贴上体,慢举慢落。(见图 8 - 36)

2. 俯立臂屈伸

练习者两脚左右开立与肩同宽,俯身使上体与地面平行,一只手手心向前握持哑铃,上臂贴近体侧,前臂自然下垂;另一只手支撑在凳上或同侧膝盖上,然后握持铃向后上方伸前臂,将哑铃向后上方抬起,伸直手臂,略停还原。(见图 8 - 37)

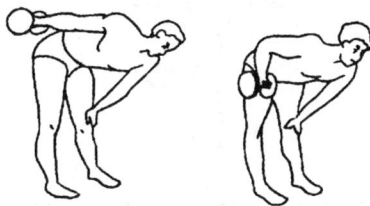

图 8 - 36　胸前弯举　　　　　　　图 8 - 37　俯立臂屈伸

3.颈后臂屈伸

站立或坐姿,两手握杠铃(正、反握均可)高举于头上,然后屈肘将杠铃慢慢向颈后放落至最低处,这时两肘尖朝上,两上臂与地面垂直,稍停后两臂用力将杠铃慢慢上举还原。(见图8-38)

4.腕弯举

练习者坐在凳上或半蹲,两手掌心向前正握杠铃(或手背向前反握杠铃),将腕关节垫放凳子上或膝盖处,手腕悬空,然后手腕用力向上弯起,直至不能再屈为止,稍停后手腕逐渐放松还原。(见图8-39)

图8-38 颈后臂屈伸　　　　　　图8-39 腕弯举

5.手指俯卧撑

练习者十指张开撑地,其他动作与俯卧撑相同。此动作主要锻炼手臂肌、指伸肌等。

(六)腹部肌肉锻炼方法

1.两头起

练习者仰卧在垫子上,腹部肌肉收缩,两腿和上体同时抬起,使手脚在肚脐上方相触,手触脚尖,稍停,然后两腿和上体同时各按原路线还原。(见图8-40)

2.悬垂举腿

练习者两手正握单杠,握距基本与肩同宽,或比肩稍宽,身体自然,然后腹部与腿部肌肉收缩,两腿伸直上举,使两脚触及单杠,慢放还原。为发达腹内肌与外斜肌,可在悬垂屈膝上举的同时,两腿向两侧做转腰动作。(见图8-41)

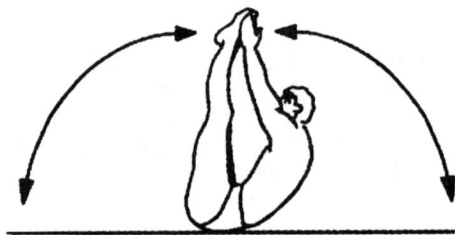

图8-40 两头起　　　　　　图8-41 悬重举腿

3.侧卧侧身起坐

两手抱头侧卧于垫上,同伴压住双脚,练习者侧身起坐至最高处,然后再慢慢还原。（见图 8 - 42）

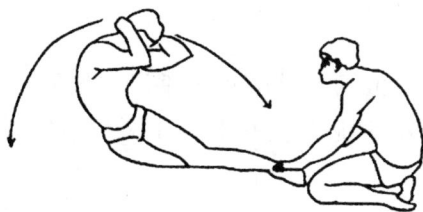

图 8 - 42　侧卧侧身起坐

（七）腿部肌肉锻炼方法

1.负重深蹲

练习者将杠铃置于颈后肩上,两手正握杠铃,两脚平行开立略宽于肩,然后抬头、挺胸慢慢屈膝下蹲至大腿低于水平线,静止片刻,然后缓慢起立还原至直立姿势。（见图 8 - 43）

2.深蹲跳跃

将杠铃放在颈后肩上,两手握住横杠,两脚并立,稍屈膝,利用屈膝的反弹力使身体向上跃起,两脚同时向两侧分开蹲下（两脚间距离与肩同宽）,大腿贴住小腿的同时迅速向上跳起。（见图 8 - 44）

3.腿后弯举

将哑铃等重物绑在脚上,俯卧在凳上使胸腹部和大腿紧贴凳面,两手抓住凳端,随即以股二头肌的收缩力量,将腿弯举至小腿与大腿垂直,使股二头肌彻底收缩。静止片刻,然后缓慢还原。躯干要始终紧贴凳面,不得晃动。（见图 8 - 45）

图 8 - 43　负重深蹲　　　　图 8 - 44　深蹲跳跃　　　　图 8 - 45　腿后弯举

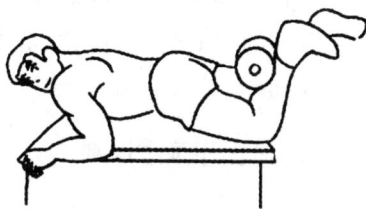

4. 坐姿腿屈伸

练习者坐在腿屈伸器上,用力向上抬脚伸直膝关节,使大小腿在一条直线上,稍停,慢慢还原。如果没有腿屈伸器或综合健身器,可以把重物(如杠铃片)绑在足踝处。(见图8-46)

5. 负重提踵

将杠铃置于颈后肩上(或两手持哑铃下垂于体侧),两脚平行开立,前脚掌站在垫木上,脚跟露在垫木外,然后尽力提起脚跟至最高位置,略停顿,慢降至着地。(见图8-47)

6. 摇绳纵跳

摇绳纵跳即直腿跳绳。动作要点是直膝前踢跳过绳,脚后跟不得着地。(见图8-48)

图8-46 坐姿腿屈伸　　图8-47 负重提踵　　图8-48 摇绳纵跳

二、健美训练的原则

了解和掌握健美运动训练的原则,是进行健美训练的重要环节,健美训练的原则对健美运动有着直接的指导作用。

(一)超负荷原则

超负荷能给人体带来超量恢复,即超负荷的刺激会让肌肉疲劳,经过短时的恢复,机体的机能会获得比原来水平还高的飞跃。但超负荷的刺激要适当,应控制在人体能够承受的范围内,这样可以防止受伤或过度训练。

(二)循序渐进原则

人体对环境的适应是一个缓慢的由量变到质变的过程,健美训练也是如此。初级练习者应根据自身情况,合理设计和选择健美训练计划,安排训练内容。经过一段时间的训练后,再逐步增加运动量。如不根据自己的实际情况,盲目地追求大运动量,或突然加大运动量,身体就不能很好地适应,甚至导致伤病。

(三)均衡发展原则

健美的身体应该是从头到脚,从内到外,每个部位的肌肉都协调发展,身体的比例匀称,人体系统平衡全面发展。因此,健美训练应根据人体的生理特点,采用各种有效的训练方法,使身体各部位肌肉群及身体各方面素质都得到全面均衡发展。

(四)持之以恒原则

根据有机体的超量恢复原理,科学锻炼加上营养物质的及时补充,机体机能不仅可以达到运动前的水平,而且会超过运动前的水平,这也就是健美训练的精髓所在。但如果在超量恢复阶段不持续进行训练,机体就会进入复原阶段,机体原先所获得的训练成果就会消失。因此,健美训练最忌"三天打鱼,两天晒网"和"一曝十寒"。

❖思考与练习

1.在日常生活中如何按照形体美的标准保持良好的坐姿、站姿和行姿?

2.健美运动的锻炼方法有哪些?

第九章　中华武术

本章介绍武术的起源和分类，阐述武术的基本功和基本动作，详细讲解了二十四式太极拳的动作要领。

第一节　武术运动概述

本节介绍武术的起源与发展，讲解了武术的分类。

一、武术的起源与发展

武术是以技击动作为主要内容，以套路和格斗为运动形式，注重内外兼修，可以增强体质、培养意志的中华传统体育项目。

武术萌芽于先民与野兽的搏斗。自卫本能的升华、猎取食物的需求和实战技术的积累为武术发展奠定了基础。青铜兵器的使用，战车、机弩的发明，刀剑钩钺戟的出现，武器向多样化发展，使得武术的技击性进一步突出。之后，武术不断发展，从单纯的军事技术到带有健身色彩的民间体育运动，从相击形式的搏斗到舞练形式的演练，从单练、对练到套路，武术的内容不断充实。

中华武术是中华民族的宝贵财富，以中国传统文化为基础。中华武术在源远流长的发展过程中，摄养生之精髓，集技击之大成，攻防自卫，养身健体，具有"内外合一""神形兼备""尚武崇德"的特点。中华武术历史悠久，受到古代道家、儒家、释家等诸家思想的影响，得到传统医学、杰出兵法、精深哲学等的熏陶，以阴阳五行学说为基础，形成了独特的武学文化，既包括讲礼守信、尊师重道、行侠仗义的道德内涵，又富含博大精深、攻防兼备的动作套路。

我国武术代表团曾多次出访，以精湛的技艺和表演在众多国家和地区引起强烈反响，"武术热"风靡全球。1990年国际武术联合会（简称国际武联）在北京成立，1994年该组织被国际单项体育联合会接纳为会员，2002年其在国际奥委会第

113 次全会上被正式承认,武术同时成为国际奥委会承认的体育项目。2008 年第二十九届奥运会将武术作为特别竞赛项目。

二、武术的分类

(一)按运动形式分类

1. 功法运动

功法运动是围绕提高身体某一运动素质,锻炼某一特殊技能而进行专门练习,以达到增强专项体能或健体目的的运动。其包括内功(内养功)、外功(外壮功)、轻功(弹跳功)、柔功等,功法运动既是套路运动和搏斗运动的基础,又是极好的锻炼方法。例如,习浑圆桩可以调心、调身、调息,站马步桩可以增强腿力等。

2. 套路运动

套路运动是指以踢、打、摔、拿、击、刺等技击动作为主要内容,以攻守进退、动静疾徐、刚柔虚实等矛盾运动的变化规律编成的整套练习形式。套路运动按练习形式可分为单练、对练、集体演练等。

单练是指单人练习的套路运动,包括徒手拳术与器械。徒手拳术种类众多,有长拳、南拳、太极拳、形意拳、八卦拳、通背拳、劈挂拳等。器械又可分为短器械、长器械、双器械和软器械等。短器械主要有刀、剑等;长器械主要有棍、枪等;双器械主要有双刀、双剑、双钩、双枪、双鞭等;软器械主要有三节棍、九节鞭等。

对练是由两人或两人以上,在预定条件下进行的假设性攻防练习套路,包括徒手对练、器械对练、徒手与器械对练等。

集体演练指六人或六人以上徒手或持器械同时进行练习的演练形式,有一定的集体造型和队形变化,可有音乐伴奏。

3. 搏斗运动

搏斗运动,是两人在一定条件下,按照一定的规则,运用相应的攻防技法,斗智、斗勇、较技、较力的对抗性练习形式,如散打、推手、短兵等。

(二)按依附地域分类

传统的武术流派往往是依托不同的地域而自然形成的,并传承至今,如武当派、峨眉派、青城派、崆峒派等。

(三)按二分法分类

按技术、技击风格的不同,兴盛地域的差异等,民间多以二分法,即通过比较对武术进行分类,如南拳与北腿、长拳与短打、内家拳与外家拳等。

第二节　武术基本功和基本动作

本节概述武术的基本功和基本动作。武术的基本功主要包括肩臂功、腿功、腰功和桩功等。武术的基本动作主要包括手型、手法、步型、腿法、平衡和跳跃等。

一、武术基本功

武术的基本功是发展某项专门素质的基础功法。它能有效地提高关节的伸展性和灵活性,增强韧带的柔韧性和肌肉的力量,基本功练习既是武术入门的基础,又是提高体能和武术技能的必要手段。

肩臂功、腿功、腰功和桩功都是重要的武术基本功。

(一)肩臂功

肩臂功,主要是加大肩关节的活动范围并增进肩部韧带的柔韧性,发展肩臂部肌肉力量,提高上肢运动的伸展、敏捷、转环等能力。练习方法主要有压肩、吊肩、转肩、绕肩等。

1. 压肩

如图9-1所示,开步(两脚平行,左右站立)站立,与肩同宽或稍宽,上体前俯,手握肋木,下振压肩。也可两人面对面站立,互相扶按肩部,做体前屈振动压肩动作。要点:挺胸、塌腰、收髋,两臂、两腿伸直;振幅逐步加大,压点集中于肩部。

2. 吊肩

如图9-2所示,并步(两脚内侧相靠)站立,背对肋木,两手反臂抓握,然后下蹲,两臂拉直或悬空吊起。要点:两臂伸直,肩部放松。

图9-1　压肩　　　　　　　图9-2　吊肩

3.转肩

如图9-3所示,开步站立,两手正握棍于体前。以肩关节为轴,两臂伸直上举经头顶绕至体后,再从体后向上绕至体前。要点:两臂始终伸直;两手握棍距离应由宽到窄,一般与肩同宽。

4.绕肩

1)单臂绕环

左弓步站立,左手按于左膝上(也可两脚开立,左手叉腰),右臂上举,由上向后、向下、向前环绕,为后绕环(见图9-4);右臂由上向前、向下、向后环绕,为前绕环。左右臂交替练习。要点:臂要伸直,肩应放松,贴身画立圆,逐渐加速。

图9-3　转肩　　　　　　　　　　　　图9-4　后绕环

2)双臂绕环

双臂绕环有3种,3种都要两脚开立,与肩同宽。前后绕环,如图9-5所示,两臂垂于体侧,依次由下向前、向上、向后做绕环。数次后,再做反方向的绕环。左右绕环,如图9-6所示,左右两臂同时向右、向上、向左、向下绕环。数次后,再做反方向绕环。交叉绕环,如图9-7所示,两臂直臂上举,左臂前绕环,同时右臂后绕环。数次后,再做反方向绕环。要点:松肩、探臂,画立圆绕环。

图9-5　前后绕环　　　　　图9-6　左右绕环　　　　　图9-7　交叉绕环

(二)腿功

腿功主要是拉长腿部的肌肉和韧带,加大髋关节和膝关节的活动范围,发展腿部的柔韧性、灵活性、协调性和力量等素质。练习方法主要有压腿、搬腿、劈腿等。

1. 压腿

1）正压腿

如图 9 - 8 所示，右腿直立支撑，将左脚跟放在与髋同高或稍高的肋木上，脚尖勾紧，两手扶按在膝关节上（或双手抱脚），立腰、收髋、挺膝，上体前屈，向前、向下做压振动作。左右腿交替练习。要点：逐渐加大振幅，先以前额、鼻尖触及脚尖，然后过渡到下巴触及脚尖，以提高腿的柔韧性。

图 9 - 8　正压腿

2）侧压腿

如图 9 - 9 所示，身体侧对肋木，右腿伸直支撑，脚尖外展。左脚跟放在肋木上，脚尖勾紧，右臂上举，左掌附于右胸前，立腰、展髋，上体向左侧压振。左右腿交替练习。要点：逐步加大振幅，直到右手可以握住左脚掌、上体侧卧在左腿上。

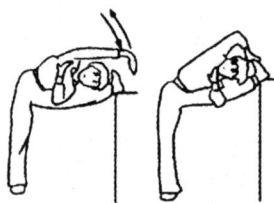

3）后压腿

如图 9 - 10 所示，背对肋木，右腿支撑，左脚背放在肋木上，脚面绷直，上体后仰做压振动作。左右腿交替练习。要点：挺胸、展髋、腰后屈。

图 9 - 9　侧压腿　　　　　图 9 - 10　后压腿

4）仆步压腿

如图 9 - 11 所示，右腿屈膝全蹲，左腿挺膝伸直，脚尖里扣。两脚全脚掌着地，两手分别抓握两脚外侧，成仆步向下压振。左右腿交替练习。要点：挺胸、塌腰、沉髋，左右移动不宜过快，臀部尽量贴近地面。

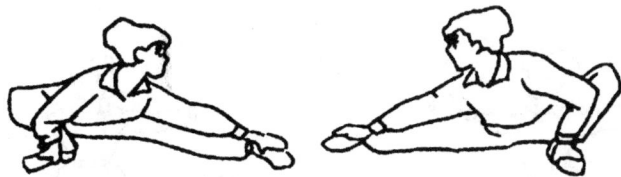

图9-11　仆步压腿

2. 搬腿

1）正搬腿

如图9-12所示，右腿直立与上体保持正直，左腿屈膝提起，右手托握左脚外侧，左手抱膝。然后，左腿挺膝向前上方举起，脚尖勾紧。也可由同伴托住脚跟上搬。左右腿交替练习。要点：挺胸、立腰、收髋；上搬高度应由低到高。

2）侧搬腿

如图9-13所示，左腿直立与上体保持正直，右腿屈膝提起，右手经小腿内侧托住脚跟，然后将右腿向右上方搬起，左臂上举亮掌。也可由同伴托住脚跟向侧上搬腿。左右腿交替练习。要点：挺胸、立腰，髋关节放松。

3）后搬腿

如图9-14所示，手扶一定高度的物体或肋木，左腿支撑，由同伴托起右腿从身后向上搬举，挺膝，脚尖绷直，上体后屈。左右腿交替练习。要点：挺胸、塌腰、髋放正、腰后屈。

图9-12　正搬腿　　　　　图9-13　侧搬腿　　　图9-14　后搬腿

3. 劈腿

1）竖叉

如图9-15所示，两臂侧平举或扶地，两腿前后分开成一条直线。左腿后侧着地，脚尖勾起，右腿内侧或前侧着地。要点：挺胸、立腰、沉髋、挺膝。

2）横叉

如图9-16所示，两臂侧平举或在体前扶地，两腿左右分开成一条直线，两腿内侧着地。要点：挺胸、立腰、展髋、挺膝。

图 9 – 15　竖叉　　　　　　　　　　图 9 – 16　横叉

（三）腰功

俗语曰："练拳不练腰，终究艺不高。"腰是贯通上下肢体的枢纽，是表现身法技巧的关键。腰功主要发展脊椎和腰部各肌肉群的柔韧性和弹性，加大腰部的活动范围。练习方法主要有俯腰、甩腰、涮腰、下腰等。

1. 俯腰

1）前俯腰

并步站立，两手手指交叉，直臂上举，掌心朝上。上体前俯，两掌心尽量贴地，如图 9 – 17 所示。也可两手分别抱住两脚跟腱部位，头贴近腿部，持续一定时间后再站立，如图 9 – 18 所示。要点：两腿挺膝伸直，挺胸、塌腰、收髋，尽力向前折体。

2）侧俯腰

如图 9 – 19 所示，基本同前俯腰，但两手手指交叉在脚外侧触地，向左或向右转体。要点：两腿挺膝伸直，两脚不可移动，上体尽量下屈。

图 9 – 17　前俯腰 1　　　　图 9 – 18　前俯腰 2　　　　图 9 – 19　侧俯腰

2. 甩腰

如图 9 – 20 所示，开步站立，两腿挺膝伸直，两臂上举。以腰、髋关节为轴，上体做前后屈的甩动动作，两臂也随之摆动。要点：快速、紧凑而有弹性。

3. 涮腰

如图 9 – 21 所示，两脚开立，略宽于肩，上体前俯，两臂向左前下方伸出。然后以髋关节为轴,向前、向右、向后、向左翻转绕环一周。左右交替练习。要点:尽量增大绕环幅度。

4. 下腰

两脚开立,与肩同宽,两臂伸直上举。腰向后屈,抬头、挺胸、顶腰,两手撑地成桥形,如图 9－22 所示。要点:挺膝、挺髋、挺胸、腰向上顶,桥弓要大;脚跟不可离地。

图 9－20　甩腰　　　　　　图 9－21　涮腰　　　　　　图 9－22　下腰

（四）桩功

这里的桩功是指静桩,即以静站的方式锻炼气息、修养意念、增强力量的锻炼方法。通过桩功练习能增加并稳固下肢力量,使内劲饱满,气血畅活,达到壮内强外的效果。练习方法主要有马步桩、虚步桩、浑圆桩等。

二、武术的基本动作

武术运动讲究心、神、意、气和手、眼、身、步的配合与统一,利关节、强筋骨、壮体魄、理脏腑、通经脉、调精神,使身心得到全面发展。武术的基本动作是指武术各项目中基础的、简单的、典型的、不可缺少的动作。主要包括手型、手法、步型、腿法、平衡和跳跃动作等。

（一）手型

1. 拳

如图 9－23 所示,四指并拢卷握,拇指紧扣食指和中指的第二指节。拳眼朝上为立拳,拳心朝下为平拳。要点:拳握紧,拳面平,直腕。

2. 掌

如图 9－24 所示,四指并拢伸直,拇指弯曲紧扣于虎口处。手腕伸直为直掌,掌指朝上为立掌。要点:竖指并拢,掌心展开。

3. 勾

如图 9 - 25 所示,五指第一指节捏拢在一起,腕屈紧。要点:五指指尖齐平,腕屈紧。

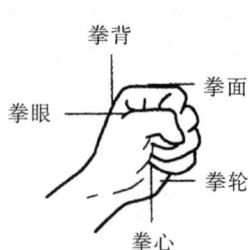
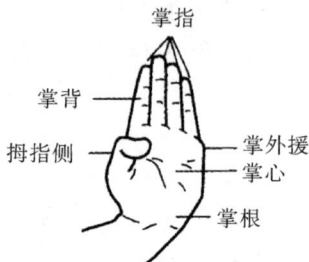
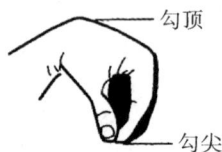

图 9 - 23　拳　　　　　　图 9 - 24　掌　　　　　　图 9 - 25　勾

(二)手法

1. 冲拳

预备姿势:如图 9 - 26(a)所示,开步站立,与肩同宽;两手握拳分别抱于腰侧,拳心向上,肘尖向后;目视前方。动作说明:如图 9 - 26(b)所示,右拳从腰间猛力向前冲出,肘关节过腰后,前臂内旋,力达拳面,臂伸直,与肩平;同时左肘向后牵拉;目视右拳。左右臂交替练习。要点:挺胸、收腹、拧腰、顺肩,出拳应快速有力且有寸劲(即爆发力)。

2. 推掌

预备姿势和要点同冲拳。动作说明:如图 9 - 27 所示,拳变掌,以掌根为发力点立掌(翘掌、沉腕)推出,力达掌外沿。

3. 亮掌

预备姿势同冲拳。动作说明:如图 9 - 28 所示,右拳变掌,由腰间经体侧向右、向上画弧至头部右上方,肘微屈,抖腕翻掌;同时头向左转,目视左方。要点:挺胸、收腹、立腰,抖腕翻掌与转头要同时完成。

图 9 - 26　冲拳　　　　图 9 - 27　推掌 233　　　图 9 - 28　亮掌

(三)步型

步型练习主要是增进腿部的速度和力量,提高两腿移动的灵活性和稳固性。

1. 弓步

如图 9 - 29 所示,前腿屈膝半蹲,大腿接近水平,脚尖微内扣,与膝垂直;后腿挺膝伸直,脚尖内扣斜向前(约45°);两脚全脚掌着地,间距约为本人脚长的 4 ~ 5 倍;上体正对前方,两手抱拳于腰间,平视前方。弓左腿为左弓步,弓右腿为右弓步。要点:前腿弓,后腿绷;挺胸、塌腰、沉髋。

2. 马步

如图 9 - 30 所示,开步站立,两脚间距约为本人脚长的 3 倍,脚尖正对前方;屈膝半蹲,大腿接近水平,膝关节不超过脚尖;两手抱拳于腰间,目视前方。要点:挺胸、塌腰、直背,膝微内扣,脚跟外蹬。

3. 虚步

如图 9 - 31 所示,两脚前后开立,后腿屈膝半蹲,大腿接近水平,脚尖外展约45°,全脚着地;前腿微屈,脚尖前伸虚点地面,脚面绷平并稍内扣;重心落于后腿,目视前方。左脚在前为左虚步,右脚在前为右虚步。要点:挺胸、塌腰、虚实分明。

图9 - 29　弓步　　　　图9 - 30　马步　　　　图9 - 31　虚步

4. 仆步

如图 9 - 32 所示,两脚左右开立,间距约为本人脚长的 4 倍;一腿屈膝全蹲,大小腿紧靠,臀部接近小腿,脚和膝稍外展;另一腿挺直平仆接近地面,脚尖内扣;两脚全脚掌着地,两手抱拳于腰间,眼向仆出腿一方平视。仆左腿为左仆步,仆右腿为右仆步。要点:挺胸、塌腰、沉髋。

5. 歇步

如图 9 - 33 所示,两腿交叉靠拢,屈膝全蹲,前脚全脚掌着地,脚尖外展;后脚脚跟离地,膝部贴近前腿外侧,臀部坐于后小腿接近脚跟处;两手抱拳于腰间,眼向前腿一方平视。左脚在前是左歇步,右脚在前为右歇步。要点:挺胸、塌腰、两腿靠拢并贴紧。

6. 丁步

如图 9 – 34 所示，两腿并拢半蹲，一脚全脚掌着地支撑（重心落于此腿）；另一脚脚面绷直，脚尖内扣并虚点地面，靠于支撑脚脚弓处；两手抱拳于腰间，目视前方。左脚尖点地为左丁步，右脚尖点地为右丁步。要点：挺胸、塌腰、虚实分明。

图 9 – 32　仆步　　　　　图 9 – 33　歇步　　　　　图 9 – 34　丁步

(四) 腿法

1. 正踢腿

预备姿势：并步站立，臂侧平举，立掌，目视前方。动作说明：如图 9 – 35 所示，左腿伸直支撑，右腿挺膝，脚尖勾起向前额处快速踢起；上体正直，目视前方。左右腿交替练习。要点：收腹、挺胸、立腰；踢腿过腰后加速；踢腿时脚尖勾起绷落或勾起勾落。

2. 斜踢腿

预备姿势和要点同正踢腿。动作说明：如图 9 – 36 所示，一腿向异侧耳际踢起。

图 9 – 35　正踢腿　　　　　　　图 9 – 36　斜踢腿

3. 侧踢腿

预备姿势同正踢腿。动作说明：如图 9 – 37 所示，右脚向前上半步，脚尖外展；左脚跟稍提起，身体略右转，左臂前伸，右臂后举。随即左腿挺膝，勾脚向左耳侧踢起；同时右臂上举亮掌，左臂屈肘立掌于右肩前。踢左腿为左侧踢，踢右腿为右侧踢。要点：挺胸、立腰、开髋、侧身、猛收腹。

4. 外摆腿

预备姿势同正踢腿。动作说明：如图 9 - 38 所示，右脚上步支撑，左脚脚尖勾紧向右侧上方踢起，经面前向左侧上方摆动，而后直腿下落，还原成预备姿势。左掌可在左侧上方迎击左脚脚面。左右腿交替练习。要点：挺胸、立腰、收腹、展髋，摆腿成扇形，幅度要大。

图 9 - 37　侧踢腿　　　　　图 9 - 38　外摆腿

5. 里合腿

预备姿势同正踢腿。动作说明：如图 9 - 39 所示，左脚向左上方踢起，经面前向右侧上方直腿摆动。要点：挺胸、立腰、合髋，腿成扇形里合，幅度要大。

6. 弹腿

预备姿势：并步站立，两手抱拳于腰间，目视前方。

动作说明：如图 9 - 40 所示，左腿支撑，右腿屈膝提起，右脚绷直，大腿与腰平，迅速挺膝，小腿猛力向前弹击，力达脚尖。大腿与小腿成一条直线，高与腰平。左右腿交替练习。要点：挺胸、直腰、收髋，脚面绷平，弹踢有力。

图 9 - 39　里合腿　　　　　图 9 - 40　弹腿

7. 后扫腿

如图 9 - 41 所示，成左弓步，同时两掌从腰侧向前推出，掌指朝上。然后，左腿屈膝全蹲，脚尖内扣，成右仆步，同时上体右转并前俯，两掌在右腿内侧撑地，随上体向右后拧转的惯性力量，以左前掌为轴，右脚贴地向后扫转一周。要点：转体、俯身、撑地，扫转要连贯协调，一气呵成。

图9-41　后扫腿

(五)平衡

平衡练习的主要作用是增加腰、髋的柔韧性和肌肉的控制力量。

1.提膝平衡

如图9-42所示,右腿伸直支撑,左腿屈膝高提过腰,脚面绷直,垂扣于右腿前侧。右臂上举于头上亮掌,左手反臂后举成勾手。两眼向左平视。要点:挺胸、立腰、收腹;平衡站稳,提膝近胸,脚内扣。

2.燕式平衡

如图9-43所示,左腿支撑站稳,右腿屈膝提起,两掌在身前交叉,掌心向内。然后,两掌向两侧直臂分开平举,上体前俯,略高于水平,脚面绷平向后上蹬伸,至高于头顶水平部位。要点:两腿伸直;挺胸、抬头、腰后屈。

图9-42　提膝平衡　　　　图9-43　燕式平衡

(六)跳跃

跳跃是指蹬地跳起,身体腾空时完成各种手法、腿法等动作。它能增强腿部力量,并提高弹跳能力。

1.腾空飞脚

预备姿势:并步站立,两臂垂于体侧,目视前方。动作说明:如图9-44所示,上体稍后仰;右脚向前迈步,以脚跟着地,蹬地跃起;左腿随之向前、向上踢摆;同时,两臂向头上摆起,右掌背碰击左掌心;双眼平视前方。身体向上腾起;右腿挺膝向前上方弹踢,脚面绷平过腰,右掌迎击右脚面;同时左腿屈膝收控于右腿侧,脚面绷直,脚尖向下,左掌直臂摆至头部左上方,变勾手,勾尖向下,略高于肩;上体微前倾,目视右脚。

2. 旋风脚

预备姿势:高虚步亮掌站立。如图9－45所示,开步站立,两臂垂于体侧,目视前方。右臂向前上方弧形摆掌,掌心向斜上方;同时左臂屈肘,左掌收于左腰侧,掌心向下;上体微左转,目随右掌。右掌经体前向左、向下、向右、向头上抖腕亮掌,掌心向上,掌指朝左;同时左掌从右臂内穿出,经胸前向上,向左摆至左侧,掌指朝上,高于肩平。在右臂抖腕亮掌的同时,头部左转,两眼转视左侧,左脚收于体前,脚尖虚点地面,成高虚步。

图9－44　腾空飞脚　　　　　　　图9－45　高虚步亮掌站立

动作说明:如图9－46所示,左脚左上步,同时左掌向前、向上摆起,右臂伸直向后、向下摆动。右脚随即上步,脚尖内扣,左臂随之向下摆动并屈肘收至右胸前。左臂向上、向前抡摆,上体向左旋转前俯。重心右移,右腿屈膝蹬地跳起,左腿提起向左上方摆动。上体向左上方翻转,同时两臂向下、向左上方抡摆。身体旋转一周(不少于270°),右腿挺膝里合,左手在面前迎击右脚掌,左腿舒展外摆自然下垂,并在击响的刹那间离地。当腾空动作较熟练后,左腿应逐步高摆,屈膝或直腿收控于身体左侧。

图9－46　旋风脚关键动作

3. 腾空摆莲

预备姿势:高虚步挑掌站立。如图9－47所示,并步站立,右脚后撤一大步,同时右臂向前、向上挑掌,左臂后摆至体后。重心后移,左脚回收至身前虚点地面,成高虚步;同时右臂向上、向后、向下、向前环绕一周于身前挑掌,左臂向前、向上、向后绕环抡摆至身后,两臂与肩齐平,两掌手指朝上;挺胸、直腰、顺肩,目视前方。

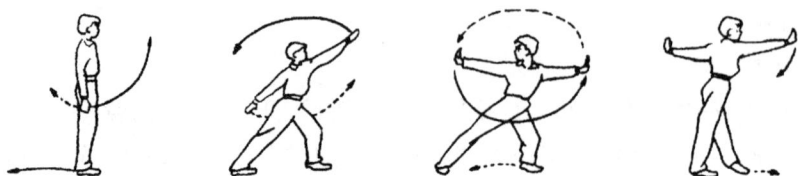

图 9 - 47 高虚步挑掌站立

动作说明:

如图 9 - 48 所示,弧形步上跳,左脚向前进半步,右脚随之向前进一大步,脚尖外展,屈膝微蹲。同时右掌弧形回收至腰间,左臂由后经上摆至头前上方。右腿蹬伸上跳,左脚屈膝提起收扣于身前,身体腾空。同时右臂经左臂内侧向上弧形斜上举,左臂顺势摆向身后,头部左转,右肩前顺。右脚落地,左脚随之在身前落步,右脚再进一步,脚尖外展。身体右转,同时右臂顺势下落,左臂前摆。

图 9 - 48 腾空摆莲关键动作 1

如图 9 - 49 所示,重心前移右腿,右脚蹬地跳起,同时左腿向右上方里合踢摆,两手上摆于头上击响,上体向右旋转,身体腾空。右腿上踢外摆成扇形,两手先左后右依次拍击右脚面,左腿屈膝收控于右腿侧。上体微前倾,两眼随视两手。空中击响时,左腿充分伸直分开摆动控于体侧。

图 9 - 49 腾空摆莲关键动作 2

第三节　太极拳

本节介绍太极拳的渊源及主要身形身法,详细讲解二十四式太极拳的动作要领。

一、太极拳简介

"太极"一词源出《易传·系辞传》:"易有太极,是生两仪。"意即"太极"是产生万物的本源,含有至高、至极、绝对、唯一之意。太极拳亦是取义于此。

太极拳的起源,众说纷纭,难有定论。这也正说明太极拳并非一人所创,而是经过数代人的努力形成的。

太极拳在导引、吐纳等养生之术的基础上,结合了我国的阴阳学说和中医经络学说,形成了完整独立的体系,具有强身健体、陶冶性情等功效。

太极拳动作柔和、缓慢、圆活、连贯、自然、协调,迈步如猫行,运劲似抽丝,整套动作行云流水,连绵不断,既自然又高雅,既有音乐的韵律、哲学的内涵,又有美的造型、诗的意境。其特点是以柔克刚,以静待动,以圆化直,以小胜大,以弱胜强。

太极拳主要身形身法如下所示:

头——虚领顶劲,头正、顶平、项直、颔收,有上悬意念;

肩——沉肩,平正松沉;

肘——坠肘,自然弯曲垂坠;

臂——绷劲,上肢充满膨胀的内力;

腋——虚腋,腋下保持一定空隙;

腕——塌腕,劲力贯注;

手——展指舒掌,五指自然分开,掌心微含;

胸——含胸,舒松微含;

背——拔背,舒展伸拔;

脊——正脊,中正竖直;

腰——松腰,松活沉直;

臀——敛臀,向内微敛;

胯——松胯,松正含缩,使劲力贯注下肢;

膝——活膝,松活柔和;

足——扣足,稳健扎实,转旋轻灵,移动平稳。

重要提示:太极拳七字要诀为静、松、稳、匀、缓、合、连。

二、二十四式太极拳

二十四式太极拳又称作简化太极拳,其动作分八组,共二十四式。第一组:起势,左右野马分鬃,白鹤亮翅。第二组:左右搂膝拗步,手挥琵琶,左右倒卷肱。第三组:左揽雀尾,右揽雀尾。第四组:单鞭,云手,单鞭。第五组:高探马,右蹬脚,双峰贯耳,转身左蹬脚。第六组:左下势独立,右下势独立。第七组:左右穿梭,海底针,闪通臂。第八组:转身搬拦捶,如封似闭,十字手,收势。

(一)起势

1. 站立姿势

身体自然直立,两脚并拢;头正项直,下颌微收,眼平视,口轻闭,舌抵上颚;两臂自然垂于体侧,手指微屈;全身放松,呼吸自然,精神集中。

2. 两脚开立

左脚缓缓提起(不超过右踝的高度)向左横跨半步,与肩同宽,脚尖、脚跟依次落地,成开立步。

3. 两臂前举

两臂缓缓向前平举,与肩齐平。手心向下,指尖向前。

4. 屈膝按掌

上体保持正直,两腿缓缓屈膝半蹲;同时两掌轻轻下按,落于腹前;掌膝相对。要点:眼向前平视;两肩下沉,两肘松垂,手指自然微屈;屈膝、松腰、敛臀,身体重心落于两腿中间;落臂按掌与屈膝下蹲的动作要协调一致;两臂前举时吸气,向下按落时呼气。

(二)左右野马分鬃

1. 左野马分鬃一

1)收脚抱球

上体微右转,身体重心移至右腿上;同时右手向右、向上、向左画弧,右臂平屈于右胸前,掌心向下,手指微屈,左手向下、向右画弧,逐渐翻转至右腹前,掌心向上,两掌心上下相对成抱球状;左脚随即收到右脚内侧,脚尖点地(即前脚掌着地),成左丁步;目视右手。

2）转体迈步

上体缓缓左转，左脚向左前侧迈出一步，左腿自然伸直，脚跟着地；同时左、右手分别向左上、右下分开；视线随左手移动。

3）弓步分掌

随转体左脚全掌逐渐踏实，左腿屈膝前弓，身体重心逐渐前移至左腿，右腿自然伸直，右脚跟后蹬稍外碾，成左弓步；同时两手继续分开，左手高与眼平，掌心斜向上，右手落于右胯旁，掌心向下，指尖朝前；两肘微屈，保持弧形；目视左手。

2. 右野马分鬃

1）后坐翘脚

上体慢慢后坐，右腿屈膝，身体重心后移至右腿；左腿自然伸直，膝微屈，脚尖翘起；目视左手。

2）收脚抱球

身体左转，左脚尖随之外摆（40°～60°），左脚全掌踏实，屈膝弓腿，身体重心移至左腿，右脚跟进收至左脚内侧，脚尖点地；同时左手翻转画弧至左臂胸前平屈，右手向左上前摆至左手下，两掌心相对在胸前左侧成抱球状；目视左手。

3）转体迈步

动作说明与"左野马分鬃一"中"转体迈步"相同，只是左右式相反，且转体幅度稍小。

4）弓步分掌

动作说明与"左野马分鬃一"中"弓步分掌"相同，只是左右式相反。

3. 左野马分鬃二

1）后坐翘脚

动作说明与"右野马分鬃"中"后坐翘脚"相同，只是左右式相反。

2）收脚抱球

动作说明与"右野马分鬃"中"收脚抱球"相同，只是左右式相反。

3）转体迈步

动作说明与"左野马分鬃一"中"转体迈步"相同。

4）弓步分掌

动作说明与"左野马分鬃一"中"弓步分掌"相同。

要点：上体舒松正直，松腰松胯；身体转动时要以腰为轴；做弓步时，迈出脚先脚跟着地，然后过渡至全脚掌，脚尖向前，膝不可超过脚尖，后腿自然伸直，前后脚尖成45°～60°夹角；野马分鬃式弓步时，前后脚的脚跟应分别在中轴线的两侧，两脚横向距离（身体的正前方为纵轴，其两侧为横向）10～30厘米；转体、弓腿和分掌要协调一致;进步时先进胯,使两腿虚实分明;抱球时为吸气,转体迈步、弓步分掌时为呼气。

(三)白鹤亮翅

1. 跟步抱球

上体微左转,右脚脚跟先离地,向前跟进半步,前脚掌着地,落于左脚后(约20厘米),身体重心仍在左腿;同时左手翻掌向下,左臂平屈于左胸前,右手翻掌向上,向左上画弧至左腹前,与左手成抱球状;目视左手。

2. 后坐转体

上动不停(表示动作与动作之间的连贯性),上体稍右转,右脚全脚掌踏实,右腿屈蹲,重心移至右腿;同时两手向右上、左下分开;视线随右手移动。

3. 虚步分掌

上动不停,上体稍向左转,面向前方(前进方向),左脚稍向前移,脚尖点地,膝微屈,成左虚步;同时右手继续向右上画弧至右额前,掌心斜向左后方,指尖稍高于头,左手下按至左胯前,掌心向下,指尖朝前;目视前方。

要点:上体舒松正直;转体、分掌和步型的调整要协调一致,同时完成;转动动作要以腰带臂,虚步动作要收腹敛臀;抱球过程中吸气,转体分掌过程中呼气。

(四)左右搂膝拗步

1. 左搂膝拗步一

1)转体摆臂

上体微左转再右转;左脚收至右脚内侧,脚尖点地;同时右手体前下落,由下经右胯侧向右肩外侧画弧,至与耳同高,掌心斜向上,肘微屈,左手由左下向上,经面前再向右下画弧至右肩前,肘部略低于腕部,掌心斜向下;目视右手。

2)弓步搂推

上动不停,上体左转,左脚向左前方迈出,成左弓步,身体重心移至左腿;同时右手内旋回收,经右耳侧向前推出于右肩前方,高与鼻平,掌心向前,指尖朝上,左手向下经左膝前搂过(即向左画弧搂膝),按于左胯侧稍前,掌心向下,指尖朝前;目视右手。

2. 右搂膝拗步

1)后坐翘脚

右腿屈膝,上体后坐,身体重心移至右腿,左腿自然伸直,脚尖翘起,略向外撇(约40°);同时右臂微收,掌心旋向左前方,左手开始画弧外展;目视右手。

2）摆臂跟脚

上体左转,左脚掌逐渐踏实,左腿屈膝前弓,身体重心移至左腿,右脚跟至左脚内侧,脚尖点地;同时两手继续翻掌画弧,左手向左上摆举至左肩外侧,与耳同高,掌心斜向上,右手随转体向上经面前,向左下摆至左肩前,肘部略低于腕部,掌心斜向下;目视左手。

3）弓步搂推

动作说明与"左搂膝拗步一"中"弓步搂推"相同,只是左右式相反。

3. 左搂膝拗步二

1）转体摆臂

与"右搂膝拗步"中"后坐翘脚"相同,只是左右式相反。

2）摆臂跟脚

与"右搂膝拗步"中"摆臂跟脚"相同,只是左右式相反。

3）弓步搂推

动作说明与"左搂膝拗步一"中"弓步搂推"相同。

要点:推掌时,上体舒松正直,松腰松胯,沉肩垂肘,坐腕舒掌;搂膝拗步成弓步时,两脚跟的横向距离约30厘米(同肩宽);两手推搂和转体弓腿必须协调一致,同时完成;转体摆臂、后坐翘脚、摆臂跟脚动作过程中吸气,弓步搂推动作过程中呼气。

（五）手挥琵琶

1. 跟步展臂

右脚跟进半步,以前脚掌着地,落于左脚内后约20厘米处;同时右臂稍向前伸展,腕关节放松;目视右手。

2. 后坐引手

上体后坐,右脚全脚掌踏实,身体重心移至右腿;上体稍向右转,左脚跟离地;随转体左手由左下向前上弧形挑举,高与鼻平,肘微屈,掌心斜向下,右手屈臂后引,收于左肘里侧,掌心斜向下;目视左手。

3. 虚步合臂

上体微向左回转,但仍保持稍向右侧身状;左脚稍向前移,脚跟着地,膝微屈,成左虚步;同时,两臂外旋,屈肘合抱,左手与鼻相对,掌心向右,右手与左肘相对,掌心向左,犹如怀抱琵琶;目视左手。

要点:身体姿势平稳自然,胸部放松,沉肩垂肘;上肢与下肢动作应协调一致。

(六)左右倒卷肱

1. 左倒卷肱一

1)转体撤掌

上体右转;两手翻转向上,右手向下撤引,经腰侧向右后上方画弧,至与耳同高,掌心斜向上,肘微屈;目随转体先右视,再转看左手。

2)提膝屈肘

上体微向左回转,左腿屈膝提起,脚尖自然下垂;同时右臂屈肘卷回,右手收向右耳侧,掌心斜向前下方;目视前方。

3)退步推掌

上动不停,上体继续微向左回转至朝前;左脚向后略偏左侧退一步,脚前掌先着地,然后全脚掌踏实,屈膝微蹲,身体重心移至左腿,右脚跟离地,并以前脚掌为轴随转体将脚扭正(脚尖朝前),膝微屈,成右虚步;同时右手经耳侧向前推出,高与鼻平,左臂屈肘收至左胯旁,掌心向上;目视右手。

2. 右倒卷肱一

1)转体撤掌

上体稍左转;左手向左肩外侧引举,腕与肩同高,掌心斜向上,肘微屈,右手随之翻掌向上;目随转体先左视,再转看右手。

2)提膝屈肘

动作说明与"左倒卷肱一"中"提膝屈肘"相同,只是左右式相反。

3)退步推掌

动作说明与"左倒卷肱一"中"退步推掌"相同,只是左右式相反。

3. 左倒卷肱二

动作说明与"左倒卷肱一"相同。

4. 右倒卷肱二

动作说明与"右倒卷肱一"相同。

要点:前推和后撤的手臂均应画弧线;退左脚略向左后斜,退右脚略向右后斜,避免两脚成一直线;最后退右脚时,脚尖外撇的角度应略大些,以便接下来做"左揽雀尾"的动作;转体撤掌和提膝屈肘时吸气,退步推掌时呼气。

(七)左揽雀尾

1. 转体抱球

上体右转,左脚收至右脚内侧,脚尖点地,成左丁步,重心落于右腿;同时右手由胯侧向右后上方画弧屈臂于右胸前,掌心向下,左手由体前画弧下落至右腹前,掌心向上,两手相对成抱球状;目视右手。

2. 弓步掤臂

上体左转,左脚向左前方上步,屈膝,右腿自然蹬直,身体重心前移至左腿,成左弓步;同时左臂向左前方平屈掤出(即左臂平屈成弧形,用前臂外侧和手背向左侧推出),高与肩平,掌心向内,右手向右下方画弧落按于右胯旁,掌心向下,指尖朝前;目视左前臂。

3. 转体伸臂

上体稍向左转;左前臂内旋,左手前伸翻掌向下,右前臂外旋,右手翻掌向上,经腹前向前上伸至左前臂下方;目视左手。

4. 转体后捋

上动不停,上体右转;右腿屈蹲,上体后坐,左腿自然伸直,身体重心移至右腿;同时两手经腹前向右后上捋,直至右手掌心斜向上,高与耳平,左臂平屈于胸前,掌心向内;目视右手。

5. 弓步前挤

上体微左转,左腿屈膝前弓,右腿自然蹬直,重心前移成左弓步;同时右臂屈肘回收,右手经面前附于左腕内侧,掌心向内,左掌心向外,双手同时向前慢慢挤出,与肩同高,两臂成半圆形;目视左腕。

6. 后坐收掌

左前臂内旋,左掌下翻,右手经左腕上方向前伸出,掌心向下,两手左右分开,与肩同宽;然后上体后坐,屈右膝,左腿自然伸直,脚尖翘起,身体重心移至右腿;同时两臂屈肘,两手画弧回收至腹前,掌心均向前下方;目视前方。

7. 弓步按掌

上动不停,左脚掌踏实,左腿屈膝前弓,右腿自然蹬直,身体重心前移成左弓步;同时两手向前、向上推按,与肩同宽,腕高与肩平,掌心向前,指尖朝上,两肘微屈;目视前方。

要点:左揽雀尾中包括掤、捋、挤、按四种击法;上体舒松正直,松腰松胯;动作处处带弧,以腰为主宰,带动手臂运动;掤臂、松腰与弓腿,后坐与引捋,前挤、转腰与弓腿,按掌与弓腿,均要协调一致;转体抱球时吸气,掤式时呼气,捋式时吸气,挤式时呼气,后坐收掌时吸气,按式时呼气。

(八)右揽雀尾

1. 转体抱球

上体右转并后坐,屈右膝,左腿自然伸直,脚尖内扣,身体重心后移至右腿;同时右手经面前平摆右移,掌心向外,两臂成侧平举;视线随右手移动。

上体微左转,屈左膝,右脚收至左脚内侧,脚尖点地,成右丁步,重心回移到左腿;同时左臂平屈胸前,掌心向下,右手由体侧右下向上翻掌画弧至左腹前,掌心向上,两手相对成抱球状;目视左手。

2. 弓步掤臂

动作说明与"(七)左揽雀尾"中"2. 弓步掤臂"相同,只是左右式相反。

3. 转体伸臂

动作说明与"(七)左揽雀尾"中"3. 转体伸臂"相同,只是左右式相反。

4. 转体后捋

动作说明与"(七)左揽雀尾"中"4. 转体后捋"相同,只是左右式相反。

5. 弓步前挤

动作说明与"(七)左揽雀尾"中"5. 弓步前挤"相同,只是左右式相反。

6. 后坐收掌

动作说明与"(七)左揽雀尾"中"6. 后坐收掌"相同,只是左右式相反。

7. 弓步按掌

动作说明与"(七)左揽雀尾"中"7. 弓步按掌"相同,只是左右式相反。

要点:与"(七)左揽雀尾"相同。

(九)单鞭一

1. 转体扣脚

上体左转并后坐,左腿屈膝微蹲,右膝自然伸展,右脚尖翘起内扣,身体重心移至左腿;同时左手经面前至身体左侧平举,肘微垂,掌心向左,指尖朝上,右手向下经腹前向左画弧至左肋前,臂微屈,掌心向后上方;视线随左手移动。

2. 丁步勾手

上体右转,屈右膝,左脚收至右腿内侧,脚尖点地,身体重心移至右腿;同时右手逐渐翻掌,并向右上方画弧,经面前至身体右侧时变勾手,勾尖朝下,腕高与肩平,肘微垂,左手向下经腹前向右上画弧至右肩前,掌心转向内;视线随右手移动,最后目视右勾手。

3. 弓步推掌

上体左转,左脚向左前方迈出,成左弓步,身体重心移至左腿;同时左掌经面前翻掌向前推出,掌心向前,腕与肩平,左掌、左膝、左脚尖上下相对;视线随左手移转,最后目视左手。

要点:上体保持正直,松腰;上下肢动作应协调一致。

（十）云手

1. 云手一

1）转体扣脚

身体渐向右转,右腿屈膝半蹲,左脚尖翘起、内扣、着地,身体重心回移至右腿;同时左手下落经腹前向右上画弧至右肩前,掌心斜向后,右手松勾变掌,掌心向右前方;目视右手。

2）收步云手

上体左转,身体重心随之左移;右脚提起,收至左脚内侧（相距10~20厘米）,前脚掌先着地,全脚掌逐渐踏实,两脚平行,两膝微屈;同时左手画弧经面前向左运转,至身体左侧时,内旋外撑,掌心向外,腕与肩平;右手下落经腹前向左上方画弧,至左肩前,掌心斜向里;目视左手。

2. 云手二

1）开步云手

上体右转,左脚向左横跨一步,脚尖向前,前脚掌先着地,全脚掌逐渐踏实,身体重心移至右腿;同时右手经面前向右画弧,至身体右侧时,内旋外撑,掌心向外,腕与肩平;左手向下经腹前向右上方画弧,至右肩前;目视右手。

2）收步云手

动作说明与"1. 云手一"中"收步云手"相同。

3. 云手三

1）开步云手

动作说明与"2. 云手二"中"开步云手"相同。

2）收步云手

动作说明与"1. 云手一"中"收步云手"相同。

要点:云手左右各做3次,左云手时收右脚,右云手时跨左脚;视线随云手移动;身体转动以腰为轴,松腰松胯,重心应稳定;两臂随腰而动,要自然圆活,速度应缓慢均匀;最后右脚落地时,脚尖微内扣,以便于接做"单鞭"的动作;转体扣脚和开步云手时吸气,收步云手时呼气。

（十一）单鞭二

1. 转体勾手

上体右转,左脚跟离地,身体重心移至右腿;同时右手经面前向右画弧至身体右侧,内旋、五指屈拢变成勾手,勾尖朝下,左手向下经腹前向右上画弧至右肩前,掌心斜向内;视线随右手移动,最后目视右勾手。

2.弓步推掌

动作说明与"(九)单鞭一"中"3.弓步推掌"相同。

要点:与"(九)单鞭一"相同。

(十二)高探马

1.跟步翻掌

上体微向右转,右脚跟进半步,前脚掌先着地,全脚掌逐渐踏实,屈膝后坐,身体重心移至右腿,左脚跟提起;同时右勾手变掌外旋,两掌心翻转向上,两肘微屈;目视左手。

2.虚步推掌

上体微向左转,左脚稍向前移,脚尖点地,膝微屈,成左虚步;同时右臂屈肘,右手经耳侧向前推出,腕与肩平,掌心向前,左手收至左腰前,掌心向上;目视右手。

要点:上体舒松正直;上下肢动作应协调一致;跟步翻掌时吸气,虚步推掌时呼气。

(十三)右蹬脚

1.弓步分掌

左脚提起向左前侧方迈出,脚尖稍外撇,成左弓步,身体重心前移至左腿;同时左手前伸至右腕背面,两腕背对交叉,腕与肩平,左掌心斜向后上,右掌心斜向前下;随即两手分开,经两侧向腹前画弧,肘微屈;目视前方。

2.收脚抱手

上动不停,右脚跟进,收至左脚内侧,脚尖点地;同时两手下落经腹前由外向内向上,相交合抱于胸前,右手在外,掌心均向内;目视右前方。

3.蹬脚分掌

右腿屈膝上提,右脚向右前方慢慢蹬出,脚尖朝上,力贯脚跟;同时两手翻掌左右画弧分开,经面前至侧平举,肘微屈,腕与肩平,掌心均斜向外;右臂与右腿上下相对;目视右手。要点:身体重心要稳定;分掌与蹬脚动作要同时进行、协调一致。

(十四)双峰贯耳

1.屈膝并掌

右小腿回收,屈膝平举,脚尖自然下垂;同时左手摆至体前,两手并行由体前向下画弧,落于右膝上方,掌心均翻转向上;目视前方。

2. 迈步落手

右脚向前方落下,脚跟着地;同时两手继续下落至两胯旁,掌心均斜向上;目视前方。

3. 弓步贯拳

右脚掌逐渐踏实,右腿屈膝前弓成右弓步,身体重心移至右腿;同时两手继续向后画弧,并内旋握拳,从两侧向前、向上弧形摆至面部前方,高与耳齐,宽约与头同,拳眼斜向下,两臂微屈;目视右拳。

要点:头项正直,松腰松胯,沉肩垂肘,两拳松握;弓步与贯拳要协调一致,同时完成;屈膝并掌到迈步落手时吸气,迈步落手到弓步贯拳时呼气。

(十五)转身左蹬脚

1. 转体分掌

上体向左后转,左腿屈膝后坐,右脚尖内扣(约90°),身体重心移至左腿;同时两拳变掌,向左右两侧分开平举,掌心斜向外,肘微屈;目视左手。

2. 收脚抱手

上动不停,右腿屈膝后坐,左脚收至右脚内侧,脚尖点地,身体重心回移至右腿;同时两手下落经腹前向上画弧,交叉合抱于胸前,左手在外,两掌心皆向内;目视前方。

3. 蹬脚分掌

动作说明与"(十三)右蹬脚"中"3. 蹬脚分掌"相同,只是左右式相反。要点:与"(十三)右蹬脚"相同。

(十六)左下势独立

1. 收腿勾手

左腿回收平屈,小腿稍内扣,脚尖自然下垂;随之上体右转;同时右掌变勾手,勾尖朝下,左手向上、向右经面前画弧下落,立于右肩前,掌心斜向后;目视右勾手。

2. 仆步穿掌

右腿慢慢屈膝下蹲,左脚向左侧偏后伸出,脚尖内扣,成右弓步,上体左转,右腿继续向下全蹲成左仆步;同时左手外旋下落,向左下沿左腿内侧向前穿出,掌心向外;目视左手。

3. 弓步立掌

左脚以脚跟为轴,脚尖外摆,左腿屈膝前弓,右脚尖内扣,右腿自然蹬直,身体重心前移;上体微向左转并随步型转换向前起身;同时左臂继续前伸,立掌挑起,掌心斜向右,右勾手内旋下落于身后,勾尖转向后上方,右臂伸直成斜下举;目视左手。

4.提膝挑掌

身体重心继续前移,右腿慢慢屈膝提起,与腹同高,脚尖自然下垂,左腿微屈支撑,成左独立式;同时右勾手变掌,下落经右腿外侧向体前弧形挑起,屈臂立于右腿上方,肘膝相对,掌心斜向左,指尖朝上,腕与肩平,左手下按落于左胯旁,掌心向下,指尖朝前;目视右手。

要点:仆步时,左脚尖与右脚跟在一条直线上。

(十七)右下势独立

1.落脚勾手

右脚落于左脚右前方,脚尖点地,然后以左脚前掌为轴脚跟内转,身体随之左转;同时左手向左后侧提起,成勾手平举,勾尖朝下,腕与肩平,臂微屈;右手随转体经面前向左画弧至左肩前,掌心斜向后;目视左勾手。

2.仆步穿掌

动作说明与"(十六)左下势独立"中"2.仆步穿掌"相同,只是左右式相反。

3.弓步立掌

动作说明与"(十六)左下势独立"中"3.弓步立掌"相同,只是左右式相反。

4.提膝挑掌

动作说明与"(十六)左下势独立"中"4.提膝挑掌"相同,只是左右式相反。

要点:右脚尖触地后要稍提起,再向下仆腿;其他均与"左下势独立"相同。

(十八)左右穿梭

1.左穿梭

1)落脚转体

上体左转,左脚向左前落地(先以脚跟着地,再全脚掌踏实),脚尖外摆,两腿屈膝,成半坐盘式,身体重心略前移;同时左手内旋屈臂于左胸前,掌心向下,右手外旋摆至腹前,掌心向上;目视左手。

2)收脚抱球

上体继续左转,右脚收到左脚内侧,脚尖点地,身体重心移至左腿;同时两手左上右下成抱球状;目视左手。

3)弓步架推

上体右转,右脚向右前方迈出,成右弓步,身体重心前移;同时右手内旋,向前、向上画弧,举架于右额前,掌心斜向上;左手先向左下画弧至左肋前,再向前上推出,与鼻同高,掌心向前;目视左手。

2.右穿梭

1)收脚抱球

右脚尖稍向外撇,左脚收至右脚内侧,脚尖点地,身体重心移至右腿;同时右臂屈肘落于右胸前,掌心向下,左手外旋,向下、向右画弧下落于右腹前,掌心向上,两手右上左下在右胸前成抱球状;目视右手。

2)弓步架推

动作说明与"左穿梭"的"弓步架推"相同,只是左右式相反。

要点:身体正直,重心平稳;架推掌和前弓腿动作要协调一致;弓步时,两脚跟的横向距离同搂膝拗步式,约30厘米;落脚转体和收脚抱球时吸气,弓步架推时呼气。

(十九)海底针

1.跟步提手

上体稍向右转,右脚向前跟进半步,右腿屈膝微蹲,左脚稍提起,身体重心移至右腿;同时右手下落经体侧向后、向上屈臂提抽至右耳侧,掌心斜向左下,指尖斜向前下,左手经体前下落至腹前,掌心向下,指尖斜向右前方;目视右前方。

2.虚步插掌

上动不停,上体稍左转;左脚稍向前移,脚尖点地成左虚步;同时右手向斜前下方插出,掌心向左,指尖斜向前下,左手向下、向后画弧,经左膝落至左大腿侧,掌心向下,指尖朝前;目视前下方。

要点:右手前下插掌时,上体稍前倾,松腰松胯,收腹敛臀,不可低头;跟步提手时吸气,虚步插掌时呼气。

(二十)闪通臂

1.提脚提手

左腿屈膝,左脚微提起;同时右手经体前上提至肩,掌心向左,指尖朝前;左手向前、向上画弧至右腕内侧下方,掌心向右,指尖斜向上;目视前方。

2.迈步分手

上体稍右转,左脚向左前方迈出,脚跟着地;同时右手上提内旋,掌心翻向外;目视右前方。

3.弓步推撑

上体继续右转,左脚掌踏实,左腿屈弓成左弓步,重心前移;同时左手向前推出,掌心向前,高与鼻平,肘微屈;右手屈臂上举,圆撑于右额前上方,掌心斜向上;目视左手。

要点:上体正直,松腰沉胯;推掌、撑掌和弓腿动作要协调一致;弓步时,两脚跟横向距离不超过 10 厘米;提脚提手时吸气,迈步分手和弓步推撑时呼气。

(二十一)转身搬拦捶

1. 转体扣脚

上体右转,右腿屈膝后坐,左脚尖翘起内扣,身体重心移至右腿;同时两手向右画弧,右手成右侧举,左手至头左侧,掌心均向外;目视右手。

2. 坐身握拳

上体继续右转,左腿屈膝后坐,右脚跟离地,以脚前掌为轴微向内转,身体重心回移至左腿;同时右手继续向下、向左画弧,经腹前屈臂握拳,摆至左肋旁,拳心向下;左手继续上举至左额前上方,掌心斜向前上;目视右前方。

3. 摆步搬拳

上动不停,身体右转至面向前方;右脚提收到左踝内侧(不触地),再向前垫步迈出,脚尖外撇,脚跟先着地,随即全脚掌踏实;同时右拳经胸前向前翻转搬出(即右手经胸前以肘关节为轴,向上、向前搬打),高与肩平,拳心向上,拳背为力点,肘微屈;左手经右前臂外侧下落,按于左胯旁,掌心向下,指尖朝前;目视右拳。

4. 转体收拳

上体微向右转,右腿屈膝,重心前移,左脚跟提起;同时左掌经体侧向前上画弧,右拳内旋回收至体侧,拳心转向下,右臂平屈于胸前右侧;目视前方。

5. 上步拦掌

上动不停,左脚向前上步,脚跟着地;同时左手向前上画弧拦出,高与肩平,掌心斜向右,指尖斜向上;右拳向右摆,内旋屈收于右腰旁,拳心转向上;目视左手。

6. 弓步打拳

身体稍左转,左脚掌踏实,左腿屈弓成左弓步,重心前移;同时右拳向前打出,高与胸平,拳眼向上,肘微屈;左手微收,附于右前臂内侧,掌心向右,指尖斜向上;目视右拳。

要点:上、下肢动作应协调一致;"搬"要先按后搬,在体前画立圆,并与右脚外撇提落相配合;"拦"以腰带臂平行绕动向前平拦,并与上步动作相配合;"捶",拳要螺旋形向前冲出,应与弓步动作相配合,同时完成

(二十二)如封似闭

1. 穿手翻掌

右拳变掌,两掌心翻转向上,左掌经右手前臂下向前伸出;两手交叉,随即分别向两侧分开,与肩同宽;目视前方。

2. 后坐收掌

上动不停,右腿屈膝,上体慢慢后坐,左脚尖翘起,身体重心移向右腿;同时两臂屈肘回收,两手翻转向下,沿弧线经胸前内旋向下按于腹前,掌心斜向下;目视前方。

3. 弓步推掌

上动不停,左脚掌踏实,左腿屈膝成左弓步,重心前移;同时两手向上、向前推出,臂微屈,腕与肩平,掌心均向前;目视前方。

要点:上体保持正直;两手距离不超过两肩;穿手翻掌时吸气,后坐收掌和弓步推掌时呼气。

(二十三)十字手

1. 转体分掌

上体稍右转,右腿屈膝后坐,脚尖稍外撇,左腿自然变直,脚尖内扣,成右侧弓步,身体重心移向右腿;同时右手随转体经面前向右平摆画弧,与左手成两臂侧平举,肘微屈,掌心均向前;目视右手。

2. 收脚合抱

上动不停,上体稍左转,左腿屈膝,右脚尖内扣,脚跟离地,身体重心移至左脚;随即右脚轻轻提起向左回收,前脚掌先着地,进而全脚掌踏实,脚距与肩同宽,脚尖朝前,两腿慢慢伸直成开立步,身体重心移到两腿中间;同时两手下落经腹前再向上画弧,交叉合抱于胸前,腕与肩平,两臂撑圆,两掌心均向内,右手在外,成十字手;目视前方。

要点:动作要虚实分明;两手向外分开时吸气,两手向下画弧时呼气,两手向上向里合抱交叉时吸气。

(二十四)收势

1. 翻掌分手

两手向外翻掌,掌心向下,左右分开,与肩同宽;目视前方。

2. 垂臂落手

两臂慢慢下落至两胯外侧,自然下垂,松肩垂肘;目视前方。

3. 并步还原

左脚提起与右脚并拢,两脚尖向前,恢复成预备姿势;目视前方。

要点:全身放松;两掌下按的过程呼气,动作完成后,应再进行 3～4 次深呼吸。

❖ 思考与练习

1. 武术的分类有哪些?

2. 武术的基本功有哪些?

3. 武术的基本动作有哪些?

4. 二十四式太极拳的动作有哪些?

第十章 搏击

本章介绍散打、跆拳道、女子防身术的起源与发展,并具体讲解它们的基本技术。

第一节 散 打

本节介绍散打的渊源,详细讲解实战姿势、步法、腿法、拳法、摔法等的基本技术。

一、散打运动简介

散打亦称散手,是双方按照规则,利用踢、打、摔等攻防战术进行徒手搏击、对抗,讲求远踢、近打、贴身摔。其能有效地增强体质,提高自我保护能力和抗击打能力,培养机智、顽强、勇敢、果断的意志品质。

散打是中华武术的精粹,是我国劳动人民在长期的劳动生产中创造和发展起来的具有独特风格的传统体育项目。散打古时称为相搏、手搏、拍张、技击等,有"拳打南山猛虎,脚踢北海蛟龙"之豪言,在历史上多用徒手相搏的形式在台上进行,又名"打擂台"。

1979 年,散打在我国成为竞技比赛项目。1987 年,散打被国家体委批准为正式比赛项目,并设"团体锦标赛"和"个人锦标赛"赛制。2000 年,首届中国武术散打王争霸赛在湖南长沙举行,这成为中国武术散打发展史上的里程碑,自此散打进入专业赛制时期。

二、散打基本技术

(一)基本姿势

基本姿势如图 10 - 1 所示,身体侧立,两脚前后开立(左脚在前为正架,右脚在前为反架),略比肩宽,两脚尖内扣,两膝微屈。两手握拳,左前右后,拳眼朝上,左臂屈肘成90°~110°,左拳与鼻同高,右臂弯曲,肘关节夹角小于90°,双肘内夹护于两侧软肋部。下颌微收,闭嘴合齿,含胸、拔背、收腹,左拳正对对手。

双方对峙时,一方成正架,另一方成反架,所构成的对峙姿势称为开放势(见图10-2)。

双方预备势均是正架或反架,所构成的对峙姿势称闭合势(见图10-3)。

图10-1　基本姿势　　　图10-2　开放势　　　图10-3　闭合势

躯干保持中正,含胸,拔背,两肩略内扣,重心稳固,有效部位暴露得越少越好。前脚跟与后脚趾间距约为本人两脚,身体重心落于两脚间。踝放松,自然,保持弹性随机变向。两膝略弯并微内扣,保持待发状态。收胯敛臀。手强调灵活多变,肘注意保护肋部。目视对手,目光盯住对方两眼与两肩的范围,余光涵盖其全身。明确眼光的主、次分布。

(二)步法

武术谚语曰:"练拳容易走步难""步慢则拳(脚)慢,手到步到方为之动"。步法直接影响攻防效果,是散打技术的重要内容。

1.上步

后脚前蹬向前迈进一步,原前脚迅速跟进半步,同时左右拳前后交换成反架势。整个过程重心要保持平稳。

2.退步

后脚后退半步,前脚跟至回收半步。整个过程应快速平稳,衔接自然。

3.换步

左脚与右脚同时蹬地并前后交换,同时两拳也前后交换成反架姿势。应以髋关节带动两脚,身体不可明显腾空。

4.盖步

如图10-4所示,右脚向左脚前迈步,脚尖外展,左脚跟离地,两膝微屈,重心偏于右脚。身体不转,重心平稳。

5. 插步

如图 10 - 5 所示,右脚经左脚跟左横移一步,两脚交叉。后插脚时要贴近地面,不可上抬,落地。插步后,左脚要及时上步还原成基本姿势。

图 10 - 4　盖步　　　　　图 10 - 5　插步

6. 撤步

前脚向内后回收一步,成右前左后。左脚跟离地,右脚尖外展。

(三)腿法

古谚道:"手似两扇门,全靠腿打人。"腿较粗壮有力,攻之威力大,防之有效。所谓三分拳七分腿,腿法技术在散打中具有重要地位。

1. 蹬腿

支撑腿略屈,另一腿提膝上抬,含胸,收腹,脚尖勾起,以向前上方蹬出,力达腿根。也可送髋,脚掌下压,力达前脚掌。图 10 - 6 所示为左蹬腿;图 10 - 7 所示为右蹬腿。

动作要点:屈膝蹬脚,爆发用力,快速连贯;蹬腿路线为直线,根据目标调节高低;注意保持身体平衡。

图 10 - 6　左蹬腿　　　　　图 10 - 7　右蹬腿

2. 踹腿

支撑腿略屈,脚尖外展,另一腿屈膝上抬过腰靠近胸部,大小腿夹紧,腿尖勾起,小腿外翻,脚掌正对攻击目标,展髋,挺胸向前用力踹出,力达脚掌,同时支撑腿挺直,上体适当侧倾。左踹腿如图 10 - 8 所示;右踹腿如图 10 - 9 所示。

图 10 - 8　左踹腿　　　　　　　　　图 10 - 9　右踹腿

动作要点:上体正直,以大腿推动小腿,大腿、小腿、脚掌成直线向前发力;踹出时,上体侧倾的斜度随攻击点的高度变化,越高倾斜度越大;支撑腿以脚前掌为轴碾地,脚跟内收。

3. 转身后扫腿

左转身后扫腿,如图 10 - 10 所示,右脚向左脚前上步,脚尖内扣,膝微屈,左后转身 360°,随转体上体稍侧倾,左腿经左后向前横扫,脚面绷平,力达脚掌,目视击点。右转身后扫腿如图 10 - 11 所示,身体右后转 360°,右腿横扫,其余动作要领同左转身后扫腿。

图 10 - 10　左转身后扫腿　　　　　图 10 - 11　右转身后扫腿

动作要点:转体时,以头领先,腰背发力,展髋,挺膝,绷脚背;动作应果断、敏捷、迅速。

4. 扶地后扫腿

如图 10 - 12 所示,左腿屈膝全蹲,以脚前掌为轴,两手扶地,上体向右后方转体一周,展髋,带动右腿直腿后扫,脚掌勾紧内扣,力达脚跟至小腿下端背面。动作要点:以转体带动扫腿,扫腿动作要迅速有力。

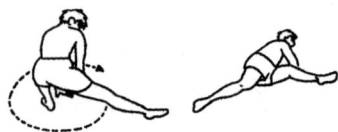

图 10 - 12　扶地后扫腿

（四）拳法

1.冲拳

基本姿势站立,拳向前鼻尖方向直线出击,同时拳内旋成拳心向下,臂伸直,同侧肩前顺,力达拳峰。然后,拳按原路直线回收,恢复预备姿势。图 10-13 所示为左冲拳;图 10-14 所示为右冲拳。

动作要点:速度要快,力量要强,姿势要灵活;上体保持中正;发力顺序为脚、腿、腰、肩、臂,力直达拳面。

图 10-13　左冲拳　　　　　　　　图 10-14　右冲拳

2.掼拳

左掼拳如图 10-15 所示,左脚蹬地,上体微向右转,左拳向左前摆出,高与肩平,肘微屈;然后左前臂内绕画弧平击,左拳向右横击,拳心朝下,力达拳面或拳心,也可力达掌根(以适应较远距离和增加杀伤力),右拳护于腮旁。

右掼拳如图 10-16 所示,出右拳,动作要领与左掼拳相同,唯左右相反。

动作要点:合胯转腰与掼拳发力要协调一致;出拳时,肘尖微抬,肩、肘、腕基本位于水平位置;收拳时,肘部应迅速回防肋部。

图 10-15　左掼拳　　　　　　　　图 10-16　右掼拳

3.抄拳

重心略下沉,脚蹬地拧转,上体左(右)转,拳由下向前上方猛力勾起,肘部夹角 90°~110°(根据与对手的距离而定),拳心朝里,力达拳峰。左抄拳如图 10-17 所示;右抄拳如图 10-18 所示。

动作要点:蹬脚、扣膝、合胯、转腰的合力由下至上,协调顺达;抄拳时,臂应先微内旋再外旋,拳螺旋形运行。

图 10 - 17　左抄拳　　　　　　　图 10 - 18　右抄拳

(五)摔法

1.夹颈过背摔

双方由预备姿势开始,甲方为白腰带,乙方为黑腰带(以下均同)。如图 10 - 19、图 10 - 20 所示,甲以左冲拳击乙头部,乙用前臂挡甲左前臂,左臂由甲右肩上穿过,屈臂夹甲颈部。同时,乙右脚移动至与左脚平行,两腿屈膝,身体右转,以左髋顶住甲;继而两腿蹬伸,向下弓腰,低头,将甲背起摔倒。

图 10 - 19　夹颈过背摔 1　　　　　图 10 - 20　夹颈过背摔 2

2.抱腿过胸

如图 10 - 21、图 10 - 22、图 10 - 23 所示,甲用右冲拳击乙头部,乙上左步,屈膝弓腰,两手抱甲双腿或单腿,同时跟上右步,蹬腿前冲并挺身将甲抱起后向后弓腰,仰头左转体抛出甲,也可仰头后倒。

图 10 - 21　抱腿过胸 1　　　图 10 - 22　抱腿过胸 2　　　图 10 - 23　抱腿过胸 3

3. 抱腿别腿

如图 10 - 24 所示，甲以左腿击打乙胸腹部，乙左手里抄接腿，右手夹抱，同时向甲右腿后上左步。上体转体，成右弓步，以左腿别甲左腿，同时用胸下压甲左腿。

4. 穿腿靠摔

如图 10 - 25 所示，甲乙开放式对峙，乙近身上步至甲右腿外侧，同时沉身，以左臂从正面向甲两腿间插入，从甲左腿膝后勾搂，随即上体左倾并后仰，屈膝前顶，将甲靠倒。

图 10 - 24　抱腿到腿

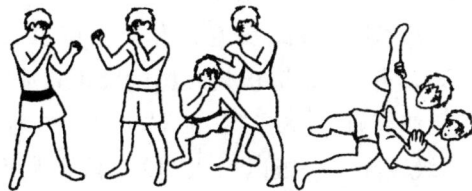

图 10 - 25　抱腿靠摔

5. 接腿勾踢

如图 10 - 26、图 10 - 27 所示，甲侧踹，乙左手抄接腿，同时右手横臂下压与左手形成夹状，上左步压重心。随后右手臂上提甲大腿或前推甲，右脚向甲支撑腿踝关节处勾踢。

图 10 - 26　接腿勾踢 1

图 10 - 27　接腿勾踢 2

重要提示：要注意攻防兼顾

第二节　跆拳道

本节介绍跆拳道的渊源与礼仪，并详细讲解实战姿势、进攻拳法和进攻腿法等基本技术。

一、跆拳道运动简介

跆拳道,是一项运用手脚技术进行搏击格斗的体育项目。"跆"意为以脚蹬踢、腾跃,"拳"意为以拳头击打、防御,"道"意为一种艺术方法,即技术方法和精神的修炼。它是在吸收中国传统武术和日本空手道的基础上,创新与发展而来的一项技击术。跆拳道最为注重的并非格斗,而是提高技艺和磨炼品质,使练习者在艰难的练习中培养出理想的人格和体魄。

1973年,世界跆拳道联合会在首尔成立,同年,第一届跆拳道世界锦标赛举行。2000年,跆拳道被列入奥运会正式比赛项目。

跆拳道有"十级""三品""九段"的划分。"级"分为十级至一级,十级水平最低,一级较高。一级以后入"段",段位从低到高分为一段至九段。未成年选手达到一段至三段水平,则授予"一品"至"三品"。腰带的颜色则代表着选手的技术水平,从低到高依次为白带(十级)、白黄带(九级)、黄带(八级)、黄绿带(七级)、绿带(六级)、绿蓝带(五级)、蓝带(四级)、蓝红带(三级)、红带(二级)、红黑带(一级、一品至三品)、黑带(一段至九段)。

二、跆拳道基本技术

跆拳道运动以腿为主,拳脚并用,以刚制刚,内外兼修。

(一)实战姿势

实战姿势即预备姿势。两脚前后开立(左脚在前为左势,右脚在前称为右势),与肩同宽,如图10-28所示,前脚脚尖右摆15°~45°,后脚尖为90°~110°,后脚跟稍提起,膝微屈,身体重心落于两脚之间。上体直立,斜向右前方,双手握拳,两臂微屈肘,自然垂放,目视前方。

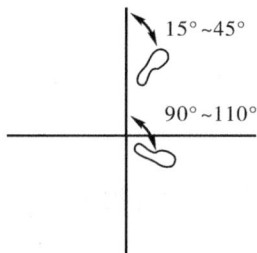

图10-28 实战姿势脚位示意图

(二)进攻拳法

进攻拳法(直拳)如图 10 - 29 所示,左脚蹬地,上体快速有力地向左前方扭转。同时,右臂内旋,拳心向下方转动,拳面、前臂、肘关节与肩成一条直线,快速弹伸。动作要点:蹬地、转髋,转腰、顺肩一气呵成,力达拳面;击打时,全身关节应富有弹性。

图 10 - 29 进攻拳法

(三)进攻腿法

1. 前踢

实战姿势开始,右脚蹬地,髋关节向左旋转,双手握拳置于胸前;右腿屈膝上提,脚面稍绷直,当大腿抬至水平或稍高时,小腿快速向前上方弹出,右腿踹直,用脚面或前脚掌击打目标;踢击后快速右转髋,使小腿沿原路折叠返回,右脚落于左脚前,仍为实战姿势。前踢发力部位由脚尖改为脚跟时,前踢动作即变为前蹬动作。

主要攻击部位有面部、下颚、腹部等,亦可用于防守。

动作要点:抬腿时,膝关节夹紧,小腿放松;高踢时,髋关节往前送,膝关节抬高;小腿前踢与回收要快速。

2. 横踢

实战姿势开始,右脚蹬地,重心前移至左腿,右腿屈膝提起,双手握拳置于胸前;左脚外旋180°,髋关节左转,左膝内扣,同时小腿迅速有力地向左前方横向踢出,力达脚背;顺鞭打之势上体右转,右腿屈膝回收,右脚落回原处,成实战姿势。

主要攻击部位有头部、胸部、腹部、肋部等。动作要点:转身、踢腿要一气呵成;踢腿时,腰、髋、膝、腿、踝成一条直线,踝关节下扣。

3. 侧踢

如图 10 - 30 所示,实战姿势开始,右脚蹬地屈膝提起,左脚以前脚掌为轴外旋180°,髋关节左转;同时右脚向右前方直线踢出,力点在脚刃与脚跟。发力后沿起腿路线收腿落地,成实战姿势。

主要攻击部位有头部、胸部、腹部、肋部、膝部等。

图 10 - 30　侧踢

动作要点:起腿时,大小腿、膝关节夹紧;提膝、转体、展髋,一气呵成;踢击时,头、肩、髋、腰、膝、腿、踝在同一直线上。

4. 后旋踢

以左势开始,两脚掌均内旋约180°,身体随之右转约90°,上体持续右转,与双腿拧成一定角度,右脚蹬地,以髋关节为轴提膝摆起,右腿继续向右后旋摆鞭打,以弧形摆至身体右侧后,右腿屈膝回收,顺势放松,仍成左势实战姿势。

主要攻击部位有头部、胸部等。

动作要点:转身、旋转、踢腿一气呵成,无停顿;重心在原地旋转360°,屈膝抬腿的速度要快;蹬地、转腰、转上体、摆腿顺序发力,击打点在正前方。

5. 下劈

如图10-31所示,从左势实战姿势开始,右脚向后蹬地,身体重心前移至左腿,双手握拳置于胸前;右腿以髋关节为轴屈膝上提,左脚跟提起,左腿伸直;膝关节至胸部时,小腿迅速向上伸直,右脚尽量上举至头部上方。然后放松、快速下落,以右脚跟为力点劈击目标,右脚落地,成右势实战姿势。

图 10 - 31　下劈

主要攻击部位有头顶、面部等。

动作要点:身体重心往高起,向上送髋,脚尽量高抬、往头后举。起腿要快速、果断;脚、踝关节放松往下劈落,落地应有控制。

6.推踢

实战姿势开始,右脚蹬地,身体重心前移至左脚,右腿屈膝提起,左脚以前脚掌为轴外旋约90°,重心向前压,同时右脚迅速向正前方水平推踢,力达脚掌,推踢后迅速屈膝,身体重心前落成左势。

主要攻击部位为腹部。

动作要点:提膝时尽量收紧膝关节;身体重心往前移,增加前推力度。

7.后踢

如图10-32所示,实战姿势开始,转身,背对对方,右脚前蹬后屈膝提起,髋关节收紧,右脚贴近左大腿;随即左腿蹬地伸直,右脚向右后方随展髋伸膝向后方直线踢出,上体侧倾,力达脚跟;踢击后,右腿按原路线迅速收回,回到实战姿势。

图10-32 后踢

主要攻击部位有头部、胸部、腹部、裆部、膝部等。

动作要点:起腿后上体和大小腿应折叠收紧,蓄势待发;转身、提腿、出脚、发力一气呵成。

第三节 女子防身术

本节介绍女子防身术的基本技术,并讲解临危不乱、防卫恰当、应对准确、机智聪慧等实战原则。

一、基本技术

(一)基本姿势

侧身是女子自卫时的最佳姿势。侧身时,能够尽量减少暴露易被攻击的部位。侧身的具体姿势是两腿一前一后,屈膝、脚掌着地。两手握拳一前一后。

(二)简易女子防身技术

(1)被单臂锁颈时,可反手顶肘攻击歹徒胸腹,随即侧转身指戳歹徒双眼。

(2)被揪头发时,可以手抓住歹徒抓发之手腕,用抬膝攻击歹徒的腹部和下体。

(3)双手被反剪时,可突然向前俯身,抬起一条腿后踹歹徒裆部。

(4)被歹徒按压时,如手未被按压,可张开手掌,以掌根猛击歹徒鼻梁或眼睛。

(5)若对方手肘抬起,露出腋下,可猛击其腋窝。

(6)正面被抱腰时,可肘击太阳穴,或叉眼、戳喉等。

(7)背后抱腰且手臂被制,可以脚跟猛踩其脚面,或反手攻击歹徒下体,或猛仰头以后脑击其面部。

(三)注意事项

(1)以头部撞击歹徒面部时,要瞄准鼻梁处三角区,千万不能撞在对方前额上,形成互伤。

(2)用膝攻击距离一定要近,不到位或勉强到位,歹徒稍微弯腰弓身就可化解。

(3)以肘攻击歹徒太阳穴时,最好采用连续攻击法。

二、实战原则

(一)临危不乱

当女性身处险境时,自救的前提是沉着冷静。因为只有保持清醒的头脑和良好的心理状态,才能临危不乱,并准确有效地运用防卫技术。相反,如果遇事慌乱,那么动作就会失去协调性,身体各部位的肌肉也会非常紧张,耐力也会受到影响,从而使得技术动作不能很好地发挥。这样不仅不能快速制敌,反而会危害到自身的安全。

(二)防卫恰当

危急情形下的自卫防身技术动作有时对人体伤害很大,甚至会一招致残、一招致命,所以在使用防身技术时,必须要有一定的节制。而且还要根据不同的情节、不同的性质来选用不同的技术动作,以避免防卫不当或过当。

(三)应对准确

在自卫防身时,既要明确了解自身此时此刻的身体姿势,诸如站立、坐卧、前倾、后仰等，又要观察分析歹徒此时此刻的进攻姿势，诸如搂、抱、掐、拳打、脚踢等，还要根据歹徒的进攻姿势来选择相应的技术动作，以最有效的反击方式和最快的速度，向歹徒发起有力的攻击。此外，应临场观察歹徒的身高胖瘦等情况，再将自身与敌手对比，从而采取正确的自卫措施。

（四）机智聪慧

如果想运用技巧攻击对方的某个部位，那就设法将对方的注意力从此处转移开，借此提高获胜的机会。尽量不要露出任何恐慌，保持平静的表情，想方设法让歹徒分散注意力。

❖ 思考与练习

1. 散打的基本技术有哪些？
2. 跆拳道的基本技术有哪些？
3. 女子防身术的基本技术有哪些？

第十一章　休闲体育

第一节　游　泳

游泳运动泳姿多样,技巧丰富,有很高的健身价值和很强的观赏性、趣味性。经常游泳的人不但形体健美,而且肌肉能力、心肺功能都很好。

一、游泳运动的起源与发展

远古时代,人类为了生存,经常跋山涉水,为了捕捉水里的鱼虾,不可避免地要与水打交道,当洪水泛滥时,则要与洪水进行生死搏斗。在这个过程中,人类逐渐学会了游泳。

但游泳作为一个体育项目得以发展还是近几十年的事。现代游泳运动起源于英国。17世纪60年代,英国不少地区的游泳活动就开展得相当活跃。1828年,英国在利物浦乔治码头建造了第一个室内游泳池,这种泳池到19世纪30年代在英国各大城市相继出现。

随着游泳运动的发展,游泳被分为实用游泳和竞技游泳两大类。实用游泳分为侧泳、潜泳、反蛙泳、踩水、救护、武装泅渡;竞技游泳分为蛙泳、爬泳、仰泳、蝶泳。第一届现代奥运会(1896年)游泳即被列入正式比赛项目,但不分泳姿。

二、游泳的基本技术

(一)熟悉水性

1. 水中站立与行走

初学者下水后首先要练习水中站立与行走,体会水对身体的压力、浮力和阻力,掌握在水中保持平衡的方法,消除怕水心理。可在浅水中站立,原地做下蹲、起立练习;扶池壁向前、向后、向两侧行走;不扶池壁,用两手在水中维持平衡,向前、向后、向两侧行走。

1)手扶(抱)浮板做跳跃

双手扶(抱)住浮板,头部保持在水面上,做向前跳跃滑行运动。

2)蹬池边手抱浮板滑行

双手抱住浮板,双脚用力蹬池边,向前滑行,头部保持在水面以上。

2.呼吸

呼吸是学游泳的一个难点,初学者必须学会在水中呼吸,将鼻式呼吸为主的陆上呼吸方法,逐渐改变为以口式呼吸为主的水中呼吸方法。

1)水中呼吸

水面上吸气后,关闭口、鼻腔后低头,下蹲至水中,在水中有一个憋气的过程,头部出水面后,先用口腔、鼻腔吐出体内的气后,张嘴只能用口腔深吸气。切记在吸气的过程中要张嘴吸气,不要用鼻腔吸气。

2)水中憋吐气

水面上吸气后,低头、下蹲至水中,停2秒后用口腔和鼻腔在水中进行吐气,同时头部在吐气过程中,上抬至水面上,到达水面上后,体内的气已吐尽。可先手扶池边或同伴、教练的手蹲下,使头没入水中练习憋气,慢慢过渡至不用保护自行练习。憋气时间越长越好。但若头部感到不适,应终止练习,以免引起换气伤害。

3)韵律呼吸

韵律呼吸即呼吸有规律、有节奏。动作要领基本与前面的水中憋吐气相似。在水中用口(鼻)吐气,除了注意节奏外,可以配合双手压水的动作进行。

3.漂浮

1)团体漂浮

两脚站立水中,深吸气后,下蹲低头抱膝,两膝尽量靠近胸部,前脚掌蹬离水底,成低头抱膝团身姿势。身体要尽量放松,自然地漂浮于水中,身体在水中自由旋转、摆动。

2)展体漂浮

两脚开立,两臂放松向前伸直,深吸气后身体前倒并低头,两脚轻轻蹬离水底,成俯卧姿势漂浮于水面,两臂、两腿自然分开,要求全身放松,身体充分展开。刚开始可以借助池壁,身体面对池壁,距离30厘米左右(手能触及池壁即可),双手可以扶在池边沿,上体俯卧水中,屏住呼吸或吐气(简称吐泡泡),腿慢慢浮起,如此反复练习多次,可以试着松开双手,直到完全不用借助池壁。练习者俯卧水中,四肢自然伸开,这种方法很容易掌握。

4.滑行

1）扶板蹬壁滑行

双手伸直扶浮板,一只脚蹬地,一只脚蹬池壁（深水池双脚蹬壁）。深吸气、低头、身体前倾并屈膝,臀部接近水面。当头和肩没入水中时前脚掌用力蹬离池壁,两腿并拢向前滑行。持板蹬壁有助于保持平衡。

2）徒手蹬壁滑行

这种蹬壁方法与扶板蹬壁并无差异,但是值得注意的是,在浅水池做此练习,教员可以抓住学员的双手,引导学员水平方向蹬出。

3）蹬地滑行

蹬地滑行适宜在浅水池进行。两脚前后开立,两臂并拢前伸,深吸气后低头,脚蹬地,进而滑行。

（二）蛙泳

蛙泳是一种模仿青蛙游泳动作的游泳姿势,也是一种古老的泳姿。蛙泳有利于游泳者观察前方是否有障碍物,且较省力,易持久,使用广泛,常用于渔猎、泅渡、救护、水上搬运等,同时,也是游泳初学者的优先学习项目。

1.腿部动作

腿部动作是推动身体前进的主要动力,如图 11－1 所示,蛙泳的腿部动作由收腿、翻脚、蹬夹水、滑行四个连贯动作组成。

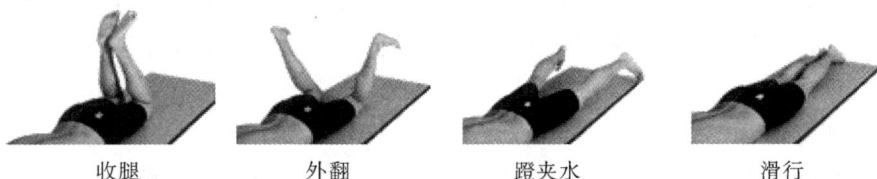

| 收腿 | 外翻 | 蹬夹水 | 滑行 |

图 11－1 蛙泳腿部动作

1）收腿

蛙泳的收腿动作是为了把腿收至最有利于蹬水的位置,它不但不产生推进力,而且还会造成阻力,所以收腿时 ,要考虑尽量减少阻力。收腿时两腿自然放松,随着划手和吸气动作两腿略下沉,两腿一边向前收一边逐渐分开膝和踝,同时屈膝屈髋,脚稍向内旋,脚跟向臀部靠拢。收腿时小腿和脚要跟在大腿和臀部后面,藏在大腿投影截面内,收腿力量要小,速度较慢,以减少阻力。在现代蛙泳技术中,有人在收腿时,采用快收小腿技术,以提高收腿动作速度,使之与臂部动作相配合,加快了动作的频率,这对提高速度是有利的。

2）外翻

外翻是蛙泳收腿与蹬水之间的连接动作，通过向外翻脚可以为蹬水创造有利条件。脚外翻动作既是收腿的继续，也是蹬腿动作的开始，严格来讲脚外翻应随最初的收腿动作完成。当腿收至脚跟接近臀部时，膝关节和踝关节随着向后蹬腿的动作而向外转动，勾脚尖。

3）蹬夹水

蹬夹水是推进力产生的关键动作，蹬夹水由蹬和夹两个动作构成，蹬腿应先伸展髋关节，然后是膝关节，最后是踝关节，在向后蹬的同时向内夹水。蹬夹过程中两腿保持勾脚动作，只在腿将蹬直并拢时，两脚踝关节才由原来的背屈转为跖屈，同时两腿自然地从水下向上摆到接近水面的位置，使腿与躯干保持直线。蹬腿结束，两腿应并拢伸直，踝关节伸直。蹬腿动作方向是先向外向后蹬然后转入向内向后蹬，最后阶段是向内、向后和向下的蹬夹腿，由此形成的是弧线形的鞭状蹬腿动作。由于蹬夹水能产生较大的推进力，应用较大的力量和较快的速度完成。

4）滑行

蹬夹结束后，由于蹬腿的惯性作用，两腿有一个短暂的滑行阶段。这时两腿应尽量伸直并拢，腿部肌肉和踝关节自然放松，借助蹬腿惯性向前滑行。

2.手臂动作

如图 11-2 所示，蛙泳的手臂分解动作由向外划水、高肘抓水、内划收手、手臂前伸四部分组成。

蛙泳的手势动作虽然不是动力的主要来源，但却对蛙泳行进有着非常重要的作用。

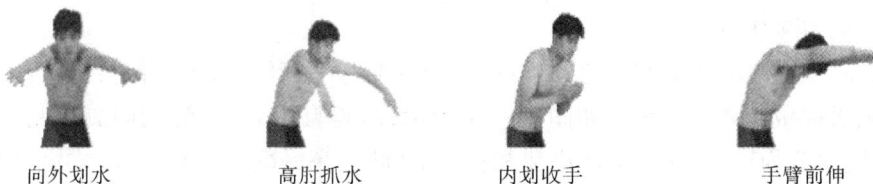

向外划水　　　　高肘抓水　　　　内划收手　　　　手臂前伸

图 11-2　蛙泳手臂动作

1）向外划水

手肘伸直，掌心由向下慢慢转为向外，手掌倾斜大约45°，边转手掌边将全臂向外斜下方推开，这时是没有向前的推进作用的，不需要太用力，以免浪费体力。

2）高肘抓水

当手掌和手臂感觉到有压力时，开始抓水，这是抓水推进最为关键的一步，过早抓水，会导致内划距离缩短，影响速度。

3）内划收手

当手臂张开大概45°时，手腕开始弯曲，掌心由外向内，手臂带动手肘加速向内划水，将水推向身体内侧，这时由于水的推力，上半身可以处于一个较高的位置。该动作完成时，手肘将收置于腋下，双臂贴紧身体，以减少水的阻力；掌心也同时由外向上（朝向胸部），置于头部前下方位置。

4）手臂前伸

掌心由向上转为相对，再到合并，在手掌转向的同时慢慢伸直手肘，用暗力往前伸，尽量伸到缩紧肩宽，以减少阻力，创造更好的流水线，提高滑行速度。在最后动作结束前掌心慢慢转为向下，这时口中的气在出水前全部吐净，为下一个向外划水仰头换气做好准备。

3. 完整配合

（1）蛙泳口诀：划水腿不动，收手再收腿，先伸胳膊再蹬腿，并拢伸直漂一会儿。

（2）陆上模仿包括陆上俯卧模仿和池边俯卧模仿。

（3）水中练习包括推拉板练习、扶池边练蛙泳配合、憋气配合等。

（三）自由泳

自由泳，严格来说并不是一种游泳姿势，而是竞技游泳的一种比赛项目，它的竞赛规则对游泳姿势几乎没有任何限制。爬泳姿势结构合理，阻力小，速度均匀、快速，是最省力、速度最快的一种游泳姿势，人们在自由泳这种对泳姿几乎没有任何限制的比赛项目里往往会使用爬泳这种阻力小、速度快的泳姿，所以现在人们通常把自由泳和爬泳等同看待。1896年第一届现代奥运会上自由泳即被列为正式的比赛项目。

1. 腿部动作

自由泳腿部动作虽有一定的推进力，但主要起平衡作用，用来保持身体的稳定和协调双臂做有力地划水。如图11-3所示，两腿自然并拢，脚稍内旋，踝关节关松，以髋关节为轴，由大腿带动小腿和脚掌，两腿交替做鞭打动作，两脚尖上下最大幅度30~40厘米，膝关节最大屈度约160°。

图11-3 自由泳腿部动作

2. 手臂动作

自由泳手臂动作是推动身体前进的主要动力。如图11-4所示，一个动作周期可分为入水、抱水、划水、出水和空中移臂五个阶段。

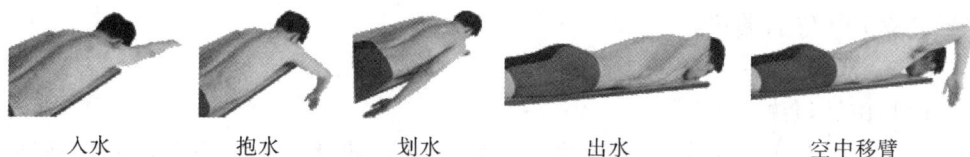

入水　　　　抱水　　　　划水　　　　出水　　　　空中移臂

图 11 - 4　自由泳手臂动作

1）入水

手在控制下自然放松入水。手的入水点一般在身体纵轴和肩关节的前后延长线之间。入水时手指自然伸直并拢，臂内旋使肘关节抬高处于最高点，手掌斜向外下方，使手指首先触水，然后是小臂，最后是大臂自然插入水中。

2）抱水

臂入水后，在积极向下方插入的过程中，手掌从向斜外下方转换为向斜内后方并开始屈腕、屈肘，肘高于手，以便能迅速过渡到较好的划水位置。抱水结束，肘关节屈至 150°左右，整个手臂像抱着一个大圆球，为划水作准备。

3）划水

划水是发挥最大推进作用的关键动作，其动作过程可分为拉水和推水两个部分。紧接抱水阶段进入拉水，这时要保持抬肘，并使大臂内旋。同时继续屈肘，手掌向后划动，并与推水动作形成合理的动作方向，同时，也使主要肌肉群在良好的工作条件下进入推水动作，拉水至肩的垂直平面后，即进入推水部分，这时肘的屈度为 100°左右。大臂保持内旋姿势，带动小臂，用力向后推水。同时，使肩部后移，以加长有效的划水路线。向后推水有一个从屈臂到伸臂的加速过程，手掌以从内向上、从下向上的动作路线加速划至大腿旁。整个划水动作，手的轨迹始于肩前，继之到腹下，最后到大腿旁，类似 S 形。

4）出水

划水结束时，掌心转向大腿，出水时手指向上，手臂放松，微屈肘。由上臂带动，肘部向外上方提拉带前臂和手出水面，掌心转向后上方。出水动作必须迅速而不停顿，同时应该柔和、放松。

5）空中移臂

紧接出水不停顿地进入空中移臂，移臂时，肘高于手。

6）两臂配合

自由泳两臂划水发生的交叉位置有前交叉、中交叉和后交叉三种类型。前交叉是指一臂入水时，另一臂已前摆至肩前方与水平面成30°左右的角。前交叉有利于初学者掌握自由泳的动作和呼吸。中交叉是指一臂入水时,另一臂处在向内划水阶段,与水平面成90°左右的角。后交叉是指一臂入水时,另一臂划至腹下,手与水平面成150°左右的角。

3. 完整配合

1)自由泳口诀

(1)身:身体平稳水中趴,双臂交叉轮流划,两腿鞭状上下打,慢呼快吸向前划。

(2)臂:移臂放松肩前插,小臂手掌对准水,沿着中线把速加,两臂轮流交替划。

(3)腿:大腿发力带小腿,两腿交替来打水。

(4)换气:头在水中慢吐气,转头张嘴快吸气。

2)陆上模仿

站在岸边,弯腰低头。先进行单臂的模仿划水练习,注意看划水的路线是否正确。单臂熟练后,两臂配合练习,逐渐加上呼吸一起练习。每划水 2～3 次,呼吸1 次。

3)水中练习

站在浅水区,面向池壁,双手指尖刚好碰到池壁。练习方法同陆上模仿。

三、游泳安全卫生常识

(一)选择安全卫生的游泳场地

学习游泳应选择人工游泳场馆,不要到自然水域学习游泳。人工游泳场馆的管理比较规范,池水经常消毒、排污和过滤,清晰度较高,深水和浅水有明显标志,安全性和卫生情况都较好。

(二)游泳前的准备

游泳前应进行身体检查,患有心脏病、高血压、癫痫、肺结核、传染性肝炎、皮肤病、红眼病、精神病、中耳炎等疾病者,或处于发烧状态者,都不宜游泳。游泳前还应进行适当热身,以提高神经系统的兴奋性,增强心血管系统和呼吸系统的功能,增加肌肉的力量和弹性,加快血液循环和新陈代谢,提高身体各关节的灵活性。热身活动对防止抽筋、拉伤也有积极作用。

(三)自我救护

1. 抽筋

游泳时可能出现手指抽筋、小腿与脚趾抽筋、大腿抽筋等情况。发生抽筋时,首先要保持镇静,大声呼救;其次,在水中保持静立,进行自救,主要方法是先反向牵拉抽筋的肌肉,然后进行按摩,抽筋缓解后迅速上岸休息。

2. 呛水

预防呛水较好的方法是多练习呼吸技术,在未完全掌握的时候不去深水区游泳,并且游泳的时候注意力要集中,避免过度紧张。发生呛水时,要保持冷静,采用踩水技术使身体保持平衡,缓解后立即上岸休息。

第二节　拓展训练

一、拓展训练概述

拓展训练属于一种体验式教育,它在我国经历了几十年的发展,在这一过程中,拓展训练不断延伸和扩展,逐渐演变为一种学习模式,得到整个教育系统的肯定,并逐步成为我国户外体验教育的核心内容。

拓展训练是培养现代人和塑造现代组织的一种全新的学习方法和训练模式,它以合作意识、进取精神的激发和升华为宗旨,利用大自然和人工创设的特殊情境,通过精心设计的各种挑战极限性质的活动,达到磨炼意志、陶冶情操、完善人格、熔炼团队的目的。

二、项目类别

拓展训练课是一种以体验式教育为主的课程内容,本身起源于生存和求生性训练,因此它和户外有着天然的联系。拓展训练课的户外项目一般以各种各样精心设计的团队项目来砥砺学员,开发学员潜能、增加学员自信,并培养团队合作精神,在这里我们根据设施的不同,把拓展训练项目分为高空项目、中低空项目、地面项目三种。要强调的是,拓展训练项目进行过程中一定要严格按照教师或教练的要求执行,安全永远是第一位的。

(一)高空项目

高空项目以高空断桥与空中抓杠为例进行介绍。

1. 高空断桥

1）项目概述

高空断桥是一个以个人挑战为主的项目,它属于心理冲击度较高的项目,整个过程需独立完成。

2）实施过程

在距离地面 8 米的高空搭起一座独木桥,桥的中间断开,间距 1.2 ~ 1.4 米,要求所有队员在被充分保护的情况下爬上独木桥,从一侧迈到另一侧,再从另一侧迈回来,最后原路返回,,要求队员完成两次跨越。

3）训练目标

（1）克服恐惧,勇往直前,认识自我,战胜自我;

（2）培养面对困难时的互助精神,培养团队意识;

（3）认识心态对行动的影响,学会缓解心理压力。

2. 空中抓杠

1）项目概述

空中抓杠是一个以自我挑战为主的项目,属于高空高难度项目。项目要求每一位学生在充分安全的情况下,单独爬上一个 9 米高的高台,并在直径仅为 25 厘米的圆盘上站立,而后从圆盘上奋力跃出,去抓住横在空中的单杠。

2）实施过程

空中抓杠也叫跳出真我,是很好的个人挑战项目。最重要的是学生按照教师的安排用心去做,充分保证安全。

所有学生在有充分保护的情况下,爬上起跳高台完成跳跃,不管是否抓住单杠,只要跳出就算完成。

3）训练目标

（1）挑战自我,战胜心理阻碍,加强自我控制的能力,培育自信心;

（2）领会成功与失败的真正意义;

（3）面对机会,坚决把握,加强自我抉择的能力

（二）中低空项目

中低空项目以信任背摔和空中电网为例进行介绍。

1. 信任背摔

1）项目概述

信任背摔是经典拓展训练项目之一,许多时候拿它作为第一个训练的项目。

这个项目虽然是个高风险的项目,但是如果操作规范,安全是能够得到保证的。

2)实施过程

每名学生轮流站在高约1.7米的背摔台上,背对大家倒下,组内其他人员在其身后用双手做保护,接住倒下的成员。台上的学生应伸直胳膊,掌心朝外,双手交叉,十指交叉握紧,从胸前翻出,注意双手紧贴胸口,必要时亦可由教师用束手绳绑住其双手,再将手臂蜷于胸前。台下进行保护的学生分成两组,面对面站在台上学生的背后,相对的两人各迈出左腿,成弓步,右腿绷直,双手放在对面成员的肩上,头部后仰。台下每一位学生都要全心投入该项目,尽全力保护台上学生的安全。

3)训练目标

(1)建立团队内部的相互信任;

(2)增强学生挑战自我的勇气;

(3)感悟制度的制定与实施对任务完成的重要意义;

(4)培养学生换位思考的意识。

2.穿越电网

1)项目概述

穿越电网属于团队合作项目。在全体队员面前悬挂一张"电网",网上的洞口大小不一,要求队员在规定时间内,从网的一边依次通过到达另一边。

2)实施过程

一个团队站在一个蜘蛛网绳的一面,通过数量有限、大小不一的网口。项目进行中不可以说话,要求队员在规定时间内,通过网口将团队所有人员输送到网的另一边,在此过程中参训学生的任何部位都不允许碰网,否则被触碰的洞口将被封闭,每个洞口只能用一次,即通过一人后立即被封闭。

3)训练目标

(1)充分体现有效的组织协调是团队成功的关键;

(2)培养在规定时间内调动各种资源解决问题的能力;

(3)感受面对困难时应有的态度和做事方式。

(三)地面项目

地面项目以盲人方阵与蛟龙出海为例进行介绍。

1. 盲人方阵

1)项目概述

盲人方阵,又被称为黑夜协作,这是一个团队合作项目。

2）实施过程

所有人蒙上双眼,最好手牵手,围圈走到活动场地,行进过程中任何人不能偷看。教师告知附近有一捆绳子,需学生共同合作,在40分钟内找到绳子,把它围成一个最大的正方形,然后所有人相对均匀地分布在这个正方形的四条边上。

3）训练目标

（1）培养团队成员的沟通意识,提高团队成员的沟通技巧和决策能力;

（2）感受特殊情境下完成任务的合作方式;

（3）培养学生科学的思维方式;

（4）使学生理解角色定位及尽职尽责地完成本职工作的重要性;

（5）理解"失与得"的辩证关系。

2. 蛟龙出海

1）项目概述

全队的伙伴用绑腿绳将脚踝绑在一起,横向一排,在尽量少的时间内按规定路线从起点到达终点。在这个项目中,团队配合是至关重要的,如何调整自己与团队的步伐,是成功的关键。

2）实施过程

（1）将学生分成人数均等的两组,男女学生错开,肩并肩站成一横排;

（2）用绳子将相邻队友的脚踝绑在一起;

（3）由教师发令,整体开始行动,迈向目标;

（4）行进过程中,如果绳子松开,则在原地绑好后继续前进,期间计时不间断。

3）训练目标

（1）培养团队合作能力;

（2）认识统一指挥的意义与重要作用。

第三节　轮　滑

本节介绍轮滑运动的装备等,讲解轮滑运动的基本技术。

轮滑也叫旱冰、溜冰等,是从滑冰运动过渡而来的。轮滑运动的起源有多种说法,但基本都是围绕如何改进溜冰鞋的线索展开。

一、轮滑运动的装备

(一)轮滑鞋

1. 竞速轮滑鞋

竞速轮滑鞋通常用于追求速度的轮滑竞赛。如图 11-5 所示,竞速轮滑鞋一般为五轮鞋,为了减轻负载及充分发挥脚踝力量,鞋帮都比较低,鞋身采用全皮,一般不装制动器。竞速轮滑鞋一般都选用更高级的轮子及更精密的轴承,轮子直径多在 76~80 毫米,且较尖,以减少与地面的摩擦力。其特点是重心较低,以便在滑行中求稳。

2. 休闲轮滑鞋

休闲轮滑鞋用于一般休闲和健身活动。我们常在公园、校园或自行车道上看到的轮滑鞋就是这种鞋。如图 11-6 所示,休闲轮滑鞋一般为四个轮子,轮子后方装有制动器,一般为高鞋腰、中等鞋跟。

图 11-5　竞速轮滑鞋　　　　　　　图 11-6　休闲轮滑鞋

3. 特技轮滑鞋

特技轮滑鞋用于特技轮滑,如在跳板、滑竿或"U"形滑道上做特技动作时穿着。如图 11-7 所示,特技轮滑鞋一般为四轮直排,多采用系带加扣式,这样在做特技时不会因鞋扣松开而发生危险。特技轮滑运动经常有跳跃等动作,因此特技轮滑鞋强调底座厚实、抗冲击性较强,鞋体内套包覆性较强,以更好地保护运动者。特技轮滑鞋的轮子通常较小,直径一般在 47~62 毫米,形状较宽而平,以使落地动作更平稳,也便于滑动。

4. 花样轮滑鞋

花样轮滑鞋一般四轮双排,用于花样轮滑或表演。如图 11-8 所示,花样轮滑鞋的主要特点是四个轮子排成两排,前后各两个,且前后两个轮子间距略宽于脚,鞋尖前下方装一个制动器。

| 图 11 - 7　特技轮滑鞋 | 图 11 - 8　花样轮滑鞋 |

5.轮滑球鞋

轮滑球鞋用于轮滑球运动。此类鞋是专门为轮滑球运动而设计的,采用一次成型无内套的鞋体,使脚与鞋更紧密贴合,以利于轮滑球运动中快速前进、转弯等瞬间移动动作。材质以皮质为主。

(二)轮滑护具

轮滑护具一般有头盔、护肘、护腕、手套、护膝等。护具的功能在于当练习者在轮滑过程中一旦出现跌倒或撞击事故时,能够对冲击力加以分散、缓冲和吸收,进而起到保护作用。可根据自身的轮滑技术水平和要做的技术动作选择相应护具。

重要提示:患有心脏病、高血压等严重疾病的人不宜参加剧烈的轮滑活动。

二、轮滑基本技术

(一)站立

1.丁字站立法

如图 11 - 9 所示,前脚后跟卡住后脚的足弓处,两脚成丁字形。上体稍前倾,两膝微屈,重心稍偏于后脚上。

2.八字站立法

如图 11 - 10 所示,两脚后跟靠紧,两脚尖自然分开。上体稍前倾,两膝微屈,两臂自然下垂于体侧,重心落在两脚中间。

3.平行站立法

如图 11 - 11 所示,两脚平行分开,大约与肩同宽,两脚尖稍内扣,膝部稍屈。上体稍前倾,重心落在两脚尖中间。

图 11－9　丁字站立法　　　图 11－10　八字站立法　　　图 11－11　平行站立法

（二）滑行

1. 单蹬双滑

单蹬双滑是指单脚蹬地,双脚向前滑行的一种滑行方法。练习时左脚在前以丁字步站立,膝部弯曲,以右脚内侧轮向身体侧后方蹬地,左脚尖外撇向前滑出,此时重心随之移至左脚,同时右脚自然收至左脚旁以双足着地向前滑行。然后,左右脚交替蹬地进行练习。

2. 交替单蹬单滑

交替单蹬单滑是指两脚交替蹬地,两脚交替单足向前滑行的一种滑行方法。左脚在前,以丁字步站立,以右脚内侧轮向身体的侧后方蹬地,左腿屈膝向前滑出,重心逐渐移至左腿成单足支撑滑行。然后,再以左脚内侧轮蹬地形成右脚单足支撑向前滑行,重复交替进行。

3. 前滑压步转弯

左转弯时,右脚内侧轮蹬地,左脚以外侧轮着地并向前滑出,滑行一段后,右脚内侧轮蹬地向前超越左脚,在左前侧落地滑出,此时重心移至右脚内侧轮上。同时左脚用外轮在右后侧蹬地,蹬后前移至左前侧,支撑滑行。右转弯与左转弯动作相同,方向相反。

4. 葫芦形后滑

两脚稍稍分开,平行站立,开始姿势为脚尖稍向内,两腿弯曲,用两脚内刃向前蹬地,同时两脚跟向两边分开,向后外滑至两脚稍宽于肩时,两脚跟内收靠拢,恢复至开始姿势,随后重复上述滑行动作,两脚一开一合向后滑行。

5. 蛇形后滑

两脚为内八字,开始姿势为用右脚内刃蹬地,身体重心移向左侧,左脚向后滑行。右腿在体前伸直,随即右脚放在左脚内侧,恢复开始的姿势。然后再用左脚蹬地,身体重心移向右侧,右脚向后滑行。左腿在体前伸直,随即左脚放在右脚的内侧。然后依次重复上述动作。

(三)停止

1. 正中切法

重心放低,双脚平行,把有制动器的脚向前推出,脚尖微向上,让制动器摩擦地面而逐步停止。

2. 转弯减速法

利用做惯性转弯的动作来消耗滑行的速度惯性,逐渐减速直至停止。

3. 丁字停止法

单脚向前滑行时,浮足在滑行脚的后跟处以丁字形放好,使浮足的轮子横向与地面摩擦,减速滑行,直至停止。

4. 侧向停止法

在向前滑行时,两脚和上体同时做顺时针(或逆时针)方向急转90°,上体向前进的反方向倾斜,两腿弯曲,使滑轮横向摩擦而急停。这是一种难度较高的方法,初学者慎用。

❖ 思考与练习

1. 游泳前应做哪些准备工作?
2. 请简述游泳的基本技术。
3. 拓展训练一般包括哪些项目?
4. 请简述轮滑的基本技术。

第十二章　滑冰运动与滑雪运动

本章介绍滑冰运动与滑雪运动的基本知识,并详细讲解各个项目的基本技术、练习方法等。

第一节　滑冰运动

本节介绍滑冰运动的起源、发展,讲解滑冰运动的基本技术和练习方法。

一、滑冰运动简介

滑冰,亦称"冰嬉",很多人认为,滑冰起源于国外,实际上,早在宋代,我国就已经有了滑冰运动,只是当时这种运动被称为"冰嬉"。滑冰包括速度滑冰、花样滑冰、冰上舞蹈等多种项目。

滑冰运动不但能增强人的心肺功能,增强肌肉力量,还能有效增强抗寒、耐寒能力,增强人体的平衡能力并能培养勇敢顽强的意志。

二、滑冰的基本技术

(一)陆地模仿练习

(1)滑行姿势:如图 12 - 1 所示,上体前倾、屈膝。两脚平行靠近着地,重心在脚中部。两臂背于体后或在体侧自然下垂。

(2)做好滑行姿势后,做单、双腿静止支撑或屈伸(蹲起)练习。

(3)如图 12 - 2、图 12 - 3 所示,由深蹲姿势开始,单腿向侧方伸出后,以最短距离由侧位向后引,然后将腿收回并拢。两腿交替练习。

图 12 – 1　滑行姿势

图 12 – 2　模仿练习一

图 12 – 3　模拟练习二

（4）穿冰鞋在木板、雪地或草地上练习站立和行走。

（二）冰上练习

1. 在冰上站立

如图 12 – 4 所示，上体稍前倾，两脚冰刀内刃或平刃着冰成外"八"字形，身体重心在脚中前部。

2. 在冰上踏步与行走

站稳后将身体重心移至一脚上，重心在冰刀中部，另一脚虽在冰上，但不承担体重,两脚交替承担体重。在此基础上,进行原地踏步练习,而后进行小步行走。迈步时,抬大腿、屈膝,向前迈1~2步(踏步前进),两脚仍保持"八"字形。两脚距离要近些,便于重心的交换。迈步时,不得直腿向前迈或迈大步。

图12-4　冰上站立

3.初步滑行

上体略前倾,微屈膝,小步走的速度逐渐加快。获得一定速度后,两脚平行,平刃着冰,脚向前(两脚距离大约10厘米),即能向前滑进。

4.单脚蹬冰双脚滑行

做好基本姿势,然后,用一冰刀内刃扣住冰,伸展膝关节,向侧用力压冰、蹬冰,重心随之移至滑行腿。蹬冰后,该腿迅速收到滑行腿旁,形成双脚平行滑进。

5.双脚交替蹬冰和交替滑行

双脚交替蹬冰和交替滑行即初步直道滑行。右脚侧蹬冰将身体重心移至左脚,成左脚支撑滑进。右脚蹬冰后,离开冰面成浮脚并放松收至左脚。当右腿靠近左腿时,左脚开始蹬冰。如此两脚交替蹬、滑,连续进行。

初学者做此练习时,会出现双脚滑行重心在两脚中间,滑冰动作不连贯等现象。必须通过反复练习,才能逐渐熟练。

(三)直道滑冰技术

直道滑冰技术包括七个技术环节,即滑跑姿势、蹬冰动作、收腿动作、下刀动作、惯性滑行动作、全身配合动作、摆臂动作。

1.滑跑姿势

正确的滑跑姿势是直道滑冰技术的基础。在滑跑中采用正确的滑跑姿势,是充分发挥技能的重要前提。

如图12-5所示,正确的滑跑姿势,应是上体放松前倾,自然团身,与冰面平行,或肩略高于臀部,腿深屈,膝关节成90°~110°的角,踝关节成50°~70°的角。两臂放松,置于背后,头微抬起,目视前方约25米处。根据滑行距离的长短,可分为高姿势和低姿势两种。

图 12-5 正确的滑跑姿势

2.蹬冰动作

蹬冰力是推动运动者向前滑进的动力。蹬冰技术的优劣是决定速度的关键。因此,蹬冰动作是直道滑冰技术的核心。

蹬冰分为向后蹬冰和向侧方蹬冰。只有在起跑的前几步,才向身体重心的后方或侧后方蹬冰,其他任何阶段的滑行期间都是向身体的侧方蹬冰。如图 12-6 所示。

图 12-6 蹬冰动作

1)动作要领

当正刃惯性滑行将要结束时,运动者已破坏了正刃滑进,且过渡到内刃滑行,在身体倾斜的状态下,进入蹬冰阶段。这时要先伸展髋关节,同时膝前压,踝关节略有缩小,开始蹬冰,进而进入蹬冰阶段。

2)蹬冰方向

正确的蹬冰方向是获得高速滑跑的重要条件。不论是静止蹬冰还是在惯性滑进时的蹬冰,蹬冰的方向均要保持与刀刃支撑部分垂直。

3)蹬冰角度

蹬冰角度即蹬冰线与冰面的夹角,是推动前进的水平分力产生的关键因素。蹬冰过早(没达到适宜蹬冰角度)会造成分力过大,容易导致身体起伏;蹬冰过晚易造成蹬冰角度变小,蹬冰时间变短,不能有效利用冰面对冰刀蹬冰的反作用力。蹬冰时,蹬冰者向侧方蹬出的角度与运动者滑冰速度及技术的优劣直接相关。从静止起动,侧蹬冰角度与前进方向成50°~60°角,但随着速度的不断增加,蹬冰角度会逐渐变小,蹬冰方向则更倾向于向侧方蹬冰。长距离滑跑时,开始阶段的蹬冰角度一般在70°~75°。

4)蹬冰步幅

运动者身体重心从蹬冰前的位置移动到蹬冰结束的位置经过的距离,即为蹬冰步幅。在保证蹬冰力的情况下,若蹬冰的时间不变,蹬冰的距离加长,其获得的动能就会更大,速度就会更快。因此,将滑行姿势适当降低,蹬冰腿蹲屈越大,浮腿收腿越好,蹬冰腿伸展就会越充分,蹬冰的步幅就会越大。

3.收腿动作

蹬冰腿完成蹬冰动作后,抬离冰面,处于放松状态,称为浮腿。将浮腿从蹬冰结束后的侧位拉到后位,再由后位拉到冰刀着冰时的前位的动作叫作收腿动作。

收腿有以下作用:利用收腿的过程充分放松浮腿;有助于移动重心;能增加蹬冰力量和惯性冲滑力。

在收腿过程中,浮腿要以大腿带动小腿,从侧位做自然内压弧形拉回后位,再由后位向前位摆拉收腿,小腿积极摆动下落,在着冰前,完成收腿动作。

4.下刀动作

下刀动作正确与否,直接影响惯性滑行和蹬冰动作的质量。在滑跑中,将浮腿收回靠近支撑腿的内侧,冰刀在支撑腿前一脚远处着冰。下刀动作要快而轻。先用刀尖外侧着冰,开角要小,而后浮动到全刃着冰。在蹬冰刹那间,迅速把体重移到着冰腿上,身体在向浮腿方向倾斜的状态中。双脚冰刀几乎靠拢,浮腿刀很自然地用外刃与冰面接触。下刀方向应与运动者重心移动方向一致。下刀过早,会影响利用体重着冰或造成反支撑;下刀过晚,则易动作过急,易出现切下动作和侧跨,影响动作协调,打乱滑行节奏。

5.惯性滑行动作

惯性滑行动作是在一条腿蹬冰结束之后,到另一条腿蹬冰开始之前,用单腿支撑借助惯性速度向前滑行的动作。惯性滑行动作因滑行距离的不同,持续的时间及技术动作也不同。在滑长距离时,惯性动作持续的时间比短距离长,一般约占一个单步幅的1/2。在滑短距离时,惯性滑行动作所持续的时间比长距离短很多,约占一个单步幅的1/3。

6. 全身配合动作

全身配合是实现正确滑跑和创造高速度滑跑的重要因素。

1)两腿的配合

两腿配合是由四个时期八个动作形成一个复步,往返衔接而构成的。

2)上体、臀部与腿的配合

蹬冰、收腿、惯性滑行和下刀的过程中,上体和臀部应保持与滑跑方向一致。在进入蹬冰阶段,冰刀由正刃变到内刃之后,体重放在蹬冰腿上,上体臀部向蹬冰的相反方向水平移动(利用体重蹬冰)。蹬冰结束的刹那间,体重才移到新的支撑腿上,上体沿着新的方向随同支撑腿向前运动。

3)两臂与两腿的配合

摆臂动作、手的移动轨迹有三个位向点,即前高点、后高点、下垂点。当左臂位于前高点的时候,右臂位于后高点,这时左腿正位于要结束蹬冰阶段,右腿正处于滑进时要正刃变内刃的阶段;当左臂位于下垂点的时候,右臂也正位于下垂点,这时左腿位于收腿结束阶段,右腿恰处于要开始蹬冰的阶段;当左臂位于后高点时,右臂正位于前高点,这时右腿正位于要结束蹬冰阶段,左腿处在滑进时要由正刃变内刃的阶段。

7. 摆臂动作

摆臂是顺着身体纵轴前后加速摆动,当两臂向上摆动时就增加蹬冰腿的蹬冰力量。

1)摆臂动作的作用

增强蹬冰力量,迅速移动重心提高滑跑频率。两臂摆动越快,则重心移动越快。摆臂分单摆臂和双摆臂:单摆臂多用于中长距离;双摆臂用于短距离及中长距离的终点冲刺。也有在中长距离滑跑中使用摆双臂动作的。

2)直道摆臂的方法

前摆时,与滑行方向一致,微屈肘,手摆至与肩同高的位置;后摆时,臂伸直,高度稍过肩。

8. 易犯的错误

(1)滑行时,上体前探,臀部抬起,重心偏前;上体直立,臀部后坐,重心偏后。

(2)蹬冰后,蹬冰腿收不回来,重心放于两腿中间。

(3)蹬冰动作发飘,先移重心后蹬冰。

(4)用刀尖蹬冰,脚跟抬起,总有走路的动力定型。

（5）收腿时,膝关节外展,身体内倾,不能正刃滑行。

（6）下刀时刀尖没有外展。

(四)弯道滑冰技术

弯道滑冰技术包括滑跑姿势、蹬冰动作、下刀动作、惯性滑行动作、全身配合动作、摆臂动作等。

1.滑跑姿势

弯道滑跑姿势与直道大致相同,但由于向心力作用,弯道与直道滑跑姿势又有很大区别。在弯道滑行时,身体向左倾斜,上体和支撑腿的冰刀在圆弧的切线上,重心应居中稍偏前。身体倾斜的大小,要根据弯道的弧度和滑跑的速度而定。

2.蹬冰动作

弯道蹬冰采用交叉步伐来滑跑,右脚用内刃,左脚用外刃,向右侧蹬冰。当左脚用外刃滑行时,右脚用内刃侧蹬。当右脚蹬冰结束后,屈膝,膝盖领先,提起跨越左脚,在左脚左侧近旁着冰,形成剪刀式交叉步动作,并逐渐将身体重心移至右腿,由右腿支撑滑行。左脚蹬完冰后,经由右脚跟后拉至右脚里侧的稍前方,用外刃着冰,沿圆心的切线向左滑进。如此反复进行。蹬冰方向要与蹬冰腿滑进的切线相垂直,两脚要有"侧、送、蹬"的感觉。

3.下刀动作

右刀收回时,刀跟内压,刀尖偏离雪线,以刀尖内刃开始着冰,而后滚动到全刃着冰。要注意膝盖前弓,使下刀的右腿与身体成一个倾斜面。左腿以"拉、收"的方法收回。下刀时贴近右脚内侧着冰,开始用左刀尖外刃着冰,很快滚动到全外刃着冰,刀尖偏离雪线。

4.惯性滑行动作

弯道中的惯性滑行阶段很短,右脚惯性滑行尤为短暂。在短距离弯道滑行中,几乎不存在惯性滑行。右腿开始收腿时,左腿开始惯性滑行动作,这时身体重心偏于左刀的后部。当右腿要越过左腿做积极内压动作时,身体开始向左倾斜,到此结束左腿惯性滑行动作。

右腿惯性滑行动作是从左腿开始收腿起,到左腿冰刀收到右腿的冰刀后方为止。当左腿以后交叉的形式收到右腿后方时,身体重心从右刀的后部移向冰刀的中部,身体向左倾斜,进入利用体重蹬冰阶段。这时,身体重心随着蹬冰动作移向冰刀的前部。

5.全身配合动作

目前,弯道滑跑技术要求尽量挖掘身体各部位动作潜力,创造更大的向前加速度。

主要表现在摆肩动作、摆动收腿动作、摆臂动作与踏冰动作的配合上。随着蹬冰动作的结束，整个身体和肩部沿着新的滑行方向做积极移动，使左腿惯性滑行动作获得更大的冲滑力和稳定的动力平衡，而后随着右腿"压收"动作，再使左肩稍向右摆动，加大臀部向左倾斜，加速移动重心，为左腿蹬冰创造良好的条件。当左腿蹬冰结束时，形成明显的交叉步，肩部的方向与右刀前进的方向相吻合，明显偏离冰线。这种姿势又使右腿支撑惯性滑行动作获得较好的平衡条件。两腿的配合，从动作上看是四个时期八个动作形成一个复步，与直道相同。不同之处是两腿的形式不一样。

6. 摆臂动作

弯道摆臂的作用，一是加速移动重心，维持平衡；二是增加蹬冰力量；三是使上下肢协调，提高滑跑频率。两臂的摆动是不一样的，其作用也不相同。右臂摆动与直道相比，更向前方及稍侧后些，左臂大臂贴着上体，只前后摆动小臂，主要起协调作用。

7. 易犯的错误

（1）左刀不能用外刃支撑滑行，身体不敢向左倾斜。

（2）左刀向左转动角度过大，或身体和冰刀倾斜角度不一致，造成外刃滑行时有制动的声音。

（五）练习方法

1. 压步练习

左脚支撑体重，右脚向左脚外侧压步，重心移到右腿后，左脚从右脚后方抽回并在右脚内侧着冰。体重再移至左腿，右脚再提起越过左脚，并在右脚外侧着冰反复练习。

2. 右脚内刃蹬冰，左脚外刃滑行

身体向左倾斜，微屈膝，重心在左腿，右脚沿圆圈用内刃不停地短促向侧方蹬冰；左脚刀外刃着冰，不断地向左改变方向，沿圆周各处的切线向左转弯滑进。

3. 压步滑行

掌握了左脚外刃滑行后，可做压步滑行练习。身体左倾斜，微屈膝，左脚外刃滑行，右脚内刃侧蹬冰。当右脚蹬冰后，右腿屈膝，提起越过左脚，在左脚左侧近旁用内刃着冰。此时，左脚外刃在右腿后方向右侧蹬冰，形成两腿交叉压步动作，并逐渐将身体重心移至右腿，右腿屈膝用内刃滑行，此时身体仍向左倾斜。左脚蹬冰结束后收回，在右脚左侧近旁用外刃着冰，而后沿圆心切线向左滑行。

（六）停止法

1. 内"八"字停止法

内"八"字停止法又称犁式停止法,双脚平行滑行,上体稍前倾,两腿微屈,两膝内扣,臀后坐,重心下降,用两刀内刃压冰(后脚跟逐渐用力),刀跟逐渐分开,成"八"字形。

2. 转体内外刃停止法(双脚平行停止法)

转体内外刃停止法又称双脚平行停止法,在滑行中,两腿并拢,两刀平行向左(右)转体90°,同时后坐,上体前倾,两膝紧靠,身体向左(右)倾斜,用右刀内刃、左刀外刃(或右刃外刃、左刀内刃),逐渐横刀用力压切冰面,用臀部向左(右)转动,带动双脚逐渐横刀。

3. 转体右脚外刃停止法

转体右脚外刃停止法又称单脚直立停止法,在滑行中,身体逐渐成直立姿势,用右脚支撑,左脚抬高,体重置于右腿上,此时,身体与右脚冰刀同时逐渐加速向右转动,重心稍下降,身体向右倾斜,用右侧冰刀的外刃(逐渐横刀)压切冰面。

4. 易犯的错误

(1)内"八"字停止时,上体前倾,臀部抬起。

(2)转体内外刃停止时,不注重通过转臀而转体,以至横刀太快。

5. 练习方法

(1)慢速双脚滑行时,两膝内扣,两脚跟外展,臀部后坐,用两刀内刃压冰练习。

(2)慢速滑行,两腿并拢,两刀平行,两膝靠紧,逐渐下蹲并向左转臀。

(3)下蹲转臀时,两肩也同时向左转体90°,并向右倾斜,两刀逐渐向右横切冰面。

第二节 滑雪运动

本节介绍滑雪运动的起源、发展,讲解滑雪运动的基本技术和基本练习方法。

一、滑雪运动简介

滑雪运动是人们把滑雪板装在靴底在雪地上进行的运动。滑雪板一般用木材、金属材料和塑料混合制成。

滑雪运动是冬季奥运会正式比赛项目。滑雪是一项有氧运动,经常参加可以有效提高身体素质。滑雪时要求上下肢协调配合,这样就可以有效提高身体的协调性与平衡能力等。

二、滑雪运动基本技术

(一)基本姿势

动作要领:如图 12-7 所示,雪杖分立,插于雪板两侧,双眼目视前方;双雪板平行,间距不超过骨盆宽度,身体重心居中。

图 12-7 滑雪基本姿势

(二)基本动作

1. 原地转向

动作要领:如图 12-8 所示,雪杖分立,插于雪板两侧,双眼目视前方;双雪板平行站立,左脚带动雪板前端向身体左侧外展,站稳后,右脚再带动右侧雪板随左脚的雪板旋转至平行。此后以此类推,完成 360°转动。

图 12-8　原地转向

2. 徒手二步交替

动作要领：如图 12-9 所示，从原地站立开始，两雪板平行朝向前方，稳步朝前走动。双手不持雪杖，摆动双臂有效保持身体平衡。重心稳定，双眼目视前方。

图 12-9　徒手二步交替

3. 徒手"八"字登坡

动作要领：如图 12-10 所示，面向缓坡方向站立，两雪板形成外"八"字朝坡上行走。身体重心要适当前倾，采用雪板内刃蹬雪，避免侧滑摔倒。双手不持雪杖，双眼目视前方，摆动双臂有效保持身体平衡。

图 12-10　徒手"八"字登坡

(三)平地滑行技术

1. 移动动作

动作要领：如图 12-11 所示，两腿微屈膝平行开立，等宽或略宽于肩。右脚带动雪板先内收,左脚再向外侧移动雪板,重复上述动作,保持身体向左侧平行移动,重心居中,目视前方。

图 12 – 11　移动动作

2. 直线向前走动

动作要领:如图 12 – 12 所示,双手持杖,目视前方,身体稍前倾,双脚带动雪板向前走动。

图 12 – 12　直线向前走动

3. 同时推进滑行

动作要领:如图 12 – 13 所示,双雪板平行,目视前方,上体稍前倾,微屈膝站立至雪板上。分别将雪杖置于身体两侧,稍超过足尖前侧的位置,然后体前屈发力,双手用力向后撑雪杖,使身体向前滑行。

图 12 – 13　同时推进滑行

（四）缓上坡滑行技术

1. 跨一步同时推进滑行

动作要领：如图 12 - 14 所示，目视前方，重心前移，单脚向前迈出一步后，双手持雪杖分别落于身体两侧前方。后续发力同"同时推进滑行"。

图 12 - 14　跨一步同时推进滑行

2. 一步一撑滑行

动作要领：如图 12 - 15 所示，目视前方，重心前移，单脚向前迈出一步后，双手持雪杖分别落于身体两侧前方，双雪杖向后用力撑的同时，落于前侧的雪板向前滑行，重心落在该雪板上。滑行速度减缓后，身体重心向另一侧移动，后腿带雪板前移，然后双手持雪杖再次分别落于身体两侧前方，向后用力撑的同时，落于前侧的雪板向前滑行。

图 12 - 15　一步一撑滑行

（五）下坡滑行技术

1. 直线滑降

动作要领：如图 12 - 16 所示，两雪板平行，上体稍前倾，双臂将雪杖分别夹于臂下，两膝微屈向前滑行。

图 12 - 16　直线滑降

2. 犁式滑降

动作要领:如图 12 - 17 所示,两雪板前端临近,后端形成 V 字形,上体稍前倾,双臂将雪杖分别夹于臂下,两膝微屈、稍内扣,雪板外刃稍高于内刃,稳定向前滑行。犁式滑降动作主要用于下坡时,可增加雪板的支撑面,保持滑雪者身体稳定滑行,避免摔倒。

图 12 - 17　犁式滑降

3. 加速滑降

动作要领:如图 12 - 18 所示,两雪板平行,上体大幅前倾,双臂将雪杖分别夹于臂下,两膝屈膝,重心靠前,快速向前滑行。

图 12 - 18　加速滑降

4. 犁式制动

动作要领：如图 12 - 19 所示，两雪板前端临近，后侧大幅度分开，上体稍前倾，双臂将雪杖分别夹于臂下，两膝微屈，大幅度内扣，使雪板内刃用力蹬雪，从而有效降低滑行速度。犁式制动可使滑雪者在下坡时控制滑行速度，以免速度过快。调整内刃的角度可分别达到降速或者制动的目的。

图 12 - 19　犁式制动

❖ **思考与练习**

1. 简述滑冰的基本技术。
2. 弯道滑行时有哪些注意事项？
3. 滑冰一般有哪些停止方法？
4. 简述滑雪的基本技术。

第十三章　校园交谊舞

为了进一步深化本科教育教学改革,提高本科教育教学质量和人才培养水平,黑龙江东方学院编创了"校园交谊舞"课程。本课程以素质教育为本位,以学生的能力发展为出发点,从应用型本科高等院校的实际与校园交谊舞教学的实际出发,坚持科学性、职业性、实用性、代表性、普及性相结合,力求满足学生的实际需要。

第一节　与交谊舞对话

一、交谊舞的概念

交谊舞,也叫交际舞、社交舞等,是一种国际性的社交舞蹈。

交谊舞最早起源于欧洲,是从古老的民间舞蹈的基础上发展演变而来。交谊舞一般都是男士、女士两人成对配合,在悠扬悦耳的音乐伴奏下,通过艺术化的规范动作,来表现舞蹈技术与风格。它是很有魅力的舞蹈,早在16、17世纪起,就在欧洲各国成为一种普遍流行的社交活动方式,故有"世界语言"之称。

二、校园交谊舞的界定

校园交谊舞是在交谊舞的基础上,依据校园文化和学生的舞蹈认知基础而选择、确定的适合大学生生理、心理特点的舞蹈。校园交谊舞的难易程度、风格、特点等符合当代高校大学生学情,使学生在学会技术动作的基础上,领悟交谊舞中蕴含的文明礼仪,在悠扬悦耳的乐曲声中,翩翩起舞,驱除学习、工作带来的疲劳,愉悦身心,得到美的享受和熏陶。

第二节　交谊舞基本知识

舞蹈本身就是艺术,在挥洒优美的肢体语言的背后,需要扎实、深厚的舞蹈底蕴。万里长征始于第一步,跳好、跳美交谊舞,首先要掌握交谊舞的基本知识。

一、舞蹈与音乐的鱼水关系

一般情况下,舞蹈的表达需要音乐伴奏,交谊舞也不例外,所以我们常说音乐是舞蹈的灵魂。可以说,音乐是听得见的舞蹈,舞蹈是看得到的音乐。舞蹈没了音乐,就如鱼儿离了水,缺少灵性,变得呆板,甚至无法生存。

那么如何听清音乐翩翩起舞呢? 下面介绍一些音乐小知识。

(一)节奏

节奏是人们对时间的一种知觉,它是客观现象的延续性、顺序性和规律性的反映。可以说,哪里有生活,哪里就有动作;哪里有动作,哪里就有活动;哪里有活动,哪里就有速度;哪里有速度,哪里就有节奏。

伴随着舞蹈的音乐节奏,是指音乐的轻、重、缓、急。节奏是旋律的骨干,也是乐曲结构的基本因素。同时节奏性是舞蹈艺术的基本要素之一,舞蹈的动态形象是一种具有节奏性的动态形象。

(二)节拍

节拍是衡量节奏的单位,音乐中每隔一定时间会重复出现有一定强弱分别的节拍。正常的节奏是按一定的节拍进行的,交谊舞的节拍有多种不同的组合方式。例如:中三的节奏型是四三拍,四分音符为一拍,每小节三拍,节奏特点为强、弱、弱;中四的节奏型是四四拍,四分音符为一拍,每小节四拍,节奏特点为强、弱、次强、弱;吉特巴(牛仔舞的一种)的节奏型是四二拍,四分音符为一拍,每小节二拍,节奏特点为强、弱。可见听清楚音乐的节奏,就是要弄明白音乐的强弱拍子,如果音乐的节奏为强、弱、弱,那便可跳三步舞;如果为强、弱、次强、弱,就可跳四步舞。

(三)旋律

旋律又叫曲调,是按照一定的高低、长短和强弱关系而组成的音的线条。它是塑造音乐形象最主要的手段,是音乐的灵魂。

(四)主题

乐曲中处于显著地位的旋律就是音乐的主题。它能表达一定的思想感情、性格特点,是乐曲的核心,也是乐曲发展的基础,有的乐曲可以由数个主题交叉叠置发展而成。往往舞蹈的主题和动作高潮也与音乐的主题紧紧相扣。

二、交谊舞的场地、舞程线、角度和方位

(一)场地

交谊舞比赛用的正规场地面积为长 23 米、宽 15 米,如图 13 - 1 所示。舞者可根据场地编排舞蹈动作和调整自己的动作。

(二)舞程线

舞程线是指舞者沿着舞池逆时针方向运行的路线,如图 13 - 1 所示。跳舞时为了有秩序地行进,规定必须沿逆时针方向围绕着舞池中央运动。逆时针方向行进时,可以是直线,也可以是"之字形"线。

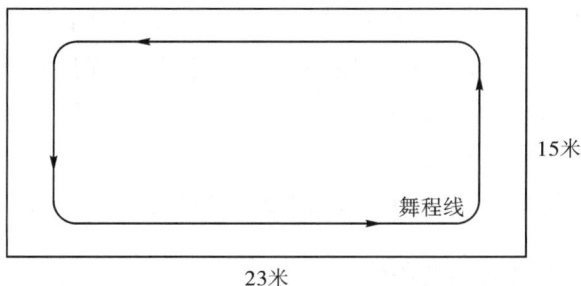

15米

舞程线

23米

图 13 - 1　交谊舞场地和舞程线

(三)角度和方位

舞者脚或身体转动的幅度大小用转动的度数加以表示即为角度。转动 45° 为 1/8 转,转动 90° 为 1/4 转,转动 270° 为 3/4 转,依此类推,360° 为一周。跳每一个舞步时都要记住开始和结束时的角度方位和在运步、旋转过程中动作的方位,只有这样才能记住和学会各种舞步。

方位(见图 13－2)是指舞者在舞池中身体所面对或背对的方向,一般为八个方位。当以肩引导(侧行)时,方位不变。

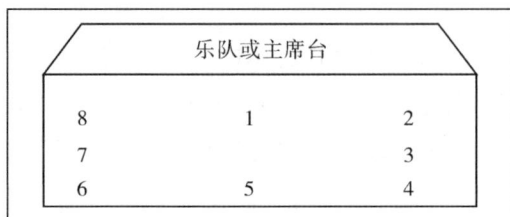

	乐队或主席台	
8	1	2
7		3
6	5	4

图 13－2　方位

三、交谊舞的基本术语、礼仪、服饰和姿态

自从交谊舞被规范化以后,规范舞步都有了较为系统正规的术语。

(一)交谊舞的基本术语

(1)脚位:舞步运行方法,指一个舞步结束时一只脚与另一只脚的位置关系。

(2)脚法:步法,是在一个舞步中脚与地板的接触方式。

(3)反身动作:用来引导旋转的身体动作,向前或向后移动时,移动脚与同侧身体方向相反。当向前步用反身动作时,脚尖稍转向外,向后步则转向内。

(4)升和降:升是由收紧腿部肌肉,伸直膝盖和身体向上伸展而产生的支撑力的提高,通常伴随着一只脚跟或双脚跟从地板上的升起;降是从脚尖到脚跟降低支撑腿,并且弯曲双膝走下一步舞步。

(5)握持:男女舞蹈中的握持姿势。

(6)倾斜:指脚踝以上身体向左或向右的倾斜度数。

(二)交谊舞的基本礼仪与服饰

交谊舞的学习不仅是单纯学习技术动作,而且要通过学习舞蹈学会与人交往,培养高尚道德,并提高审美能力。在交谊舞中有着严格的男女握持姿势和固定的舞步运行路线,而且起舞、共舞和谢舞都有严格的规定。需要注意的有以下几个方面:

(1)衣着要简洁大方,妆容得体,修饰适度。

(2)邀请舞伴时,男士应彬彬有礼,女士应礼貌回礼。如有不便,女士要说明原因并表示歉意。

（3）男士引带女士步入舞池时，女士在前，男士稍后。

（4）双方示礼后方可进入舞蹈状态。舞蹈结束时，双方示礼后，男士将女士引带回座位。

（5）舞蹈时应遵守一般规律，沿着舞程线方向运行，注意舞步规范，引带自然合理，应礼貌地跳完一支舞曲，不要中场退出。

（6）注意公共场合礼貌用语，遵守公共秩序，维护公共环境卫生。

（7）服饰方面，一般男士身着深色燕尾服或西装配领结，女士穿过膝长裙或晚礼服长裙；鞋的颜色与服装颜色一致，男士穿黑色舞鞋，女士穿高跟舞鞋；男士头发前不遮耳，后不过领，女士则为短发或长发盘髻，可加适当头饰。

（三）交谊舞的基本姿态

交谊舞是一种文明的文化娱乐活动，在学习交谊舞的步法之前，应学会正确、优美的交谊舞基本姿态。交谊舞对男女握持有规范要求，遵守规范能使舞者保持优美的外观轮廓，确保舞姿优美，而且在运动中始终保持两舞者身体相对位置正确而不受外界的影响。

握持有闭式舞姿和开式舞姿两种。每种握持都要注意站位、身体位置、头部位置、手臂位置四个方面。

1. 闭式舞姿

跳交谊舞的姿势，应是端庄、大方、自然，不可缩手缩脚，也不可轻浮放荡。整个身体要始终保持平、直、稳，不能扭曲歪斜和耸肩摇臂，也不要过分挺胸或塌腰、翘臀，如图 13 - 3 所示。

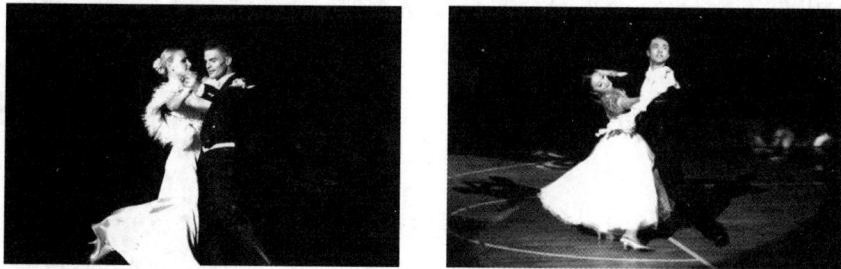

图 13 - 3 闭式舞姿

1）站位

男女舞伴相对站立，双膝微屈靠近，两脚自然并拢，右脚脚尖对准对方的两脚中间。若是"O"形腿的人，可用脚内侧踩踏地板，这样双膝膝盖会自然靠拢。

2）身体位置

男女均立腰、沉肩。双方的上身既不可以胸膛为中心紧靠,又不得过分离开,一般以相隔一二拳为宜。

3)头部位置

男士头颈基本保持正直,胯部向左微转,左转15°即可;女士头部左转45°,含颌,颈部尽量向上牵伸,有头顶天花板的感觉,胸椎尽量后伸,向后打开胸部线条。

4)手臂位置

男士双臂侧平举,两肘保持水平。左臂的大臂与小臂弯曲形成90°直角,左手略高于肩或者肘部不超过肩部,比肩低5～10厘米,形成"V"字形。左手与腕部要保持平直,手指自然并拢。高度与女士右耳齐平。左手虎口与女士右手虎口相交、掌心空出,以拇指和中指卡在女士右掌骨与指骨关节处,其余三指并拢。右臂的弯曲为70°～80°,右手五指并拢伸直,置于女士右肩胛骨外侧稍上位置。

女士双臂侧平举,两肘保持水平。右臂弯曲约150°,右手与男士左手轻握,掌心向前,手腕松弛。左臂轻贴男士右臂上,左手虎口张开,轻轻放在男士右上臂三角肌中部,其余三指可上翘,五指呈兰花指或弹指状,女舞伴不论左、右手臂应避免用力悬挂在男舞伴身上,或强握对方。

男士、女士握手的高度,应保持在男舞伴眼高或耳高的位置。双方举高的手臂不可过分撑开,否则就会影响双方上身的平行。如果男舞伴的左手过于伸向前方,势必逼退女舞伴的右手,也会破坏双方上身的平行。

2. 开式舞姿

开式舞姿也称侧行位舞姿(见图13-4),在闭式舞姿基础上,男女身体略向左右打开,但腰胯部要相贴,不能分离,两人身体打开形状类似"V"字。

(四)男士引导女士的方法

1. 邀请

男士邀请女士跳舞时,应做好准备姿势,听清楚乐曲的节奏后,男士应背向舞池,左脚后退一步,表示礼貌和谦让,而后引导女士起舞。在运步的过程中,非出于步法的特殊要求,身体不要上下颠动和左右摇晃;不论舞步前进或后退,向左或向右,快速或慢速,以及其他步法的变化,

图13-4 开式舞姿(侧行位舞姿)

都应由男舞伴主动引导,女士则始终处于跟随地位默契配合;双方迈步时,还应注意脚后跟要稍离地面,用前脚掌着地,这样可以跳得轻快而又优美。

2.引导方法

男士引导女士主要靠全身,尤其是靠上身的动作来表达。例如向左转时,男士需用左手稍向自己身体方向轻拉女士右手,同时,用右手稍向左边轻推女士腰部;如向右转时,则用左手轻推女士右手,同时,用右手稍向右边轻推女士腰部;假如跳三步连续转圈或跳四步转180°等舞步时,则男士用手推的暗示力量须加大一些,辅助女士旋转和身体重心的平稳。

要注意以下几点:

(1)男士切记不可用身体的某一部位去逼迫女士,更不允许以脚尖踢女士的脚以示让其后退;

(2)女士也并非完全被动,但除了要很敏锐地感应男士的舞步动向和暗示来变换自己的方向和舞步外,切不可因臆测率先踏行而影响舞姿;

(3)女士还应注意,如发现男士在走后退舞步时,如果将要和其他舞者碰撞,应用左手轻拉男士肩背部,使其从容避让;

(4)不要因害怕两人配合不好而低头看脚,这样会使身体重心偏离,反倒影响配合。

第三节 交谊舞的基本舞步

一、布鲁斯

(一)布鲁斯的特点

布鲁斯又称为"慢四",因为音乐速度较慢,节奏明显,舞步简单,容易掌握,是最适合初学者的一种舞步。

布鲁斯音乐节拍为4/4拍,速度每分钟为30小节左右。基本步法为二慢二快,每个慢步为二拍,每个快步为一拍。第一个起步最好在第一、三拍时踏出,因为这是重拍和次重。为便于迅速掌握,本章节以男女舞伴(以下简称男伴或女伴)站立的方位来记录,如不标明方位,那就是以男伴回对正前方(即1点)来记录。

基本步法示意图的脚迹为男伴脚迹。在一组完整的步法图里,先以实线脚迹表示步法的走向和位置,再以点线脚迹表示脚步的回转走向。

(二)基本舞步与跳法

1. 前进并步

前进并步是基本步,可前进或后退,如图 13 - 5 所示。

第 1~2 拍(慢):如图 13 - 6 所示,男伴左脚向前进;女伴右脚向后退。

第 3~4 拍(慢):如图 13 - 7 所示,男伴右脚向前进;女伴左脚向后退。

第 5 拍(快):如图 13 - 8 所示,男伴左脚向前进一小步;女伴右脚向后退一小步。

第 6 拍(快):如图 13 - 9 所示,男伴右脚紧接向左脚并步;女伴左脚紧接向右脚并步。

图 13 - 5　　图 13 - 6　前进并　图 13 - 7　前进并　图 13 - 8　前进并　图 13 - 9　前进并
前进并步　　　步第 1~2 拍　　步第 3~4 拍　　步第 5 拍　　　步第 6 拍

2. 后退并步

后退并步基本步法如图 13 - 10 所示。

第 1~2 拍(慢):男伴左脚向后退。女伴右脚向前进。

第 3~4 拍(慢):男伴右脚向后退。女伴左脚向前进。

第 5 拍(快):男伴左脚向后退一小步。女伴右脚向前进一小步。

第 6 拍(快):男伴右脚紧接向左脚并步。女伴左脚紧接向右脚并步。

3. 前进横并步

前进横并步基本步法如图 13 - 11 所示。

第 1~2 拍(慢):男伴左脚向前进。女伴右脚向后退。

第 3~4 拍(慢):男伴右脚向前进。女伴左脚向后退。

第 5 拍(快):如图 13 - 12 所示,男伴左脚经右脚旁再横向跨开。女伴右脚经左脚旁再横向跨开。

第 6 拍(快):如图 13 - 13 所示,男伴右脚向左脚并步。女伴左脚向右脚并步。

 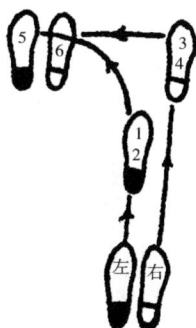  

图 13 – 10　　图 13 – 11　　　图 13 – 12　前进横并步　　图 13 – 13　前进横并步
后退并步　　前进横并步　　　　　　　第 5 拍　　　　　　　　　　第 6 拍

4. 后退并步

后退并步基本法如图 13 – 14 所示。

第 1 ~ 2 拍(慢)：男伴左脚向后退一大步。女伴右脚向前进一大步。

第 3 ~ 4 拍(慢)：男伴右脚向后退。女伴左脚向前进。

第 5 拍(快)：男伴左脚经右脚旁再横向跨开。女伴右脚经左脚旁再横向跨开。

第 6 拍(快)：男伴右脚向左脚并步。女伴左脚向右脚并步。

5. 进退平衡步

进退平衡步基本步法如图 13 – 15 所示。

第 1 ~ 2 拍(慢)：男伴左脚向前进，右脚紧接跟随前进一小步,重心在左脚。女伴右脚向后退，左脚紧跟随后退一小步,重心在右脚。

第 3 ~ 4 拍(慢)：男伴右脚向后退，左脚紧接跟随后退一小步多重心在右脚。女伴左脚向前进，右脚紧接跟随后退一小步,重心在左脚。

6. 前进平衡步

前进平衡步基本步法如图 13 – 16 所示。

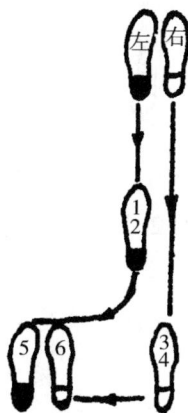  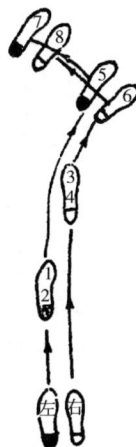

图 13 – 14　后退并步　　　　图 13 – 15　进退平衡步　　　图 13 – 16　前进平衡步

第 1~2 拍(慢):男伴左脚直向前进。女伴右脚直向后退。

第 3~4 拍(慢):男伴右脚再前进。女伴左脚再后退。

第 5 拍(快):男伴左脚绕过右脚旁横向跨开身对 3 点。女伴右脚经过左脚旁横向跨开。

第 6 拍(快):男伴右脚向前,与左脚并步。女伴左脚向前,与右脚并步。

第 7 拍(快):男伴左脚向左横跨一步。女伴右脚向右横跨一步。

第 8 拍(快):男伴右脚向左脚并步。女伴左脚向右脚并步。

7. 四分之一转

四分之一转每次转体不能小于一个直角,这样整个形态较活泼。转体动作是从第二步开始,到第五步完成向右回转 90°,再从第六步开始改为向左转,到第八步应向左回转 90°。

第 1~2 拍(慢):如图 13-17 所示,男伴身对 8 点,左脚向 8 点进一步。女伴右脚向后退。本章图示中男士正对方位为 1 点方位。

第 3~4 拍(慢):如图 13-18 所示,男伴右脚再向 8 点前进一步,上身向右回转。女伴左脚后退,上身向右回转。

第 5 拍(快):如图 13-19 所示,男伴左脚横向移开,上身再向右回转。女伴右脚横向小步移开,上身再向右回转。

图 13-17 四分之一转第 1~2 拍　图 13-18 四分之一转第 3~4 拍　图 13-19 四分之一转第 5 拍

第 6 拍(快):如图 13-20 所示,男伴右脚向左脚跟靠拢,身对 2 点。女伴左脚跟向右脚跟靠拢,背对 2 点。

第 7~8 拍(慢):如图 13-21 所示,男伴左脚向 6 点后退。女伴右脚向 6 点前进。

第 9~10 拍(慢):如图 13-22 所示,男伴右脚再向 6 点退一步,上身向左转。女伴左脚再向 6 点进一步,上身向左转。

图 13 –20 四分之一转第 6 拍　图 13 –21 四分之一转第 7~8 拍　图 13 –22 四分之一转第 9~10 拍

第 11 拍(快)：如图 13 – 23 所示，男伴左脚横向小步移开，上身再向左回转。女伴右脚横向跨开，上身再向左回转。

第 12 拍(快)：如图 13 – 24 所示，男伴右脚向左脚靠拢。女伴左脚向右脚靠拢。

图 13 – 23　四分之一转第 11 拍　　　图 13 – 24　四分之一转第 12 拍

8. 向前右转 90°

向前右转 90°基本步法如图 13 – 25 所示。

第 1~2 拍(慢)：男伴左脚向前进。女伴右脚向后退。

第 3~4 拍(慢)：男伴右脚向前进。女伴左脚向后退。

第 5 拍(快)：男伴左脚向前经右脚旁，横向跨开，向右回转，身对 3 点(即已转 1/4 圈)。女伴右脚后退经左脚旁横向跨移。

第 6 拍(快)：男伴右脚向左脚并步。女伴左脚向右脚并步。

9. 向后左转 90°

向后左转 90°基本步法如图 13 – 26 所示。

第 1~2 拍(慢)：男伴左脚向后退。女伴右脚向前进。

第 3~4 拍(慢)：男伴右脚向后退。女伴左脚向前进。

第 5 拍(快)：男伴左脚后退经右脚旁再横向跨开，上身向左回转成身对 7 点。

女伴右脚前进横向移开。上身向左回转。

第6拍(快):男伴右脚向左脚并步。女伴左脚向右脚并步。

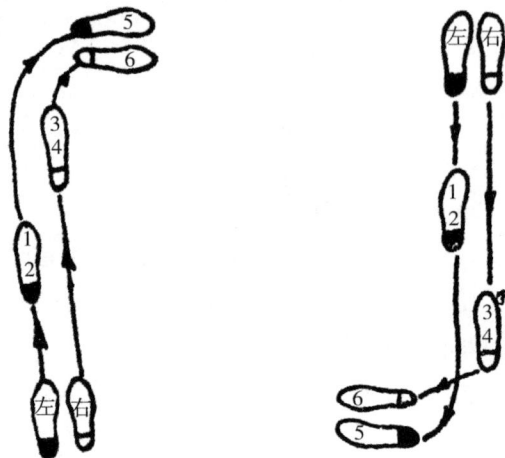

图13-25　向前右转90°　　图13-26　向后左转90°

10. 向前右转180°

向前右转180°基本步法如图13-27所示。

第1~2拍(慢):男伴左脚往左侧6点退一小步。女伴右脚往6点进一步。

第3~4拍(慢):男伴右脚原地右转,上身向右回转,脚尖对3点。女伴左脚原位踏地,上身向右回转。

第5拍(快):男伴左脚横向3点跨步。女伴右脚后退横向大幅跨开。

第6拍(快):男伴右脚向左脚并步。女伴左脚向右脚并步。

图13-27　向前右转180°

11. 左转半圈

左转半圈基本步法如图13-28所示。

第1~2拍(慢):男伴左脚向斜前方8点进步。女伴右脚向8点后退。

第3~4拍(慢):男伴右脚向1点横进一步,上身向左回转90°,脚尖对7点。女伴左脚向1点横退一步。

第5拍(快):男伴左脚后退横向跨开,上身向左回转,脚尖对5点。女伴右腿前进横移,上身向左回转。

第6拍(快):男伴右脚向左脚并步。女伴左脚向右脚并步。

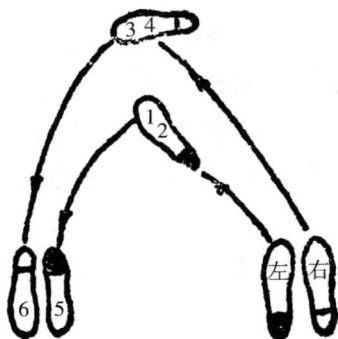

图13－28 左转半圈

12. 右转身

此舞步的节拍已不是严格的二慢二快的程序,而是有点不规则,其规律是前进和后退都是慢步,侧向移开和并步都是快步。因快步原则上只能连续两步,所以第八步虽然是横向,所以也要算作慢步。此后介绍的左转身、叠步、锁步、交叉步等亦不再是严格的二慢二快程序,均有所变化。

第1~2拍(慢):男伴身对8点,左脚向8点进一步。女伴右脚后退。

第3~4拍(慢):男伴右脚向8点再进一步,上身向右回转。女伴左脚后退,上身向右回转。

第5拍(快):男伴左脚经右脚旁横向跨开。上身再向右回转。女伴右脚经左脚旁横向小步移开,上身再向右回转。

第6拍(快):男伴右脚迅速向左并步,身对3点。女伴左脚迅速向右并步。

第7~8拍(慢):男伴左脚向7点后退,上身向右回转。女伴右脚前进,上身向右回转。

第9拍(快):男伴右脚经左脚旁横向小步移开,上身再稍右移。女伴左脚经右脚旁横向大幅移开,上身再向右转。

第10拍(快):男伴左脚向右脚并步,身对4点。女伴右脚向左脚并步。

第11~12拍(慢):男伴右脚再横向移开。女伴左脚再横向移开。

第13~14拍(慢):男伴左脚向右脚靠拢后向4点前进。女伴右脚拖向左脚后,退步。

13. 左转身

由男伴左脚开始前进,它的节拍是一慢二快,和一般布鲁斯舞步稍稍不同。

第1~2拍(慢):男伴左脚向2点前进,上身向左回转。女伴右脚后退,上身向左回转。

第3拍(快):男伴右脚经左脚旁横向大步跨开,上身再向左回转。女伴左脚经右脚旁横向小步移开,上身再向左回转。

第4拍(快):男伴左脚迅速向右脚并步,身对8点。女伴右脚向左脚并步。

第5~6拍(慢):男伴右脚向3点后退,上身再向左回转。女伴左脚前进,上身再向左回转。

第7拍(快):男伴左脚拉回经右脚旁横向移开并上身再向左回转。女伴右脚横向大幅跨开,再向左回转。

第8拍(快):男伴右脚向左脚并步,身对4点。女伴左脚向右脚并步。

第9~10拍(慢):男伴左脚向8点进一步。女伴右脚后退。

14. 叠步

叠步基本步法如图13-29所示。

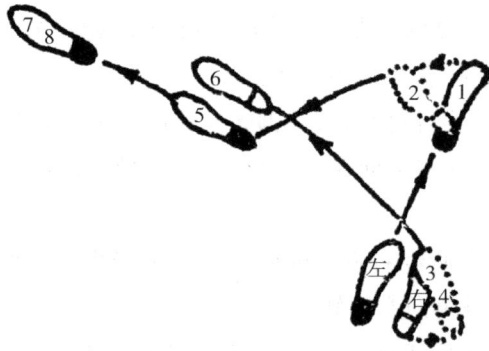

图13-29 叠步

第1~2拍(慢):男伴身对2点,左脚向2点进一小步,上身向左转。女伴右脚后退,上身向左转。

第3~4拍(慢):男伴右脚仍在后方原来的位置,把体重移回右脚,再少许回转。女伴左脚仍放在前方原来的位置,身体倾向左脚,再少许回转。

第5拍(快):左脚经右脚旁横向移开,上身再少许回转。

第6拍(快):男伴右脚向左脚并步,身对8点。女伴左脚向右脚并步。

第7~8拍(慢):男伴左脚向8点前进。女伴右脚向8点后退。

15. 锁步

锁步的舞步节拍为一慢二快,基本步法如图 13－30 所示。

第 1～2 拍(慢):男伴左脚向正 1 点前进。女伴右脚向后退。

第 3 拍(快):男伴右脚经左脚旁横向移开。女伴左脚经右脚旁横向移开。

第 4 拍(快):男伴左脚向右脚并步。女伴右脚向左脚并步。

第 5～6 拍(慢):男伴右脚向女伴的外侧,即自己左脚的前方做小角度交叉状前进。女伴左脚向右脚后方做小角度交叉状后退。

第 7 拍(快):男伴左脚向斜左前移开。女伴右脚稍向右后方倒退。

第 8 拍(快):男伴右脚向左脚后方做轻快的交叉。女伴左脚向右脚前方做轻快的交叉。

第 9～10 拍(慢):男伴左脚向斜左前方移开。女伴右脚向斜右后方移开。

第 11～12 拍(快):男伴右脚向女伴外侧的 8 点方向做小角度交叉状前进。女伴左脚向右脚后方做小角度交叉状后退。

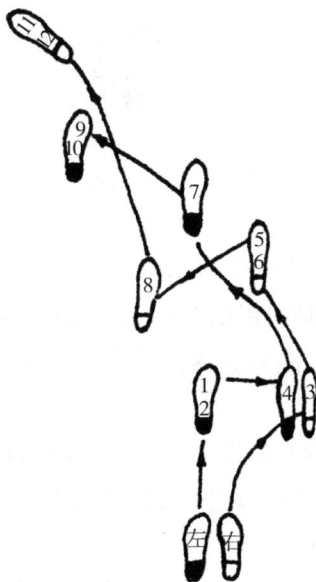

图 13－30　锁步

16. 交叉步

交叉步的节拍为一慢二快,基本步法如图 13－31 所示。

第 1～2 拍(慢):男伴身对 8 点,男伴左脚向 8 点前进。女伴右脚向 8 点后退。

第 3 拍(快):男伴右脚经左脚旁横向跨开。女伴左脚横向跨开。

第4拍(快):男伴左脚向右脚并步。女伴右脚向左脚并步。

第5~6拍(慢):男伴右脚向女伴外侧自己的左脚前方做交叉状前进。女伴左脚向右脚后方做交叉状后退。

第7拍(快):男伴左脚横向跨开。女伴右脚横向跨开。

第8拍(快):男伴右脚向左脚并步。女伴左脚向右脚并步。

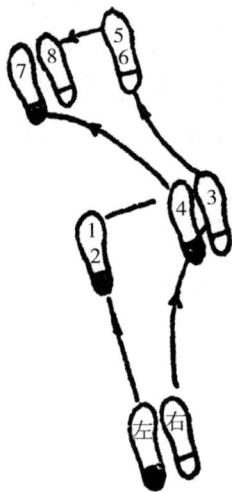

图13-31 交叉步

17. 交叉滑步

交叉滑步基本步法如图13-32所示。

第1~2拍(慢):男伴左脚向正前方行进。女伴右脚后退。

第3拍(快):男伴右脚经左脚旁横向跨开。女伴左脚经右脚旁横向跨开,脚尖对8点。

第4拍(快):男伴左脚向右脚靠拢。女伴右脚向左脚靠拢。

第5~6拍(慢):男伴右脚向女伴外侧,自己的左脚前方做交叉状前进。女伴左脚向右脚后方做交叉状后退。

第7~8拍(慢):男伴左脚向8点进一步。女伴右脚向后退一步。

第9拍(快):男伴右脚经左脚旁横向跨开,脚尖对2点。女伴左脚横向跨开,脚尖对6点。

第10拍(快):男伴左脚向右脚并步。女伴右脚向左脚并步。

18. 重复横并步

重复横并步的节拍为一慢四快,如图13-33所示。

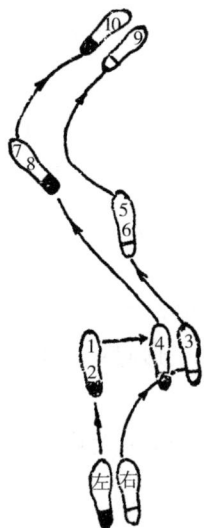

图 13－32　交叉滑步　　　　　　　图 13－33　重复横并步

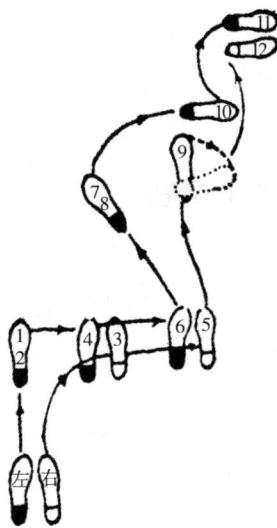

第 1~2 拍(慢)：男伴左脚向正 1 点前进。女伴右脚向后退一步。

第 3 拍(快)：男伴右脚经左脚旁横向跨开。女伴左脚经右脚旁横向跨开。

第 4 拍(快)：男伴左脚迅速向右脚并步。女伴右脚迅速向左脚并步。

第 5 拍(快)：男伴右脚再向右横向跨一大步。女伴左脚再向左旁横向跨开。

第 6 拍(快)：男伴左脚迅速向右脚并步。女伴右脚迅速向左脚并步。

第 7~8 拍(慢)：男伴左脚向 8 点进一大步。女伴右脚向 8 点退一大步。

第 9 拍(快)：男伴右脚向正前 1 点进一小步，上身向右回转。女伴左脚经右脚旁向 1 点退一小步，上身向右回转。

第 10 拍(快)：男伴左脚向右脚靠拢，人体重心仍在右脚。上身再向右回转成身对 3 点。女伴右脚向左脚靠拢，其他同男伴。

第 11 拍(快)：男伴左脚向左旁横向跨开。女伴右脚向右旁横向跨开。

第 12 拍(快)：男伴右脚迅速向左脚并步。女伴左脚迅速向右脚并步。

二、华尔兹

(一)华尔兹的特点

华尔兹的特点是舞步配合音乐，一拍一步。步法的第一步应该配合音乐的第二拍起步。华尔兹舞步的技巧体现在它快速的旋转中。

为了使男女双方舞步配合默契，一般起步男伴以左脚先往后退一步为宜，这既表示礼貌，又可避免仓促起步而踩到对方。

这里介绍的华尔兹舞步以慢三步为主。其中"基本步""左转身""右转身"等舞步用中三步和快三步的速度也能起舞。

基本步法示意图的脚迹为男伴脚迹。

(二)基本舞步与跳法

1. 基本步

基本步动作可进或退，或原地做，舞步按音乐节奏分成大中小三步。

第1拍(蓬)：如图13-34所示，男伴身对2点，左脚向6点退一大步。女伴右脚向前进一大步。

第2拍(嚓)：如图13-35所示，男伴右脚向6点退一大步。女伴左脚向前进一步。

第3拍(嚓)：如图13-36所示，男伴左脚向右脚靠拢。女伴右脚向左脚靠拢。

图13-34　基本步第1拍(蓬)　图13-35　基本步第2拍(嚓)　图13-36　基本步第3拍(嚓)

第4拍(蓬)：男伴右脚向2点进一大步。女伴左脚向后退一大步。

第5拍(嚓)：男伴左脚向2点进一步。女伴右脚向后退一步。

第6拍(嚓)：男伴右脚向左脚靠拢。女伴左脚向右脚靠拢。

2. 方块步

每一小节走一直角，人体方向不变。

第1拍(蓬)：如图13-37所示，男伴左脚向正后方5点退一大步。女伴右脚向5点进一大步。

第2拍(嚓)：如图13-38所示，男伴右脚经左脚旁横向跨开。女伴左脚经右脚旁横向跨开。

第3拍(嚓)：如图13-39所示，男伴左脚向右脚靠拢。女伴右脚向左脚靠拢。

第4拍(蓬)：男伴右脚向1点前进。女伴左脚向1点后退。

第 5 拍(嚓):男伴左脚经右脚旁横向跨开。女伴右脚经左脚旁横向跨开。

第 6 拍(嚓):男伴右脚向左脚靠拢。女伴左脚向右脚靠拢。

图 13-37　方块步第 1 拍(蓬)　图 13-38　方块步第 2 拍(嚓)　图 13-39　方块步第 3 拍(嚓)

3. 前进换步

前进换步步法如图 13-40 所示。

第 1 拍(蓬):男伴左脚前进一大步。女伴右脚后退一大步。

第 2 拍(嚓):男伴右脚前进一小步。女伴左脚后退一小步。

第 3 拍(嚓):男伴左脚再前进一小步。女伴右脚再后退一小步。

第 4 拍(蓬):男伴右脚再前进一大步。女伴左脚再后退一大步。

第 5 拍(嚓):男伴左脚前进一小步。女伴右脚后退一小步。

第 6 拍(嚓):男伴右脚再前进一小步。女伴左脚再后退一小步。

4. 左转换步

左转换步步法如图 13-41 所示。

图 13-40　前进换步　　　　图 13-41　左转换步

第1拍(蓬):男伴身对8点,左脚向8点前进。女伴右脚向8点后退。

第2拍(嚓):男伴右脚经左脚旁横向跨开。女伴左脚经右脚旁横向跨开。

第3拍(嚓):男伴左脚向右脚并步。女伴右脚向左脚并步。

5. 右转换步

右转换步步法如图 13-42 所示。

第1拍(蓬):男伴身对2点,右脚直向2点前进。女伴左脚直向后退。

第2拍(嚓):男伴左脚经右脚旁横向移开。女伴右脚经左脚旁横向移开。

第3拍(嚓):男伴右脚向左脚并步。女伴左脚向右脚并步。

6. 后退转步

后退转步步法如图 13-43 所示。

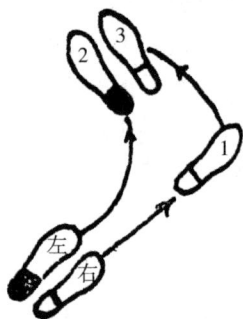

图 13-42 右转换步　　　　图 13-43 后退转步

第1拍(蓬):男伴左脚向后退。女伴右脚向前进。

第2拍(嚓):男伴右脚向后退。女伴左脚向前进。

第3拍(嚓):男伴左脚再后退。女伴右脚再前进。

第4拍(蓬):男伴右脚向后退,上身向左回转。女伴左脚向前进,上身向左回转。

第5拍(嚓):男伴左脚后退,横向跨一小步。上身仍向左回转。女伴右脚向前横向跨一步。

第6拍(嚓):男伴右脚迅速向左脚并步。女伴左脚迅速向右脚并步。

7. 左转身

第1拍(蓬):如图 13-44 所示,男伴身对2点,左脚向2点前进,上身向左回转。女伴右脚后退,上身向左回转。

第2拍(嚓):如图13-45所示,男伴右脚横向大步跨开,上身继续回转。女伴左脚横向小步移开,上身仍稍向左回转。

第3拍(嚓):男伴左脚向右脚并步,身对6点。女伴右脚向左脚并步,停止回转。

图13-44 左转身第1拍(蓬)   图13-45 左转身第2拍(嚓)

第4拍(蓬):男伴右脚向2点后退,上身向左回转。女伴左脚前进,上身向左回转。

第5拍(嚓):男伴左脚横向小步移开,上身再稍作回转。女伴右脚横向大步跨开,上身继续回转。

第6拍(嚓):男伴右脚向左脚靠拢,身对2点。女伴左脚向右脚靠拢,停止回转。

8.右转身

第1拍(蓬):男伴身对2点。右脚向2点前进,上身向右回转。女伴左脚后退,上身向右回转。

第2拍(嚓):男伴左脚横向大步跨开,上身继续回转。女伴右脚横向小步移开,上身再做回转。

第3拍(嚓):男伴右脚向左脚靠拢并步,身对4点。女伴左脚向右脚并步,停止回转。

第4拍(蓬):男伴左脚向8点后退,上身向右回转。女伴右脚前进,上身向右回转。

第5拍(嚓):男伴右脚横向小步移开,上身再稍作回转。女伴左脚横向大步跨开,也稍作回转。

第6拍(嚓):男伴左脚向右脚并步,身对2点,停止回转。女伴右脚向左脚并步,停止回转。

❖ **思考与练习**

1. 什么叫交谊舞？交谊舞有哪些基本礼仪？
2. 交谊舞的基本舞步有哪些？

第十四章　健美操、体育舞蹈、民族舞蹈与模特训练

第一节　健美操

本节介绍健美操运动的渊源与特点,讲解下肢动作、上肢动作和躯干动作等健美操基本动作。

一、健美操运动概述

健美操是一项以有氧练习为基础,融体操、舞蹈、音乐为一体的体育运动。它寓健身于娱乐之中,能有效地提高身体素质,塑造优美的形体。

1980 年,国际健美操冠军联合会成立。1983 年,国际健美操联合会(IAF)成立。1985 年,国际健美操健身联合会(FISAF)成立。从 20 世纪 80 年代起,健美操运动在世界各地蓬勃发展。健美操以其鲜明的韵律感、全面的协调性、广泛的适用性、显著的实效性风靡全球。

健美操的分类方法众多,根据练习的主要目的和任务,可分为竞技健美操和健身健美操;根据练习形式,可分为徒手健美操、器械健美操和特殊场地健美操;根据性别特征,可分为女子健美操和男子健美操;根据年龄特征,可分为幼儿健美操、儿童健美操、少年健美操、青年健美操、中年健美操和老年健美操;根据锻炼部位,可分为颈部健美操、肩部健美操、臂部健美操、胸部健美操、腹部健美操、腰部健美操、髋部健美操、腿部健美操等。

二、健美操基本动作

(一)下肢动作

健美操的下肢动作主要为各种步伐,基本步伐有五类:踏步类、迈步类、点地

类、抬腿类和双腿类。

1.踏步类

踏步类步伐运动强度较低,两脚始终依次交替落地。

1)踏步

如图14-1所示,两腿原地依次抬起,依次落地,两臂自然前后摆动。落地时,由脚尖过渡到脚跟,踝、膝、髋关节依次有弹性地缓冲。

2)走步

如图14-2所示,迈步向前走时,脚跟先落地,过渡到前脚掌;向后走时则相反。其技术要点基本与踏步相同。

图14-1　踏步　　　　　　　　　　　图14-2　走步

3)一字步

如图14-3所示,一脚向前一步,另一脚并于前脚,然后依次还原。前后均要有并脚过程。

4)V字步

如图14-4所示,一脚向前侧方迈一步,另一脚随之向另一侧方迈一步,成两脚开立,屈膝,然后依次退回原位。两脚间距离略比肩宽,重心落于两腿之间。

图14-3　一字步　　　　　　　　　　图14-4　V字步

5)漫步

如图14-5所示,一脚向前迈出,屈膝,重心随之前移,另一脚稍抬起,然后原地落下;或向后撤一步,重心后移,另一脚稍抬起,然后原地落下。动作应富有弹性,身体重心随之前后移动。

6)跑步

如图14-6所示,两腿经过腾空,依次屈膝落地缓冲,脚跟要着地,两臂屈肘摆臂。

图14-5　漫步

图14-6　跑步

2.迈步类

迈步类步伐的特点为一条腿先迈出一步,重心移至该腿,另一条腿用脚跟、脚尖点地或吸腿、屈腿、踢腿后向另一个方向迈步。

1)并步

如图14-7所示,一脚迈出,另一脚随之并拢屈膝点地;再向反方向迈步。两膝保持弹动,重心随之移动,动作幅度和力度可随风格而定。

2)侧交叉步

如图14-8所示,一脚向侧迈一步,另一脚在其后交叉,随之再向侧迈一步,两脚并拢,屈膝点地。第一步脚跟先落地,屈膝缓冲,身体重心随脚步快速移动。

图14-7　并步

图14-8　侧交叉步

3.点地类

点地类步伐的特点为一腿屈膝站立,另一腿伸出,用脚尖或脚跟点地后还原到并腿位置。

1)脚尖点地

如图14-9所示,一腿稍屈膝站立,另一腿伸出(向前、向后、向一侧),脚尖点地,然后还原到并腿姿势。支撑腿始终保持屈膝站立,并随动作有弹性地屈伸。

2)脚跟点地

如图14-10所示,一腿稍屈膝站立,另一腿伸出,脚跟点地,然后还原到并腿姿势。只可做向前和向侧的脚跟点地。

图14-9　脚尖点地

图14-10　脚跟点地

4.抬腿类

抬腿类步伐的特点为一腿站立,另一腿抬起。

1)吸腿

如图14-11所示,一腿屈膝抬起,落地还原。上体保持正直,大腿用力上提超过水平,小腿自然下垂。

2)摆腿

如图14-12所示,一腿稍屈膝站立,另一腿做摆动。摆腿时,上体顺势前倾、后倾或侧倾。

3)踢腿

如图14-13所示,一腿稍屈膝站立,另一腿抬起,然后还原。踢腿时,加速用力且有控制,上体保持正直。

图14-11　吸腿

图14-12　摆腿

图14-13　踢腿

4)弹踢腿(跳)

如图14-14所示,一腿站立(蹬跳),另一腿先向后屈,再向前下方弹踢,还原。

腿弹出时要有控制,无须太高,上体保持正直。

5)后屈腿(跳)

如图 14 – 15 所示,一腿站立(蹬跳),另一腿向后屈膝折叠,放下腿还原。后屈腿脚跟靠近臀部,支撑腿有弹性地缓冲落地,两膝并拢。

14 – 14　弹踢腿(跳)　　　　图 14 – 15　后屈腿(跳)

5. 双腿类

双腿类步伐的特点为双腿站立或跳跃,身体重心在两腿之间。

1)并腿跳

如图 14 – 16 所示,两腿并拢跳起。落地缓冲且有控制。

2)分腿跳

如图 14 – 17 所示,分腿分立,屈膝半蹲(大、小腿夹角不小于 90°),向上跳起,分腿落地屈膝缓冲。

图 14 – 16　并腿跳　　　　图 14 – 17　分腿跳

3)开合跳

由并腿跳起,分腿落地,再由分腿跳起,并腿落地。分腿屈膝蹲时,两脚自然外开,膝关节沿脚尖方向弯曲。落地时,屈膝缓冲,脚跟着地。

4)半蹲

半蹲分为并腿半蹲和分腿半蹲,两腿有控制地同时屈和伸。如图 14 – 18 所示,分腿半蹲时,两腿左右分开稍大于肩,脚尖稍外展,膝关节角度不小于 90°,与脚尖方向一致,上体保持直立。

5)弓步

如图 14－19 所示,两脚前后分开,平行站立,一腿屈膝,脚尖与膝垂直,另一腿伸直,重心落于两脚之间。亦可两膝皆屈,后腿的大腿垂直于地面。

图 14－18　分腿半蹲　　　　　　　　图 14－19　弓步

重要提示:音乐和动作的配合,对健美操的艺术效果起着关键性的作用。

(二)上肢动作

1.手型

健美操中,手掌随臂的姿态而灵活变化,一般而言,手臂伸展时,手指和手腕随之伸展,手背为反弓形;手臂弯曲时,手指、手腕放松,从肩至手指成一柔和弧线。恰当地运用各种手型,能使手臂动作更加丰富多彩、生动活泼。健美操常见手型如下所述。

(1)并拢式——五指伸直并拢,大拇指微屈,指关节贴于食指旁。

(2)分开式——五指用力伸直,充分张开,手腕保持一定的紧张程度。

(3)一指式——握拳,食指或拇指伸直。

(4)芭蕾式——五指微屈,后三指并拢、稍内收,拇指内扣。

(5)拳式——握拳,拇指在外,指关节弯曲,紧贴于食指和中指。

(6)立掌式——五指伸直,手掌用力上翘。

(7)西班牙舞手型——五指用力,小指、无名指、中指自掌指关节处依次屈,拇指稍内扣。

(8)花式——在分开式的基础上小指伸直向掌心回弯到最大限度,无名指随小指回弯。

(9)剑指——拇指与无名指、小指相叠,中指、食指并拢伸直。

2.手臂动作

健美操的手臂动作由举、屈、伸、摆、绕、绕环、振、旋等动作组成(见表 14－1)。

常用手型有掌、拳等。

表 11 - 1　健美操手臂基本动作

动作分类	动作界定	动作变化
举（摆、提、拉）	以肩为轴，臂伸直向某方向抬起并停止在某一部位，活动范围不超过180°	包括单或双臂的前、后、侧举。其中双臂既可以做相同的动作，也可以做不同的动作；既可同时，又可依次，还可交叉
屈	肘关节产生一定的弯曲角度	包括胸前平屈、肩侧屈、肩上侧屈、肩下侧屈、肩上前屈、腰间屈、头后屈。既可以一臂做动作，又可以两臂同时做相同动作，亦可以两臂依次做相同动作
绕（绕环）	以肩关节为轴，手臂在180°~360°的运动为绕；大于360°以上的圆周运动为绕环	包括单或双臂的前、后、内、外绕（环绕），小绕、中绕、大绕。两臂动作既可以同时，又可以依次进行

3.肩部动作

健美操的肩部动作由提肩、沉肩、绕肩、肩绕环等动作组成。

（三）躯干动作

健美操的躯干动作主要为波浪动作。躯干的波浪动作可向前、后、左、右，依靠身体各部位依次完成，动作要协调、连贯。例如，前波浪是从下而上，后波浪从上而下等。

（四）头颈动作

健美操的头颈动作由屈、转、绕、绕环等动作组成。

第二节　体育舞蹈

本节介绍体育舞蹈的渊源，讲解体育舞蹈的基本知识与基本技术，如舞种、舞程线、角度、方位、标准握持、舞步等。舞程线、角度、方位等知识在"校园交谊舞"一章有所涉及，考虑到它们在体育舞蹈中的重要性，此处亦有相关介绍。

一、体育舞蹈概述

体育舞蹈也称国际标准交谊舞,即国标舞,集娱乐、运动、艺术于一身,是以男女为伴的一种步行式双人舞。

体育舞蹈的发展经历了原始舞、公众舞、民间舞、宫廷舞、交际舞、国际标准交谊舞的演变过程。18世纪20年代以后,英国皇家舞蹈教师协会对原舞种、舞步、舞姿等进行了规范整理,制定了比赛方法,国际标准交谊舞得以形成。1847年,在德国柏林举行了第一届世界标准交谊舞锦标赛。

二、体育舞蹈的基础知识

(一)舞种

按舞蹈的风格和技术结构,体育舞蹈分为摩登舞(标准舞)和拉丁舞两大类。摩登舞包括华尔兹、探戈、狐步舞和快步舞、维也纳华尔兹等,拉丁舞包括伦巴、恰恰恰、桑巴、牛仔舞和西班牙斗牛舞等。每个舞种均有各自的舞曲、舞步及风格,并根据各舞种的乐曲和动作要求,编排成各自的成套动作。

1. 摩登舞

1)华尔兹

华尔兹有"舞中之后"的美誉。音乐一般为3/4拍,每分钟28~30小节,舞步为一拍一步,一般每小节跳三步,但前进并合步(追步)、前进锁步、后退锁步等步伐中每小节跳四步。

2)探戈

探戈起源于美洲中西部的民间舞蹈探戈诺舞,据传为情人之间的秘密舞蹈,有"舞中之王"的美誉。其动作风格刚劲挺拔、热烈狂放且变化无穷,沉稳中见激越,奔放中显顿挫。其伴奏音乐一般为2/4拍,每分钟30~33小节。

3)狐步舞

狐步舞起源于美国黑人舞蹈,20世纪初从美国逐渐流行于全世界。其动作风格流动感强、轻盈恬适、舒展流畅、平稳大方、悠闲从容。其伴奏音乐一般为4/4拍,每分钟28~32小节。

4)快步舞

快步舞是一种快速四拍舞蹈,早期吸收了狐步舞动作,后又引入了芭蕾舞的小动作。其动作风格轻快活泼、圆滑流利、富有激情、洒脱自由、奔放灵活、快速多变，饱含动力感和表现力。其伴奏音乐一般为4/4拍，每分钟50~52小节。

5）维也纳华尔兹

维也纳华尔兹俗称快三步，又称快乐华尔兹。其动作风格流畅华丽、轻松明快、翻跃回旋、活泼奔放。伴奏音乐一般为3/4拍，每分钟56~60小节，第一拍为重拍，第四拍为次重拍。

2. 拉丁舞

1）伦巴

伦巴最初是表现男女爱情的舞蹈。其动作风格浪漫奔放、性感热情、曼妙婀娜。伴奏音乐一般为4/4拍，每分钟27~29小节。

2）桑巴

桑巴原指一种激昂的肚皮舞。男舞者钟情于脚下各种灵巧的动作，两脚飞速移动或旋转。女舞者则以上身的抖动以及腹部与臀部扭动为主。其动作风格狂放不羁，动作幅度很大，节奏强烈，给人以热情似火的感觉。桑巴舞伴奏音乐一般为2/4拍或4/4拍，每分钟48~52小节。

3）恰恰恰

恰恰恰是模仿企鹅的动作创编而成的舞蹈，借以表达青年男女之间追逐嬉戏的情景。其动作风格风趣诙谐、热烈俏美、步法利落、花哨紧凑。伴奏音乐通常为4/4拍与2/4拍，每小节跳5步，每分钟29~32小节。

4）西班牙斗牛舞

西班牙斗牛舞是模仿西班牙斗牛士的动作创编而成的舞蹈，主要表现斗牛士的强壮和豪迈气概。其动作风格澎湃激昂、雄壮强悍、动静鲜明、敏捷顿挫。伴奏音乐一般为2/4拍，每分钟60~62小节。

5）牛仔舞

牛仔舞又称为捷舞，原是美国西部牛仔跳的踢踏舞。其动作风格快速粗犷、自由奔放、热情欢快。伴奏音乐一般为4/4拍，每分钟40~44小节。

（二）舞程线

如图14-20所示，跳舞中为避免互相碰撞，规定舞者必须按逆时针方向前进，这个行进线路被称为舞程线。其中，长的两条为A线，短的两条为B线。

（三）方位

如图 14 - 21 所示，以舞场正前方（多为乐队演奏台）为基点，定为"1 点"，每顺时针移动 45°则变动一个方位，依此类推，分别称为 1~8 点位。

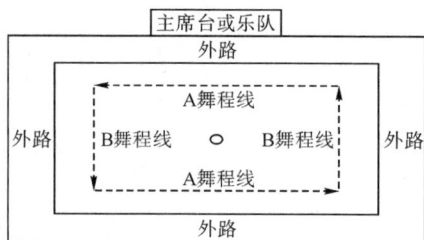

图 14 - 20　舞程线

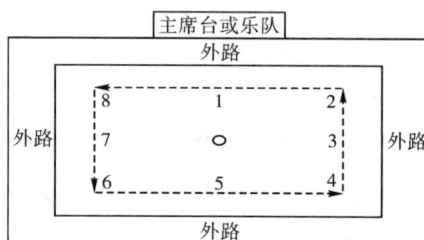

图 14 - 21　方位

（四）角度

如图 14 - 22 所示，体育舞蹈中，舞者旋转的方向有左转和右转，旋转的角度一般分为 45°、90°、135°、180°、225°、270°、315°、360°。

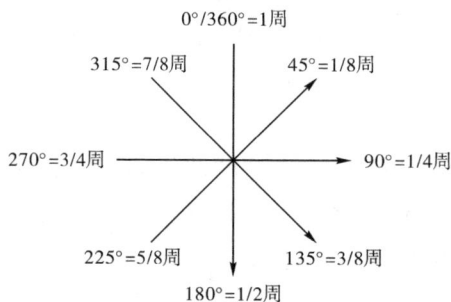

图 14 - 22　角度

三、体育舞蹈的基本技术

（一）标准握持

标准握持，应当使共舞双方形成整体性结构，融为一体。握持姿势不仅关系到造型的优美，而且影响着信息的传递、重心的稳定、用力方法的正确与统一，以及特殊技巧的运用等一系列问题。在体育舞蹈中，除探戈之外，所有舞种的标准握持都是一样的，其要点如下。

1. 脚

双脚平行并拢，不可"八"字形张开；右脚尖对准舞伴的两脚之间；重心集中于前脚掌且不能抬起脚跟。

2. 手

男舞者的右手掌心向里，扶在女舞者左侧腰部的上方，五指并拢，肘与指尖形成一条直线，大臂与肩膀以椭圆形展开；女舞者左手轻放在男舞者右大臂三角肌处，四指并拢，用虎口定位；男舞者左手和女舞者右手相握。

3. 躯干

在保持双方肩横线平行的前提下，各自的头部向左侧适当转动，双眼平视前方。女舞者上体后展约15°，但为挺拔式弯曲，要表现出女性特有的曲线美。

（二）舞步

（1）直步——面向舞程线，双脚并拢，脚尖正对正前方，脚跟正对正后方，前进或后退。

（2）横步——以直步为参考点，向脚外侧方向平移。

（3）切步——以直步为参考点，运步时，动作脚内侧朝向前进方向。

（4）扣步——以直步为参考点，运步时，动作脚外侧朝向前进方向。

（5）擦步——当动力脚从一个开位向另一个开位移动时，必须先与主力脚靠拢，且重心不变。

（6）滑步——舞步由三步组成，在第二步双脚并拢。

（7）锁步——两脚前后交叉。

（8）踌躇步——前进暂时受阻，而重心停留于一脚后时间超过一拍的舞步。

（9）逗留步——身体运动或旋转受阻时，双脚几乎静止不动的舞步。

（10）轴转——前脚掌的旋转，另一脚处于或前或后的反身动作位置。

第三节　民族舞蹈

民族舞蹈是经过人民群众不断加工创造，在民间广泛流传，具有鲜明民族风格和地方特色的传统舞蹈形式。它在人民劳动、生活和斗争的过程中产生，因各民族地区风俗习惯、自然条件的不同而形成不同的风格和特色。

本节主要介绍维吾尔族舞蹈、蒙古族舞蹈和汉族秧歌。

一、维吾尔族舞蹈

(一)维吾尔族舞蹈的风格特点

维吾尔族舞蹈具有鲜明的特色,舞蹈中的"托帽""扶胸敬礼""晃动头颈"等是维吾尔族舞蹈的特有动作。维吾尔族舞蹈擅长运用头和手腕,通过移颈,头部的摇动和丰富多变的手腕动作以及眼神配合使其民族风格浓郁。舞者膝部微微颤动,既带有弹性又有控制,从而构成维吾尔族舞蹈的特色律动。

(二)维吾尔族舞蹈的基本动作

1.基本手型与手、脚的基本位置

1)基本手型

(1)立腕手(女)。手指上翘,拇指接近中指,其余三指自然弯曲。

(2)平手(男)。自然掌形。

如图 14-23 所示。

立腕手(女)　　　　　　平手(男)

图 14-23　维吾尔族舞蹈的基本手型

2)基本手位

(1)提裙位。双手侧下举,好似提裙动作。

(2)开平位。双手侧平举,手腕立起。

(3)双托位。双手上举于托掌位。

(4)叉腰位。双手叉于腰间。

(5)托帽位。一手于头后托帽,一手斜上举。

(6)扶胸位。一手扶于胸前,好似敬礼动作。

(7)交叉位。双手胸前交叉,立腕手。

(8)遮羞位。一手上举于托掌位,另一手在脸外侧立腕,低头。

如图 14-24 所示。

提裙位　　　　开平位　　　　双托位　　　　叉腰位

托帽位　　　　扶胸位　　　　交叉位　　　　遮羞位

图 14 - 24　维吾尔族舞蹈的基本手位

3）基本脚位

（1）前点步。一脚支撑，另一脚在正前方用脚尖点地。

（2）侧点步。一脚支撑，另一脚在侧方用脚尖点地。

（3）后点步。一脚支撑，另一脚在正后方用脚尖点地。

如图 14 - 25 所示。

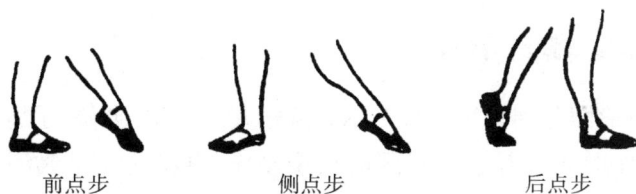

前点步　　　　　　侧点步　　　　　　后点步

图 14 - 25　维吾尔族舞蹈的基本脚位

2. 手臂动作

（1）绕腕：手腕绕动一圈，可分为慢绕和快绕两种。

（2）摊手：手心向上，手臂由里向外打开的动作。

（3）捧手：手心向上，手臂由下向上或由外向里的动作。

3. 基本舞步

1）蹉步

小八字步准备。第一拍右脚向左一步，脚跟着地向下碾，脚尖稍离地从右滑至左。第二拍左脚向左移动。重复进行。以上为向左侧的横垫步，向右侧动作相同，方向相反。

2）进退步

小八字步准备。第一拍前半拍右脚向前迈一步，脚跟点地。后半拍左脚原地踏步一下。第二拍前半拍右脚向后退一步，前脚掌踩地。后半拍左脚再原地踏步一下。在进退步过程中人的重心不要跟着前后移动。

3）三步一抬步

小八字步准备，准备拍的最后半拍右腿小腿自然后抬，身体转向 8 点。第一、二拍右脚起步，半拍一步向前走三步，最后半拍左腿小腿自然后抬，身体转向 2 点。第三、四拍左脚起步，半拍一步向前走三步，最后半拍右腿小腿自然后抬，身体转向 8 点。三步一抬步既可直线进行，也可加转体进行。

4）错步

小八字步准备。第一拍前半拍右脚向前迈一步，前脚掌着地，重心前移。后半拍左脚向前上步于右脚后。第二拍右脚再向前迈步。随后左脚起步做错步，动作相同方向相反。

5）点步

小八字步准备。做动作时主力腿随着音乐的节拍原地屈伸（或向任意方向上步）。同时，动力腿前脚掌随着音乐的节拍规律点地，点地的位置可在主力腿的前、侧、后等。也可以主力腿为轴进行点转，还可以做点步移动。

（三）维吾尔族舞蹈组合练习

本练习是将前面分别介绍的维吾尔族舞蹈基本手位、脚位、手臂动作与舞步有机结合起来，从而形成维吾尔族舞蹈的典型动作，再将这几个典型动作连接在一起，组合成维吾尔族舞蹈的小组合，具体动作做法见表 14－2。

表 14 - 2　维吾尔族舞蹈组合

××八拍	拍	动　作　做　法
		准备姿态:右脚前点地,双手在叉腰位
一	1~2	右脚侧点步,一拍一动,双手经摊手、绕腕至开平位
	3~4	重复1~2拍动作
	5~6	右脚侧点步,一拍一动,双手经摊手、绕腕至左手在上的遮羞位
	7~8	重复5~6拍动作
二	1~4	右脚起步向左侧踮步四步。双手在提裙位,颈部随之左右移动
	5~8	继续向左侧踮步四步。双手在交叉位,颈部随之左右移动
三	1~8	动作同第一个八拍,方向相反
四	1~8	动作同第二个八拍,方向相反
五	1~2	左脚起步做先进后退的进退步,一拍一步。进步时双手胸前击掌,退步时双手摊开绕腕至开平式
	3~4	重复1~2拍动作
	5~6	脚下动作同上,左脚进步双手胸前击掌,退步时双手做右手在头后的托帽位
	7~8	重复5~6拍动作
六	1~2	身体左转90°,左脚向转体方向错步一次,同时做右手在前的扶胸式
	3~4	身体再左转90°,右脚向转体方向错步一次,同时做左手在前的扶胸式
	5~6	身体继续左转90°,右脚向转体方向错步一次,同时做左手在前的扶胸式
七	1~8	动作同第五个八拍,方向相反
八	1~8	动作同第六个八拍,方向相反
九	1~2	左脚起步,半拍一步做向前的三步一抬步,同时双手向上捧手绕腕至托帽位
	3~4	右脚起步,半拍一步做向前的三步一抬步,同时双手向上捧手绕腕至托帽位
	5~6	重复1~2拍动作
	7~8	右脚起步做向右转体的三步一抬步,即三步完成向右转体180°
十	1~8	重复第九个八拍动作

二、蒙古族舞蹈

(一)蒙古族舞蹈的特点

蒙古族舞蹈动作双膝屈伸时沉而有力,脚下动作沉稳、踏实,手臂动作、肩部动作等都是以内在的呼吸带动的。蒙古族舞蹈通过模仿矫健的雄鹰、活泼多样的马步、热烈的摔跤等,反映蒙古族人民对美丽的草原、对家乡、对幸福生活的热爱。

(二)蒙古族舞蹈基本动作

1.基本手型与手、脚的基本位置

1)基本手型

(1)平手。五指并拢,自然伸直。

(2)空拳。五指握成空心拳。

如图 14 - 26 所示。

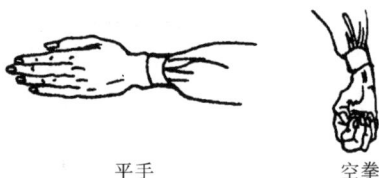

平手　　　　　　空拳

图 14 - 26　蒙古族舞蹈基本手型

2)基本手位

(1)一位。双手握空拳,拇指伸出叉腰。

(2)二位。双臂稍屈置于腹前。

(3)三位。双臂侧下举,掌心向下。

(4)四位。双臂侧平举,掌心向下。

(5)五位。双臂侧上举,掌心向下。

(6)六位。双臂胸前平屈,指尖相对。

(7)七位。双手置于臀后一拳距离。

如图 14 - 27 所示。

| 一位 | 二位 | 三位 | 四位 |

| 五位 | 六位 | 七位 |

图 14-27 蒙古族舞蹈基本手位

3）基本脚位

（1）八字步。两脚以八字形站立。

（2）踏步。一脚在前站立，一脚在后用脚掌踏地。

（3）前点步。一脚在后站立，膝稍屈，另一脚在前，用脚尖点地。

如图 14-28 所示。

图 14-28 蒙古族舞蹈基本脚位

2. 肩、臂、腕动作

（1）硬肩：双肩节奏鲜明地前后交替移动。动作过程快而脆，有停顿感。

（2）柔肩：双肩节奏缓慢地前后交替移动。动作过程慢而柔，舒展而连贯。

（3）抖肩：双肩放松，快速连续地前后抖动。

（4）颤肩：双肩放松，随着脚下的步伐自然颤动。

（5）柔臂：双臂在体侧交替或同时上下摆动，动作时以肘发力带动肩、大臂、小臂、手腕，动作过程缓慢、舒展，犹如起伏的波浪。

（6）转臂：双臂在四位交替转动手臂。动作要缓慢、深沉、内在用力。

（7）硬腕：手腕上下有节奏地提压，节奏要鲜明，动作要有弹性。常用的硬腕动作有双手交替提压腕。

（8）柔腕：手腕上下柔韧地、节奏缓慢地提压腕。

3.骑马手臂动作

（1）勒马：手臂在胸前压腕、屈肘、向后拉臂，好似拉缰绳的动作，所以，又叫拉缰绳。此动作可单手做，也可双手做。

（2）举鞭：一手持鞭高举，一手拉缰绳。

（3）挥鞭：持鞭高举抖动手腕。

如图14-29所示。

勒马　　　　　　举鞭　　　　　　挥鞭

图14-29　骑马手臂动作

4.基本舞步

1）平步

小八字步准备。第一拍右脚拖地向前迈进一步，第二拍左脚拖地向前迈进一步，以后重复进行。平步可以在不同方向进行，走平步时上体要平稳，不要上下起伏。

2）踏跕步

小八字步准备。第一拍右脚向右侧画弧迈步，由前脚掌过渡到全脚掌着地，屈膝，同时左腿屈膝脚离地，身体重心下沉。第二拍左脚踏在右脚后左腿伸直，同时右腿离地，以后重复进行。踏跕步时第二拍一直是前脚掌着地，每一步身体都要随之有弹性地上下起伏。

3）碎步

正步准备。动作时,双脚立踵,有节奏地交替,快速而又均匀地小步子行进或原地转动等。膝关节要放松,步子要稳健而又细碎,快速而又灵活。

4）走马步

右脚在前的丁字步准备。第一拍右脚通过提膝前伸小腿向前方迈一小步,由前脚掌着地过渡到全脚掌着地,重心前移。第二拍左脚通过提膝前伸小腿向前方迈一小步,由前脚掌着地过渡到全脚掌着地,重心前移。以后重复进行。此步法可在移动中进行,也可在原地进行。

5）跺掌步

正步准备。第一拍的前半拍,右脚向右前迈出成弓步,同时前脚掌着地、脚跟抬起、重心前移;后半拍脚跟跺地。第二拍的前半拍,左脚向左前迈出成弓步,同时前脚掌着地、脚跟抬起、重心前移;后半拍脚跟跺地。跺掌步还可以在正步的基础上进行。

6）跑马步

正步准备。左右腿交替前踢跳落,一般为半拍一步。

(三)蒙古族舞蹈组合练习

本练习是将前面分别介绍的蒙古族舞蹈基本手位、脚位及动作与舞步有机结合起来,从而形成蒙古族舞蹈的典型动作,再将几个典型动作连接在一起,组合成蒙古族舞蹈的小组合,具体动作做法见表14-3。

表14-3　蒙古族舞蹈组合

××八拍	拍	动　作　做　法
一		准备姿态:右脚在前丁字步,双手在一位
	1~2	右脚向前迈出成右脚在前左脚在后的踏步站立,双手在一位的基础上左右肩交替做硬肩动作,半拍一动
	3~4	重心移至后腿成左腿支撑右腿在前的前点步站立,左右肩继续交替做硬肩动作,半拍一动
	5~8	重复1~4拍动作
二	1~4	右脚起步向前走平步四步,同时手在四位做转肩动作,迈右脚时转左肩,迈左脚时转右肩
	5~8	右脚起步向后退走平步四步,同时手在四位做转肩动作,退右脚时转左肩,退左脚时转右肩

××八拍	拍	动 作 做 法
三	1~4	右脚起步向前走平步四步,同时手在一位做硬肩动作,迈右脚时左肩后拉,迈左脚时右肩后拉
	5~8	右脚起步后退走平步四步,同时手在一位做硬肩动作,迈右脚时左肩后拉,迈左脚时右肩后拉
四	1~8	右脚起步做向右侧的踏踮步,同时做柔臂动作,迈右脚时右臂上摆,迈左脚时左臂上摆,一拍一动(绕一圈)
五	1~4	右脚起步做向右侧的踏踮步,同时手在五位做横腕动作。迈右脚时向右摆,迈左脚时向左摆,一拍一动
	5~8	左脚起步做向左侧的踏踮步,同时手在五位做横腕动作。迈左脚时向左摆,迈右脚时向右摆,一拍一动
六	1~4	碎步向右转360°,双臂同时上下做柔臂动作
	5~8	右脚在前左脚在后踏步站立,身体右倾,同时手在二位做左右手交替压腕动作四次
七	1~4	碎步向左转360°,双臂同时上下做柔臂动作
	5~8	左脚在前右脚在后踏步站立,身体左倾,同时手在二位做左右手交替压腕动作四次
八	1~4	右脚在前跺掌两次,左脚在前跺掌两次,同时双手做勒马动作
	5~8	右脚起步向前走马步四步,同时双手做勒马动作

三、汉族秧歌

秧歌起源于插秧耕田的劳动生活,但因流行的地区不同,又形成了形式不同、各具风格特点的秧歌。具有代表性的秧歌有东北秧歌、陕北秧歌、山东秧歌等。这里以东北秧歌为例进行介绍。

(一)东北秧歌的风格特点

东北秧歌流行于东北地区,具有既热烈又幽默、既文静又俊俏的特点。手绢花是东北秧歌中最典型的动作,花样繁多的手绢花,明快的节奏,是舞者渲染情绪、表达思想情感的重要手段。

(二)东北秧歌的基本动作

1.手绢花

(1)挽花:手持绢,手指带动手腕绕腕一圈。

(2)单臂花:一手叉腰,一手做挽花。

(3)双臂花:双手于体侧做挽花。

(4)肩前花:一手在肩前做挽花。

(5)交替花:双手交替做挽花。

(6)片花:手握绢,手心向上,以腕为轴手心向外平转,当手绢转开之后前臂稍抬,顺势从前臂下掏出,接着继续进行。

(7)扁担花:双手侧平举做挽花。

(8)蚌壳花:双手由体侧侧上举时做挽花,再顺势盖至肩前,此过程又称为盖花。接着双手同时由肩前绕至侧上举做挽花,再顺势落下,此过程又称分花。

(9)蝴蝶花:双手在体前交叉做挽花,接着双手经下摆至体侧做挽花。

如图 14-30 所示。

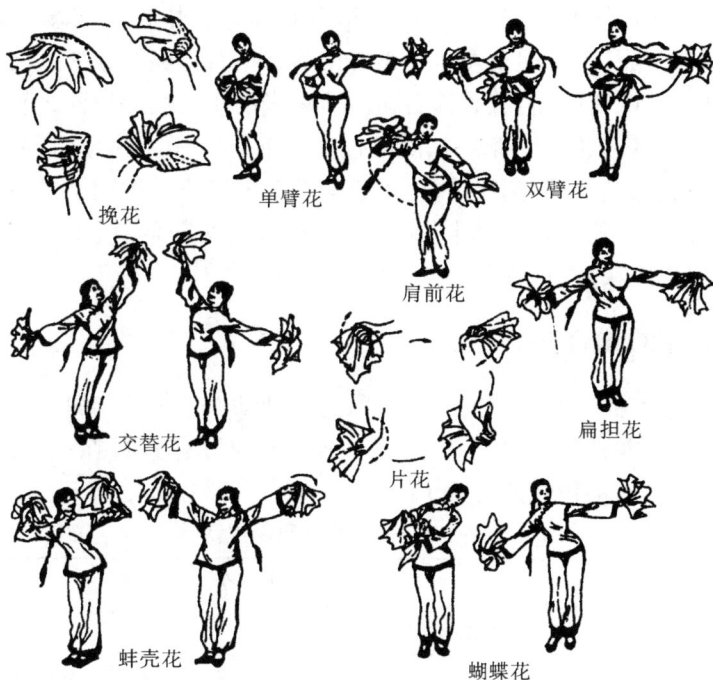

图 14-30 手绢花

2.基本律动

(1)压脚跟:压脚跟时腿伸直,后半拍双脚提踵,前半拍脚跟迅速下压。

(2)双膝屈伸:包括不同特点的双膝动作。如硬屈伸就是双膝屈伸快速并富有弹性;软屈伸即为双膝屈伸具有内在柔韧感。

(3)上体律动:主要有上体左右摆动和前后扭动。如横摆身就是左右两侧胸腰交替提压而形成的上体左右摆动;前后扭动就是以腰为轴以肩带动的上体前后交替扭动。

3.舞步

(1)走场步:正步准备。两腿交替向前或向后走动。走动时双腿微屈,小腿松弛,手臂随之摆动,一拍一步。

(2)横扭步:正步准备。两腿交替向左向右走动。如向左走时,第一拍左脚向左迈步,两臂随之左摆,第二拍右脚经左脚前向左迈出,两臂随之右摆。

(3)跳扭步:正步准备。第一拍前半拍左脚向前迈步,后半拍右脚向前迈步,第二拍前半拍左脚向前跳起小腿顺势后抬,后半拍左、右脚依次落地。

(4)十字步:正步准备。第一拍左脚向右前方迈步,第二拍右脚向左前方迈步,第三拍左脚向左后方撤步,第四拍右脚向右后方撤步。迈出的脚印成十字形。

(5)前踢步:正步准备。第一拍前半拍左脚经蹭地快速向前踢出25°,后半拍左脚收回,两腿微屈,重心移至左腿。第二拍前半拍右脚经蹭地快速向前踢出25°,后半拍右脚收回,两腿微屈,重心移右腿。前踢步动作要快踢快回、慢移重心。

(6)后踢步:正步准备。第一拍前半拍左脚前脚掌用力扒地后踢,同时右腿微屈。后半拍左腿快速收回,两腿伸直,重心移至右腿。第二拍前半拍右脚前脚掌用力扒地后踢,同时左腿微屈。后半拍右腿快速收回,两腿伸直,重心移至右腿。后踢步动作亦要快踢快回、慢移重心。

(三)东北秧歌组合练习

本练习是将前面分别介绍的东北秧歌的典型动作手绢花与脚下舞步有机结合起来,从而形成东北秧歌的典型动作,再将几个典型动作连接在一起,组合成东北秧歌的小组合,具体动作做法见表14-4。

表14-4 东北秧歌舞蹈组合

××八拍	拍	动 作 做 法
一		准备姿态:正步站立
	1~4	左脚起步做向前走场步四步,同时左右手交替在胸前
	5~8	右脚起步做向前走场步四步,同时左右手交替在胸前

续表

××八拍	拍	动 作 做 法
二	1~4	左脚起步向左侧走横扭步四步,第四步右脚向左脚并拢,双手随之左右摆动挽花
	5~8	右脚起步向右侧走横扭步四步,第四步左脚向右脚并拢,双手随之左右摆动挽花
三	1~4	面向8点踢左腿,两臂体前交叉绕花,上体稍左转踢右腿,两臂体前交叉绕花,上体稍右转
	5~6	面向2点踢右腿,两臂由体侧侧上举时做挽花,再顺势盖至肩前
	7~8	踢左腿,同时两臂肩前绕至侧上举时做绕挽花,再顺势落下
四	1~8	重复第三个八拍动作
五	1~2	左脚向左迈步,紧接着右脚向左脚并步,同时右手持绢右摆,左手持绢叉腰
	3~4	右脚向右迈步,左脚向右脚并步,同时左手持绢左摆,右手持绢叉腰
	5~8	左脚起步向左走四步,每走一步两手腹前持绢摆动一周,共摆四次
六	1~8	与第五个八拍动作相同,方向相反
七	1~4	左脚起步做十字步肩上花。一拍一花
	5~8	重复1~4拍动作
八	1~4	左脚起步向前走场步一拍一步,双手持绢前举做片花一拍一次
	5~8	右脚起步走场步转一周,手绢动作同上

第四节　模特训练

一、基本训练

时装表演时,女模特经常穿高跟鞋,脚掌、脚背、脚踝所承受的压力极大,因此脚必须有足够的力量和弹性。立半脚尖(图14-31),目的是增强脚各部分肌肉的力量。这个动作有两个要点:一是靠脚掌、脚背的力量将身体上推;二是用胯的力量将身体上提,两脚必须同时发力,立起时要力争达到最大限度,脚跟落地时要控制住稳定性,除发力的部位外,身体其他部位不要帮助使劲,否则会有损动作的质量。

　　半蹲(图14-32),目的是养成上身与后背平直的习惯,同时也会拉长跟腱,锻炼跟腱的弹性。下蹲时膝盖顺着脚尖方向延伸,后背保持平直,在脚跟不抬起的前提下要蹲到最大限度,注意手与半蹲的动作要协调得体。小跳(图14-33),目的是增强脚背和腿部肌肉的力量,锻炼身体的轻盈感,防止脂肪增加,保持臀部上翘。起跳时用前脚掌、脚背的力量将身体向上弹,同时胯要帮助身体向上提。下蹲时要脚尖、前脚掌、脚心依次着地,再脚跟着地,跳时身体其他部位不要用力和紧张,更不能凸臀挺腹,要控制住整个身体。

图 14-31　立半脚尖

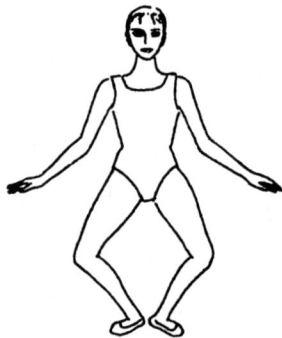

图 14-32　半蹲

图 14-33　小跳

二、基本台步

　　台步是由下肢行走、上肢摆动等动作构成的,它是服装表演的基本动作。

从服装表演的艺术结构中可以看出，台步是模特体势语中的"元语言"，是最基本的动作，一切造型变化都要以它为基础来构成。平时人们走路以舒适为主，而模特台步要以优美为主，台步是串联服装表演的链条。最早的台步受舞蹈的影响极大，模特几乎是迈着舞步进行服装表演。如今的走台已经完全生活化了，但是偶尔加进来的舞蹈动作也会产生比较好的造型效果，不过要设计适度，不能喧宾夺主。

台步是动态的，但是起点是静态的姿势，所以首先要注意体态，要注意让身体挺起来，有向上拉动的力量，脖子直，头部正，下巴平，肩膀自然下垂，双手不要显得僵硬无力，上身尽量放松，避免多余的动作，防止腹部前挺与臀部后撅，走动时臀部不能向一侧扭动，要收腹挺胸，不要低头含胸俯视地面。迈步时，出胯带动大腿，然后提膝（膝盖稍弯），双腿膝盖内侧要贴近，最后由小腿带动脚，出脚是直线不能画小半圆落地，前脚尖稍向外撇。模特的动作必须连贯，要有层次，脚踝要有力度，体重由双脚分担，前脚迈出后，后脚要有节奏地跟上，保持连贯，脚接触地面时要稳、要有力度，用腰带动身体摆动，动态协调是表演的关键，必须灵活，可以夸张一点。走台一定要做到挺而不僵，柔而不懈。有的模特在走台时，常常顾臂不顾肩，顾肩不顾头，顾眼不顾腿或顾手不顾脚，必须经过专业训练，使头、颈、背、肩、臂、手、腰、胯、腿、脚各部位的动作协调起来，要有控制力、爆发力和柔韧性，要调整出一种具有张力的状态。

在有些服装表演中，舞台有高低层次的变化，模特要上、下台阶，这时脚向外展的角度要小，步子要平稳，避免出现拖沓的脚步声，节奏必须同平地表演时一致。走近台阶时不要停下来看路，穿长裙时，应该提起裙摆侧边，不要弯腰，应保持肘部平直，并靠近体侧，下阶时应该像飘落的一片绿叶那样轻柔。有些模特没有这方面的训练，上、下台阶时生怕摔倒，进而出现动作变形，特别是在穿一些展幅不大的服装时，上、下台阶时整个身体都扭曲了，十分不美观。

回程表演时会背对观众，但这并不意味着表演的结束，而是另一种表演方式的开始，因为运动中的服装表演是四维艺术，背面的动感效果也非常重要。

三、基本的转体方法

转体也是模特的基本动作，是两种表演方向转换的中介。

上步转体（图14-34），后脚迈出变前脚，两脚踩在一条线上，脚跟微踮起，前脚掌着力，转体180°。

退步转体（图14-35），前脚向后退半步变后脚，两脚踩在一条直线上，脚跟踮起,脚尖用力,转体180°。

图 14 - 34　上步转体　　　　　　　　图 14 - 35　退步转体

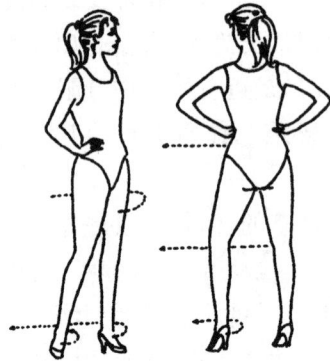

插步转体(图 14 - 36),后腿向前腿前侧方插腿,脚跟微踮,脚拧转180°。

平步转体(图 14 - 37),两脚平行,一脚以脚跟为轴,另一脚以脚尖为动力点,转体180°后依然两脚平行。

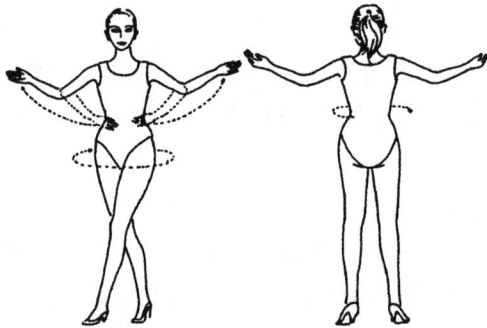

图 14 - 36　插步转体

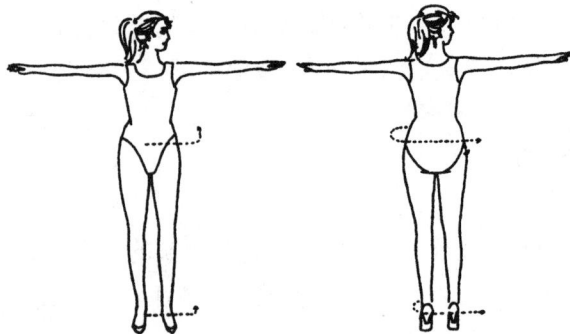

图 14 - 37　平步转体

以上四种是最基本的转体方法,依据变体设计,转体的度数一般有 90°转(这种转法在舞台上并不常用,但是展室里距离较近时可以用到它),180°转,270°转,360°转,540°转。

无论采用哪种转体方法,要领是先转体后转头,体动时把头留给观众,而不是头与身体一起转。这样,不仅与观众直接交流的时间更长,也形成了动作的层次感。

四、基本手型与手位

对于模特来说,手位的意义虽然不如脚位那么突出,但也是不容忽视的因素,手位不对全身的动作就不会和谐,脚位也不会协调。

图 14 - 38 所示的是最常见的手型。这个手型很随意,但手不能太松,也不能太紧。为练习基本手型,可以手握一支笔感受一下(图 14 - 39)。

图 14 - 38　手型示范　　　　　　　　图 14 - 39　握笔练习

交叉手(图 14 - 40),这是一种很常见的手位。

交错指(图 14 - 41),关节要有变化,造型比较丰富。这种手位可以突出指甲的造型。

双抱手(图 14 - 42),这是一种突出上体的手位,有一种冷傲的感觉,注意不要掩盖服装在胸部的重要细节。

图 14 - 40　交叉手　　　　图 14 - 41　交错指　　　　图 14 - 42　双抱手

单搭肩(图 14 - 43),非平衡的倾斜造型,重力趋于搭肩方向。

双搭肩(图 14 - 44),平衡造型,上身为收式的造型,手位比双抱手高,装饰性与表演性也更强。

图 14 - 43　单搭肩　　　　　　　　　　　　　图 14 - 44　双搭肩

正叉腰(图 14 - 45),虎口向上,姿势有刚性。

软叉腰(图 14 - 46),与正叉腰姿势同,只是腕部放松,更显柔和。

反叉腰(图 14 - 47),虎口向下,自然随便。

图 14 - 45　正叉腰　　　　　图 14 - 46　软叉腰　　　　　图 14 - 47　反叉腰

手贴腰(图 14 - 48),手背贴后腰,有含蓄感。

手撑胯(图 14 - 49),手指下垂,贴胯,更女性化。

拳叉腰(图 14 - 50),手轻握拳贴于腰间,风格过硬,慎用。

图 14 - 48　手贴腰　　　　　图 14 - 49　手撑胯　　　　　图 14 - 50　拳叉腰

平开手(图 14 - 51),两臂张开,胳膊微弯,手心朝上亮掌,是宽手位。

双压手(图 14 - 52),双手交叉,手心向下,是舒展的、非对称手位。

单提手(图 14 - 53),单手微上提,离开身体,是展开式手位。

图 14 - 51　平开手　　　　　图 14 - 52　双压手　　　　　图 14 - 53　单提手

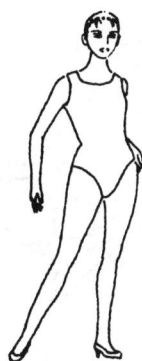

全插袋(图 14 - 54),最显口袋功能的插法。

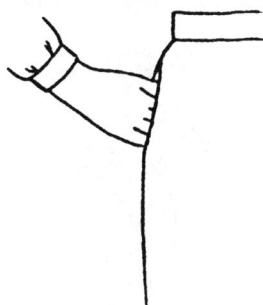

半插袋(横式)(图 14 - 55),显得有些漫不经心,比较随便。有时全插袋会使服装的外轮廓变形,上体显宽,半插袋就可避免类似情况。

半插袋(图 14 - 56),可使上体显窄。

图 14 - 54　全插袋　　　　　图 14 - 55　半插袋(横式)　　　　　图 14 - 56　半插袋

指插袋(图 14 - 57),是一种不太正规,但是很有现代感的插法,表演装饰性强。

男模常见的手位(图 14 - 58),手为松拳状,不要太软,也不要紧握拳头。有气势,粗犷而不粗鲁。女模特在展示牛仔装之类有阳刚之气的服装时有时也使用这种手位。

新入行的模特经常忽视手的辅助表现力,而有了一定经验的模特手势常常又太多,看上去杂乱无章,会转移人们的注意力,从而影响对服装的表现。手在任何时候都要保持自然的造型状态(图 14 – 59),特别当两手在体侧时,肘部要稍微弯曲一点,这样,留在腰与手之间的空间不会使服装清晰的外轮廓被破坏。手部动作应是在前臂的带动下平滑而有层次地舒展开,不应以腕为动力部位。

  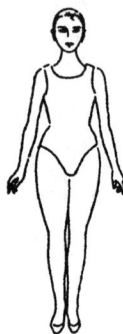

图 14 – 57　指插袋　　　图 14 – 58　男模常见的手位　　　图 14 – 59　自然手位

五、基本脚位

正步(图 14 – 60),两脚并拢,腿靠紧,脚尖朝正前方。

分步(图 14 – 61),两脚分立,与肩同宽,脚尖朝正前方,有阳刚之气。

八字步(图 14 – 62),两脚后跟相靠,脚尖朝前方分开,两脚尖之间相隔一脚。

  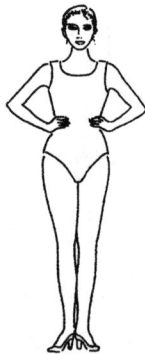

图 14 – 60　正步　　　　图 14 – 61　分步　　　　图 14 – 62　八字步

丁字步(图 14 – 63),一脚靠在另一脚的脚窝处,重心在两脚跟上。

前点步(图 14 – 64),重力脚在后面,前脚脚尖点地,呈后倾动感。

后点步(图 14 – 65),重力脚在前面,后脚脚尖点地,呈前倾动感。

图 14 - 63　丁字步　　图 14 - 64　前点步　　图 14 - 65　后点步

　　靠步(图 14 - 66),一腿屈膝,掩另一膝,膝部为全身最紧缩的部位。

　　一字步(图 14 - 67),两脚分前后踩在一条线上,脚尖朝正前方,动中呈稳定性。

　　踏步(图 14 - 68),一腿伸直交叉在另一腿前,脚尖点地,这是一种变化最多的脚位。

图 14 - 66　靠步　　　　图 14 - 67　一字步　　　　图 14 - 68　踏步

六、基本造型

　　就模特个体来说,造型主要有三种类型:一种是利用配饰的装饰作用丰富表演效果,提包、墨镜、帽子、披肩、伞具(图 14 - 69)、扇子等都各有各的味道,动作的设计要与配饰的风格协调。第二种是利用服装本身与动作的结合来寻找动感效果,如衣领的开合、竖起(图 14 - 70)与翻倒,以及撩襟、敞襟、提裙等,这些动作会改变服装的外轮廓线。第三种是动作本身的造型效果,如手型、体位、脚位的变化等。模特可以利用各种服装、各种配饰,结合各种动作来尝试各种造型。

图 14 - 69　撑伞造型　　　　　　　　图 14 - 70　立领造型

模特表演的队形十分重要,它决定着表演的整体效果。

模特表演的队形有并肩队形(图 14 - 71)、前后队形(图 14 - 72)、错位队形(图 14 - 73)等。

图 14 - 71　并肩队形　　　　　　　　图 14 - 72　前后队形

图 14 - 73　错位队形

组队时要注意在模特之间保留一个可以表演的空间,不可太拥挤,也不能远到失去队形统一性的程度。要有科学严格的区域意识,前台的造型与后台的亮相要有层次,模特在什么位置相遇也要事先设计好,以使整个表演有序而紧凑。模特之间的沟通是十分重要的,模特要利用表情与眼神互相交流,这样才能使整台表演和谐起来。线路以直线设计为主,变化不宜太多。服装的正面、侧面和背面都要展示出来,尽量照顾不同视角的观众。

　　单人造型(图14-74)变化可以多一些,线路可以复杂一些;双人造型(图14-75)可以使用对称脚步,也可以用非对称脚步配合,模特造型最好有区别,如一扶胯,一搭肩;三人造型(图14-76)是非对称的队形,变化比较多,两先一后的三角结构、一先两后的三角结构会带给观众不同的感觉,三人中可以有一个更突出些。多人造型在设计上变化更多。

图14-74　单人造型

图14-75　双人造型

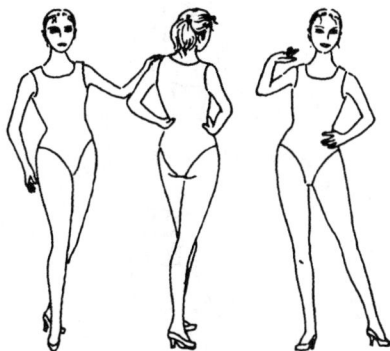

图14-76　三人造型

　　在表演中,有时模特需要脱去外套,但要做得流畅并不容易,必须不断练习,以便在较短的时间内能熟练、优美地完成全套动作,可以按图14-77~图14-90所示的脱外套的基本方法进行练习,其中的许多动作亦是可以单独使用的造型。

　　扣子紧扣(图14-77),此为脱外套动作开始前的状态。解扣(图14-78),动作要灵巧敏捷,不要使身体的其他部位变形,解扣的动作要和全身的动作协调。单揽装(图14-79),使里面的衣服露出来,服装的层次感便产生了。双揽装(图14-80),内装展示得比较清楚,有些豪放的感觉。脱装于肩下(图14-81),脱装于肘上(图14-82),脱袖于臂上(图14-83),服装均以扇形打开,装饰性极强。服装滑落到模特的手中,抓住衣服领口(图14-84),两手抓住衣服,衬里向内对折起来(图14-85),向臂上搭服装(图14-86),均是展示服装的个性造型。外衣折搭在臂上(图14-87),外衣夹在肘弯里(图14-88),外衣搭于肩上(图14-89),外衣拖在身后(图14-90),亦有极强的装饰作用。

图14-77　扣子紧扣　　　图14-78　解扣　　　图14-79　单揽装

图14-80　双揽装　　　图14-81　脱装于肩下　　　图14-82　脱装于肘上

图14-83　脱袖于臂上　　　图14-84　抓住衣服领口　　　图14-85　衬里向内对折起来

图 14 - 86 　向臂上搭服装　图 14 - 87 　外衣折搭在臂上　图 14 - 88 　外衣夹在肘弯里

图 14 - 89 　外衣搭于肩上　图 14 - 90 　外衣拖在身后

❖ **思考与练习**

　　1. 健美操有哪些基本动作?

　　2. 体育舞蹈包括哪些舞种?

　　3. 维吾尔族舞蹈、蒙古族舞蹈和汉族秧歌各有什么特点?

　　4. 体育课中开展模特训练有什么好处?